布依族传统节日
文化调查研究

彭建兵 等著

中国社会科学出版社

图书在版编目（CIP）数据

布依族传统节日文化调查研究／彭建兵等著 . —北京：中国社会科学出版社，2021.9
ISBN 978 – 7 – 5203 – 8742 – 2

Ⅰ.①布⋯　Ⅱ.①彭⋯　Ⅲ.①布依族—民族节日—文化研究—中国　Ⅳ.①K892.1

中国版本图书馆 CIP 数据核字 (2021) 第 138194 号

出 版 人	赵剑英
责任编辑	孙　萍
责任校对	李　莉
责任印制	王　超

出　　版	中国社会科学出版社
社　　址	北京鼓楼西大街甲 158 号
邮　　编	100720
网　　址	http://www.csspw.cn
发 行 部	010 – 84083685
门 市 部	010 – 84029450
经　　销	新华书店及其他书店
印　　刷	北京君升印刷有限公司
装　　订	廊坊市广阳区广增装订厂
版　　次	2021 年 9 月第 1 版
印　　次	2021 年 9 月第 1 次印刷
开　　本	710×1000　1/16
印　　张	16.5
插　　页	2
字　　数	271 千字
定　　价	89.00 元

凡购买中国社会科学出版社图书，如有质量问题请与本社营销中心联系调换
电话：010 – 84083683
版权所有　侵权必究

序

节日是一个民族重要的文化元素。布依族中既有全民族共同的节日，也有区域性的节日，在总体上呈现出节日文化的丰富多样性。明清至民国年间的地方志汉文献对布依族节日都有诸多记述。中华人民共和国成立后，20世纪50年代开始，政府相关部门组织专家和民族文化工作者开展了布依族文化调查，其中就包括节日调查的内容。在大量调查基础上，对布依族节日进行研究的成果也大量问世。这些成果最初大多是描写研究，改革开放后，对布依族节日文化进行理论研究的成果陆续问世，但这些成果，无论是论文还是专著，大多只是对某一个节日的专门研究。彭建兵等著《布依族传统节日文化调查研究》是一部综合研究布依族节日文化的著作。在大量田野调查资料以及前人记述、研究基础上，分别对布依族节日文化研究现状进行了述评，对布依族节日文化的形态、特征、社会功能、与宗教信仰的关系、旅游资源开发利用、保护与传承以及创新发展等问题进行了全面系统和深入的分析论述。本书的特点，我认为主要体现在以下几个方面：

一是注重田野调查，资料翔实。除了掌握大量学术前沿资料外，项目团队对布依族多项节日庆典活动进行了田野调查，比如对贞丰萝卜寨"三月三"节日活动、这旗布依族"六月六"节日活动、兴义查白歌节文化活动、安龙毛杉树歌节文化活动、兴义万屯独坡、坡落布依族"祭山"活动，以及对营上古寨、下瓦嘎古寨和绿荫河布依古寨少数民族特色村寨建设的调查，对兴仁铜鼓村"二月二"布依铜鼓文化节的调查，对上甲、大兴布依族古寨文化的调查，对查白歌节活动调查等，不仅涉及面广，而且比较扎实。田野调查是民族文化研究的基础。尽管有关布依族节日文化的参考资料很多，但布依族居住地域广，过去的调查不可能全覆盖，同时，包括节日文化在内的民族文化总是处于发展演变中，尤其是现代化进程不断加快的今天，这种演变的速度更快。因此，只有不断深入地进行田野调查，发现前人没有发现的细微之处，捕捉节日文化发展变化的信息，才能对节日文化的方方面面作出科学的判断，得出令人信服的结论。

二是涉及的节日活动多、内容比较丰富和全面。从节日庆典活动流行的地域来看，虽然田野调查点主要在黔西南，但文稿在介绍和分析论述过程中涉及的节日流行地域基本上涵盖了整个布依族地区。以往有关布依族节日的介绍和分析研究，大多关注流行范围较广的几个节日，本书除了春节、"三月三""六月六"这些全民族都过的节日以外，像"二月二"、查白歌节、毛杉树歌节等这样一些区域性的节日，都有所涉及。尤其是本书中对兴义万屯独坡、坡落祭山活动的调查，都是过去很少为世人所知的节日。调查报告中，既有对节日来历的追溯，又有对节日活动程序的描述；既有对节日历史文化背景的交代，也有对节日文化要素和文化内涵的梳理和分析；既有翔实的资料支撑，又有深入的理论阐述，总之，反映的内容很丰富充实。

三是理论联系实际，注重节日文化的传承保护和开发利用，助推布依族文旅产业和美丽乡村建设。本书着力挖掘布依族传统节日文化内涵，将节日文化的活态传承与脱贫攻坚、乡村振兴、山地旅游、少数民族特色村寨建设等经济社会发展实际结合起来，主张在传承中发展，在发展中传承，努力强化布依族传统节日文化与时代发展之间的契合度，实现布依族非物质文化遗产保护与传承发展目标。我认为著者提出的意见和建议是具有可参考价值和操作性的。节日文化作为一种综合的文化事象，包含了信仰、饮食、服饰、娱乐、社交、礼仪等诸多文化要素，是宝贵的民族文化资源，对民族永续发展具有重要价值和意义。由于现代化建设的加速推进，节日文化与其他文化事象一样，受到越来越强烈的冲击和越来越严峻的挑战。因此，传承保护的任务艰巨。但单纯的传承保护必然事倍功半，只有根据形势的发展与时俱进，把传承保护与创新发展结合起来，才能从根本上传承和保护节日文化。本书结合文化旅游开发和美丽乡村建设，提出了节日文化创造性转化和创新性发展问题，很有见地。只有让节日文化与民众的发展相联系，才能真正提高民众的文化自信和文化自觉，促使传统的节日文化焕发新的活力，从根本上得到传承保护。

此外，本书设专章分析布依族信仰与节日的关系，我认为抓住了布依族节日文化的根本特征。按照学界对节日的分类方法，布依族节日也可分为若干类型，但无论哪一种类型，祭祀几乎是各类节日的重要内容之一，具有普遍性和原生性。从年节或春节的祭祀祖先，二月二祭祀官厅，三月三祭祀山神，四月八祭祀牛王，六月六祭祀田神，每个节日都有祭祀的内容。有祭祀，说明节日活动与信仰崇拜具有密切关联。可以说，信仰构成了布依族节日文化的主要内容。

节日作为一种综合的文化平台，承载了一个民族物质、精神、制度等文化形态，是认识和了解一个民族的窗口，而通过开展节日的调查研究，也是对这个民族历史文化研究的重要方式和手段。由于节日文化要素的研究涉及多学科领域，需要联合攻关，才能做到全面、系统和深入。过去，对布依族节日文化的研究大多"单兵作战"，而彭建兵教授组建了一个团队，来开展这项工作，这是本成果取得成功的重要保证，也代表了一种方向，值得充分肯定。黔西南是布依族重要的聚居区之一，兴义民族师范学院是黔西南布依族苗族自治州唯一的本科院校，多年来一直把布依族历史文化调查研究作为学科建设的重点，这次的布依族节日庆典文化调查研究再次得到学院的重点支持，我作为布依族和布依学研究队伍中的一员，对兴义民族师范学院表示赞赏。

是为序。

周国茂
2020 年 5 月 23 日于贵阳

目　　录

第一章　布依族传统节日文化研究述评 …………………………（1）
　第一节　古籍文献中布依族传统节日文化记叙 …………………（2）
　　一　以十一月为岁首 ………………………………………………（2）
　　二　"三月三"等节日 ………………………………………………（3）
　第二节　布依族传统节日文化地方性知识描述 …………………（4）
　　一　民族文化调查 …………………………………………………（4）
　　二　学术研究机构 …………………………………………………（5）
　　三　节日文化研究 …………………………………………………（6）
　第三节　布依族传统节日文化整体性阐释研究 …………………（9）
　　一　节日文化缘起研究 ……………………………………………（9）
　　二　节日文化类型研究 ……………………………………………（11）
　　三　节日文化事象研究 ……………………………………………（13）
　　四　节日文化功能研究 ……………………………………………（19）
　　五　节日文化变迁研究 ……………………………………………（19）
　　六　节日传承发展研究 ……………………………………………（20）
　第四节　布依族传统节日研究不足及发展趋势 …………………（22）
　　一　存在不足 ………………………………………………………（22）
　　二　发展趋势 ………………………………………………………（25）

第二章　布依族传统节日文化概述 …………………………………（28）
　第一节　节日民俗形态 ……………………………………………（29）
　　一　年节 ……………………………………………………………（30）
　　二　祭祀性节日 ……………………………………………………（39）

三　农事性节日 …………………………………………… (59)
　　四　娱乐性节日 …………………………………………… (64)
　第二节　节日文化特征 ………………………………………… (68)
　　一　民族性 ………………………………………………… (68)
　　二　区域性 ………………………………………………… (69)
　　三　传承性 ………………………………………………… (70)
　　四　发展性 ………………………………………………… (71)
　　五　多样性 ………………………………………………… (72)
　　六　开放性 ………………………………………………… (72)
　第三节　节日社会功能 ………………………………………… (73)
　　一　有利于保护传承发展民族文化 ……………………… (73)
　　二　有利于增进民族认同国家认同 ……………………… (74)
　　三　有利于巩固民族团结和谐局面 ……………………… (74)
　　四　有利于促进民族地区经济发展 ……………………… (75)

第三章　布依族传统节日文化调查 ……………………………… (77)
　第一节　萝卜寨"三月三"节日活动田野调查 ………………… (77)
　　一　萝卜寨概况 …………………………………………… (78)
　　二　节日前准备 …………………………………………… (79)
　　三　祭山之仪式 …………………………………………… (81)
　第二节　这旗布依寨"六月六"节日活动考察 ………………… (86)
　　一　贞丰这旗布依寨简况 ………………………………… (88)
　　二　"六月六"节日活动 …………………………………… (89)
　第三节　查白歌节文化活动之历史民族志书写 ……………… (93)
　　一　文化生境 ……………………………………………… (93)
　　二　历史书写 ……………………………………………… (95)
　第四节　历史人类学视域下的毛杉树歌节文化 ……………… (103)
　　一　毛杉树村概况 ………………………………………… (103)
　　二　歌节由来说法 ………………………………………… (104)
　　三　歌节田野叙述 ………………………………………… (111)

第五节 独坡布依族古寨"祭山"活动民族志 (124)
一 布依族祭山文化之概貌 (124)
二 独坡布依古寨祭山活动 (125)
三 布依族"祭山"文化传承发展 (128)

第六节 布依古寨"祭山"节庆文化活动考察 (130)
一 坡落布依族古寨"祭山"节庆活动民族志 (130)
二 布依族"祭山"节庆活动与美丽乡村建设 (138)

第四章 布依族传统节日与原始信仰文化 (144)
第一节 布依族原始信仰文化概述 (145)
一 多神信仰形态 (145)
二 自然崇拜为主 (145)

第二节 布依族传统节日中的原始信仰文化表现 (149)
一 "二月二"祭祀神灵 (150)
二 "三月三"祭祀山神 (151)
三 "四月八"祭祀牛王 (153)
四 "六月六"祭祀活动 (153)

第三节 布依族传统节日与原始信仰之间的关系 (154)
一 衍生与承载 (155)
二 相辅及相成 (156)

第五章 非遗保护视角下布依族传统节日文化的传承与发展 (158)
第一节 布依族传统节日 (158)
一 传统节日遗产 (158)
二 布依族传统节日 (159)

第二节 传承与发展困境 (159)
一 生态文化不断变迁 (159)
二 节庆氛围有所淡化 (161)
三 节日文化趋向重构 (162)

第三节 可行性对策分析 (163)
一 规划建设布依族文化生态重点保护区 (164)

二　大力培育节日文化遗产项目传承人群 …………………… (166)
　　三　多层级常态化开展传统节日文化活动 …………………… (168)
　　四　多形式记录与保存传统节日文化内涵 …………………… (169)

第六章　布依族传统节日文化的创新发展 …………………… (171)
第一节　布依族传统节日文化的创新背景 …………………… (171)
　　一　新时代大发展的必然趋势 ………………………………… (171)
　　二　民族文化传承的内在需要 ………………………………… (174)
　　三　文化产业发展的市场需求 ………………………………… (176)
第二节　布依族传统节日文化的创新价值 …………………… (178)
　　一　知行合一的社会价值 ……………………………………… (179)
　　二　天人合一的生态价值 ……………………………………… (180)
　　三　和而不同的交往价值 ……………………………………… (182)
　　四　积极有为的学术价值 ……………………………………… (183)
第三节　布依族传统节日文化的创新路径 …………………… (185)
　　一　布依族传统节日发展困境 ………………………………… (185)
　　二　布依族节日文化创新路径 ………………………………… (187)

第七章　布依族传统节日文化与少数民族特色村寨建设 …… (191)
第一节　营上布依古寨传统节日文化及其开发策略 ………… (191)
　　一　营上古寨概况 ……………………………………………… (191)
　　二　民族节日文化 ……………………………………………… (193)
　　三　乡村旅游开发 ……………………………………………… (198)
第二节　下瓦戛布依古寨传统节日与村寨文化建设 ………… (203)
　　一　下瓦戛之概况 ……………………………………………… (203)
　　二　传统节日文化 ……………………………………………… (204)
　　三　村寨文化建设 ……………………………………………… (207)
第三节　绿荫河布依古寨传统节日与特色村寨建设 ………… (211)
　　一　古寨概况 …………………………………………………… (211)
　　二　节日文化 …………………………………………………… (213)
　　三　村寨建设 …………………………………………………… (218)

附　录 ·· (221)
　　一　兴仁铜鼓村"二月二"布依铜鼓文化节调研 ············· (221)
　　二　上甲、大兴布依族古寨文化调查 ···························· (231)
　　三　查白歌节活动考察 ·· (234)

参考文献 ··· (238)

后　记 ·· (250)

第一章

布依族传统节日文化研究述评

布依族是中华民族大家庭中的一员，有着悠久的历史与特色的文化。自古以来，布依族主要世居于黔贵大地，一般遵循着种植水稻、依山傍水而居的生产、生活方式，是典型的农耕民族。由于布依族主要聚居于云贵高原一带，多山是这一地区的典型特点，故布依族又可称为"山地民族"。有史以来的文化传统，使布依族至今保存着山地文明的一些特点。其传统民居多为干栏式建筑或别具一格的石板房。布依族人民擅长耕织，崇尚铜鼓，喜好歌舞，热情大方，民风古朴。长期以来，布依族人民充分发挥聪明才智，开拓进取，不断改造适宜于自身生存与发展的自然与社会环境，逐渐创造出了具有布依族自身特色的文学艺术、节日民俗等传统文化。

节日文化在民族文化中占有重要地位，它反映各种民俗文化事象，对传承发展民族文化具有重要意义。"节日文化实质上是民族文化延续、传播的重要途径或载体，有着文化积淀场的性质，它凝聚了并规范着民族的文化心理、宗教信仰、伦理道德规范、价值观以及各种文化习俗。"[①] 布依族传统节日文化是布依族在长期的历史发展过程中形成的、具有本民族特色的民俗文化。布依族传统节日涉及布依族文化的诸多方面，可以说，布依族传统节日就是整个布依族民族文化的一个缩影。在布依族传统节日文化活动中，体现的不只是热闹非凡的节日气氛、光彩夺目的歌舞表演、绚丽多姿的服饰展示、丰富多样的民族饮食，还体现了布依族的社会价值观、家庭伦理观等精神层面的文化观念。布依族传统节日文化十分丰富，

---

① 黄泽：《西南民族节日文化》，云南教育出版社1995年版，第2页。

既包括春节、清明节、端午节、中秋节、重阳节等与中华民族传统节日相一致的传统节日，又包括"三月三""六月六""二月二""四月八"和查白歌节、毛杉树歌节、"打火箭节"等具有自身民族特色的节日。可见，布依族传统节日的丰富性，不仅包含其作为节日个体在时间安排上的规律性，同时也包括节日文化形式、内容等方面的多元化，因而使得其节日多姿多彩，并散发出特有的民族文化魅力。

布依族一年之中，几乎每一个月都有固定的一天或者几天是传统节日的活动时间。布依族传统节日活动大多起源于远古时期布依族先民对生产、生活所依赖的大自然的肤浅的认知与理解。先民们对大自然各种现象无法进行科学解释而产生了文化心理上的神秘意识，进而演变成了自然崇拜之习俗。在似水年华的时空流逝中，布依族传统文化不断吸收、融纳其他民族优秀文化，并对自身的民族文化加以创造性发展。随着布依族对自然环境、社会环境的认知水平的不断提高，布依族传统节日中原有的祭祀仪式渐渐向世俗化、娱乐化方面转变，最终形成习惯共存、全民参与的布依族传统节日文化。

第一节 古籍文献中布依族传统节日文化记叙

一 以十一月为岁首

布依族在明清古籍文献中大多被称为"仲家"或"仲家苗"，有时与苗族、彝族等被统称为"夷苗"或"夷人"等。早在明朝时期，贵州地方志书便对布依族传统节日有所描述。明代弘治《贵州图经新志》记载，"仲家，皆楼居，好衣青衣。……通汉人文字，以十一月为岁首"[1]。这是古代历史典籍对布依族传统节日文化的最早描写，但甚为简略。

此外，明朝万历时期郭子章《黔记》、清代康熙时期田雯《黔书》等历史古籍均对"十一月为岁首"之布依族节俗有所记述。

---

[1] （明）沈庠修，赵瓒纂：《贵州图经新志》卷1《贵州宣慰司》，载黄加服、段志洪主编《中国地方志集成·贵州府县志辑》（第1册），巴蜀书社2006年版，第10页。

二 "三月三"等节日

乾隆《南笼府志》记载,"每岁三月初三,宰猪、牛祭山。各寨分肉。男妇饮酒,食黄糯米饭。苗语以是日为'更将',犹汉语呼为'过小年'也。三、四两日,各寨不通往来,误者罚之。六月六日,栽插已毕,其宰祭分食如三月,然呼为'更六兀',汉语曰'过六月六'也"①。《南笼府志》对布依族"三月三""六月六"两个传统节日的记载较之前的古籍有所展开,将基本的节日情况进行了描写,使我们对布依族传统节日活动的历史情况有所了解。

民国《册亨县乡土志略》记载了布依族在有关节日里隆重祭祀社神(即土地神)的情况。"每岁于三月三日、六月六日、八月十五日,为祀社之期。届期,合寨夷民以太牢祀社,起散三日,杂陈土乐。在祀神期内,严禁外人入寨参观。其典礼之隆重,拟于夷人之庆祝元旦。"② 册亨县布依族"三月三""六月六"节日习俗至今犹存,与上述志书之描述大体相同。这反映了民族传统节日的传承特点。

咸丰《安顺府志》记载,布依族"以六月六日谓之过小年"③。民国《镇宁县志》记载,"夷族节令。除夕、清明、三月三、四月八、端阳、六月六、七月半、中秋、重阳等节,与汉族同。仅除夕,各家坐夜于鸡鸣时或天将曙,准备麻绳两条,各以雄鸡及猪首至土地庙祭祀,随将麻绳在庙前后缅石若干块,牵回,拴于牛槛门上,以作周年六畜兴旺之兆。初三日,预备酒席一桌,大粑粑一个,早餐后送至很远地方。遇三岔路时,即置于路上,秘密转家,然后将大粑粑碎断。又,正月末日过油团节。据夷族相传,彼族祖宗于明朝征南时,被土人困于关索岭,粮食告罄,乃将军中余剩食物和以厥薇根,制成团粑,按名发给。后人因祖先创业不易,特

---

① (清)李其昌纂修:《南笼府志》卷2《地理》,载黄加服、段志洪主编《中国地方志集成·贵州府县志辑》(第27册),巴蜀书社2006年版,第539页。
② (民国)罗骏超纂修:《册亨县乡土志略》第9章《风俗》,载黄加服、段志洪主编《中国地方志集成·贵州府县志辑》(第27册),巴蜀书社2006年版,第612页。
③ (清)常恩修,邹汉勋、吴寅邦纂:《安顺府志》卷15《风俗》,载黄加服、段志洪主编《中国地方志集成·贵州府县志辑》(第41册),巴蜀书社2006年版,第198页。

于是日过节，以资纪念"①。该志书中所记"夷族"，即"仲家"。② 而"仲家"为今日布依族古代称谓之一种。民国《镇宁县志》除了对布依族传统节日略作介绍之外，还重点对布依族年节习俗，包括除夕、祭祀以及油团节等情况进行了较为详细的描述，其中介绍了布依族油团节之来源。布依族于正月最后一天过"了年"，风俗如此，实为传统。镇宁县、六枝特区一带布依族至今仍过"油团节"，这体现了传承古训的精神。

此外，乾隆《贵州通志》《独山州志》、道光《贵阳府志》、咸丰《兴义府志》以及爱必达《黔南识略》、李宗昉《黔记》、陆次云《峒溪纤志》等地方历史文献也对布依族传统节日文化进行了一定记载。以上古籍只是对布依族传统节日做了简略介绍，并未进行程序化、系统化的详细描述，更谈不上较为深入的理论分析，但这些文献记载为我们了解布依族传统节日文化基本历史情况，并开展相关分析、研究提供了宝贵的历史资料。

第二节　布依族传统节日文化地方性知识描述

一　民族文化调查

中华人民共和国成立以来，实施民族区域自治政策，倡导民族平等、团结。中华人民共和国成立之初，党和国家曾组织一批专家、学者到布依族聚居地区开展民族文化调查工作，对布依族进行民族识别、社会历史调查及社会形态研究，获得了一批重要的调查研究成果。20世纪60—80年代，国家有关部门及科研院所等机构积极组织大批专家、学者对布依族地区进行了民族调查，收集、整理了一批布依族历史文化原始资料，同时开展了布依族简史、简志、风俗志、民俗志以及布依族聚居地区地方志书的编写工作，逐渐铺开了布依学研究新局面，在各级部门及有关人员的积极努力下，取得了较为丰硕的成果，为布依学研究的持续发力打下了坚实的

---

①　（民国）胡翯修，饶燮乾等纂：《镇宁县志》卷3《民风志》，载黄加服、段志洪主编《中国地方志集成·贵州府县志辑》（第44册），巴蜀书社2006年版，第603页。

②　参见（民国）胡翯修，饶燮乾等纂《镇宁县志》卷3《民风志》，载黄加服、段志洪主编《中国地方志集成·贵州府县志辑》（第44册），巴蜀书社2006年版，第593页。

基础。其中众多调查、研究的成果或多或少都对布依族传统节日文化进行了阐述。

二 学术研究机构

改革开放以来，随着各布依族聚居地区布依学专门学术研究机构的建立，布依族文化研究方面的论著也日趋丰富。这些论著主要阐述了布依族的历史源流、人居环境、语言文字、文学艺术、传统节日、宗教信仰、伦理道德、服饰文化、民间医药、传统体育等诸多方面，为布依族地区政治、经济、文化等多领域的发展提供了智慧支撑。而关于布依族传统节日方面的调查及研究，由之前的分散、零星的民俗文化事象记叙，逐步转向更深层次的文化意蕴探求、文化资源转化等方面，在研究层面上更趋细化、深化。近年，学术界从民族学、人类学、民俗学、历史学、宗教学、社会学等不同学科领域，对布依族传统节日文化开展了富有成效的研究工作，并获得了一系列的研究成果。

1988年12月，贵州省布依学会在贵阳市花溪区成立，在加强布依学研究，推动布依族地区的政治、经济、文化等各项事业发展，实现民族平等、团结和共同繁荣方面做出了积极贡献。而后，各布依族聚居地区之地（州、市）、市（区、县）级布依学会纷纷成立，逐渐形成了布依学研究的可喜局面。贵州省布依学会成立后，先后举办了数十次关于布依族传统文化方面的学术会议，并出版了《布依学研究》系列研究成果。其间，该学会以布依族传统"三月三""六月六"等节日活动为契机，多次召开了以布依族节日文化为主题的学术会议，产生了诸多研究成果，深化了布依学研究，获得了良好的社会效益。随后，云南省等地成立了专门的布依学研究机构，为布依学研究的全面展开创造了条件。布依族主要聚居区贵州省、云南省，在贵州省布依学会、云南省民族学会布依学研究委员会等布依学专门学术研究机构的积极努力下，通过举办学术会议、开展民族节庆活动等平台，加强各地布依族同胞之间的文化交流、交往，合作开展布依学研究，获得了许多有影响力的学术成果。同时，布依学研究专家、学者通过参加中国民族学学会、中国人类学民族学研究会、中国民族史学会、中国少数民族及社会思想史学会、西南民族研究会等学术研究机构举办的各级各类学术会议，提交布依学方面的研究论文，与广大同仁开展学术交流，扩大了布依学研究的学术影响。

三 节日文化研究

1959年中国作家协会贵阳分会筹委会编《民间文学资料》第二十集"布依族苦歌、酒歌等合集"、20世纪80年代由贵州省民族事务委员会、中国民间文艺研究会贵州分会等单位组织编写的《民间文学资料》第四十三集、四十四集、四十五集、六十三集、六十四集、六十五集等布依族民间文学资料，对布依族传统节日文化有所涉及，但其主要视角是文学、艺术方面。陈立浩1982年编写的《布依族民间文学》（故事集）对布依族传统节日春节耍龙、"四月八""七月半"的来历、"六月六"的来历等民间故事进行了搜集、整理。贵州省社会科学院文学研究所、黔南布依族苗族自治州文研室合编《布依族民间故事》（1981年）、韦廉舟编著《布依族苗族风土志稿》（1981年）、汛河搜集整理《布依族民间故事集》（1982年）、贵州省社会科学院文学研究所编《布依族文学史》（1983年）、田兵与罗汛河、黄世贤、陈立浩主编《布依族文学史》（1983年）、《布依族简史》编写组编《布依族简史》（1984年）、贵州省志民族志编委会编《民族志资料汇编 第一集（布依族）》（1985年）、黄义仁与韦廉舟编撰《布依族民俗志》（1985年）、贵州省编辑组编《布依族社会历史调查》（1986年）、汛河编著《布依族风俗志》（1987年）、向零主编《民族志资料汇编 第六集（布依族）》（1988年）、《中国少数民族社会历史调查资料丛刊》修订编辑委员会编《布依族社会历史调查》（2009年）、韦兴儒编《贵州布依族民间故事选》（1989年）、王伟与李登福、陈秀英著《布依族》（1991年）、紫云苗族布依族自治县县志编纂委员会编纂《紫云苗族布依族自治县志》（1991年）、黔南布依族苗族自治州史志编纂委员会编纂《黔南布依族苗族自治州志·民族志》（1993年）、望谟民族事务委员会编《安王与祖王》（1994年）、徐新建著《罗吏实录——关于黔中一个布依族社区的考察研究》（1997年）、马启忠与王德龙著《布依族文化研究》（1998年）、黄义仁著《布依族史》、贵阳市志编委会编《贵阳市志·民族志》（1999年）、韦启光与石朝江、赵崇南、佘正荣著《布依族文化研究》（1999年）、惠水县布依学会编《惠水布依族》（2001年）、高发元主编《布依族——罗平鲁布革乡多依村》（2001

年)、关岭布依族苗族自治县地方志编纂委员会编《关岭布依族苗族自治县志》(2002年)、王封常和卢先政、孟景伦、罗兴贵、罗耀堂编《望谟少数民族习俗》(2003年)、黄义仁著《布依族宗教信仰与文化》(2002年)、周国茂主编《贵州民俗》(2004年)、罗剑著《毕节布依族》(2004年)、中国人民政治协商会议黔西南州委员会编《黔西南布依族文史资料专辑(上、中、下)》(2007年)、政协册亨县编委会编《册享布依族百年实录》(2008年)、李秀良著《中国贵州镇山布依族风情》(2004年)、唐恒编著《云南布依族文化研究论文选》(2004年)、惠水县布依学会编《惠水布依族文化》(2005年)、蒋英著《布依族铜鼓文化》(2006年)、贵阳市布依学会编《贵阳市布依族文化实录》(2006年)、中国人民政治协商会议贵州省金沙县委员会编《金沙布依族百年》、罗祖虞主编《布依族历史与文化研究》(2007年)、政协罗平县委员会编《罗平布依族实录》(2007年)、云南民族学会布依学研究委员会编著《云南河口布依族文化》(2007年)、郝时远与任一飞主编《镇宁县布依族卷》(2008年)、李平凡与颜勇主编《贵州六山六水民族调查资料选编·布依族卷》(2008年)、月亮河研究组著《月亮河流域布依族文化研究》(2009年)、贵州省民族事务委员会编写《布依族文化大观》(2012年)、周国炎与杨宏峰编著《中国布依族》(2012年)、马启忠著《黔中布依族文化大观》(2013年)、罗洪庆主编《当代河口布依族》(2013年)、周相卿主编《黔南涟江流域布依族文化研究》(2014年)、兴义市布依学会与兴义市民族和宗教事务局、兴义市文体广电旅游局编《兴义布依寨》(2014年)、镇宁布依族苗族自治县民族事务局编《镇宁布依族苗族自治县民族志》(2013年)、伍忠纲与伍凯锋著《镇宁布依族》(2014年)、刘卫东主编《当代云南布依族简史》(2014年)、罗大林主编《中国·贵阳布依族文化(上、下)》(2017年)、清镇市民族宗教事务局与清镇市布依学会编《清镇布依族民俗文化》(2017年)、伍文义与韦兴儒、周国茂、罗汛河、黎汝标著《中国民族文化大观·布依族篇》(2018年)等研究成果,对布依族传统节日文化进行了不同程度的记述,为我们了解布依族地区节日文化的情况提供了整体的地方性知识视野。

贵州省文管会办公室、文化厅文物处、中央民族学院民族学系、民族研究所编《贵州节日文化》一书,对布依族查白歌节、毛杉树歌节、"打火箭节"以及岩鱼布依族节日、六枝布依族"六月六"等进行了介绍，同时对镇宁县打万布依族村寨的春节、"过了年""三月三""四月八"、端午节、"六月六"、中秋节、重阳节等传统节日进行了较为详细的描述，为我们了解历史变迁背景下的布依族传统节日文化提供了宏观视角。

刘柯编著《贵州少数民族风情》一书对布依族传统节日"六月六"、毛杉树歌节、查白歌节、牛王节、"打火箭节"等进行了介绍，同时对有关民间故事"赶干洞"，社交娱乐活动"赶表""丢花包"，民间歌曲"宵夜歌""情歌"以及古歌"十二层天·十二层海"，特色饮食文化灰粽粑和油团粑、枕头粑、刺梨酒、便当酒、麦面锅盔、花糯米饭，民族服饰文化土花布、刺绣，民族工艺品蜡染、织锦、香包、地毯，民族体育项目布依族舞狮、舞龙、打磨秋，民族曲艺布依戏和民族音乐文化铜鼓艺术、姊妹箫、牛角二胡、唢呐、木叶、勒尤等进行了记述。以上布依族传统节日及其相关民俗文化的记载，虽然简单、粗略，但有助于我们对布依族传统节日文化有大致的了解。

黔南布依族苗族自治州文化局、文研室编《黔南民族节日通览》是民族文化工作者在长期民间文化调查中搜集整理出来的成果，比较全面地反映了20世纪80年代黔南布依族苗族自治州部分县市的民族节日文化的基本情况，对研究黔南民族节日文化具有重要的学术价值。该书以县（市）为基础，记录了黔南州各地布依族、苗族等民族文化节日基本情况。该书共收录七十余篇关于黔南州民族节日文化方面的文章，其中十余篇介绍了布依族年节、"三月三""六月六""七月半"等传统节日，有的还附有民间传说或民间故事。

1991年，由贵州省文化厅群文处、贵州省群众文化学会编写的《贵州少数民族节日大观》一书，可以说是第一本较为全面介绍布依族传统节日文化的著作。该书共分十一部分，分别对苗族、布依族、侗族、水族、仡佬族、土家族、彝族、瑶族、回族、毛南族等民族的节日文化做了较为系统的介绍。其中对布依族传统节日的记述较为详细，分三十四篇次对布依族传统节日之麻坡歌节、过了年、花包节、关岭布依族赶桥会、毛杉树歌节、"三月三"、牛王节、周覃布依族投石节、"六月六"布依年、查白歌节、古羊"六月桥"、大兴寨布依族火箭节、布依族"玩山节"、祭祖节、"七月半"、富溪布依族"扫火灾星"、龙潭布依族"拉龙扫寨"、清水乡布依族嫩信节等进行了详略不一的介绍，绝大多数偏重于节日活动的情景描述与文化事象的记录叙事，较少有分析、研究之篇章。

总而言之，学术界关于布依族传统节日文化或整体或零星的记载，其研究成果是以民间传说、民间故事、民歌、调研报告、田野叙述、学术论著等多种形式来呈现的，主要从社会调查的角度，分类型对不同地区布依族传统节日文化进行了一定程度的情况描写，丰富了布依族传统节日于人类学意义上民间性模式的地方性知识概念。这种民俗文化事象记录，在民族文化传统意义上具有较高的价值，但在学术研究层面尚未展开论述，因而有必要对布依族传统节日文化进行更为深入的探讨。学术研究层面的工作尚未完全展开，从而为布依族传统节日文化研究工作的深入展开创造了条件。但其筚路蓝缕之功，自当肯定。

第三节　布依族传统节日文化整体性阐释研究

一　节日文化缘起研究

目前，学术界关于布依族传统节日文化的源流研究相对薄弱，成果较少。谷因论文《祭祀大禹：布依族"六月六"节探源》从布依族的族源和"六月六"节日文化内涵等方面展开讨论，认为布依族祭祀大禹，在于布依族与华夏民族在族源上有一定的渊源。[1] 马启忠《布依族"六月六"探源》一文将民间古籍文献记载与布依族地区"六月六"习俗联系起来进行分析，以此探索布依族"六月六"的来源，认为布依族"六月六"举行祭龙、祭祀"白马"等活动，是龙马图腾崇拜的遗风；在河边"打水仗"的习俗，是纪念大禹治水；祭祀山神、社神、天神和水神，是布依族对祖先所传授的种植水稻技艺及生产经验的奉祭和崇拜。[2] 马启忠在其另一篇论文《布依族"牛王节"与"六月六"节略考》中对布依族

---

[1] 参见谷因《祭祀大禹：布依族"六月六"节探源》，载《贵州民族学院学报》（社会科学版）1996年第1期。

[2] 参见马启忠《布依族"六月六"探源》，载《安顺师专学报》（社会科学版）1996年第1期。

"牛王节"与"六月六"节日渊源问题有所考证,认为"牛王节"与布依族稻作文化具有较为密切的联系。他认为,"六月六"源于布依族对先祖大禹的纪念,同时是龙、马图腾崇拜的孑遗,其祭祀社神、水神、山神、天神等,与稻作文化有着密切关系。① 以上专家学者认为,布依族"六月六"节日缘起于对大禹的纪念。对此,周国茂持不同观点。他在《民族文化名片视域下的布依族六月六节日研究》一文中对"六月六"地方志史料、民间传说以及节日主要内容进行了分析,认为"布依族六月六源于稻作农耕,是布依族进入农耕时期以后,为了保证农业收成,在稻谷耕作的间歇期间,举行祭祀神灵和驱逐虫灾的活动。在历史发展进程中,由于民族文化的相互影响,吸收了汉族的部分节日文化元素,形成了目前包含着丰富内容的节日文化形态"②。该文对布依族"六月六"节日源于稻作文化,祭祀神灵、祈求丰收以及因民族文化交流而受汉文化影响的情况进行了研究,具有较强说服力。此外,江兴隆、袁伊玲、何敏政的论文《荔波布依族"六月六"传统节日的起源与文化内涵追溯》对荔波布依族"六月六"节日起源、主要内容、形式以及文化内涵等进行了一定分析。

罗祖虞、陈燕、王慧的论文《中国布依族节庆文化探源——从布依族百越古文字文献中寻觅布依族节庆源头》从布依族传统文献摩经的古文字角度,对"三月三""四月八"等布依族传统节日的缘起、时间、形式、内容以及节日文化内涵等进行了充分分析,视角独特,令人耳目一新。吴兴明硕士论文《布依族地方性民俗节日成因初探——以"赶查白"为例》,从节日活动内容、民间故事、摩经文献、查氏族谱、查白古墓等方面对查白歌节的由来进行了一定考察,认为查白寨所处地理位置是历史时期滇黔桂边较为重要的交通驿道,从而带动了当地商旅活动的发展,当地布依族与屯边的汉民族加强交往、交流,大致在明朝洪武年间至弘治年间,产生了查白歌节。③ 杨鹓论文《宗教·男女·生殖·抒泄——南方民

---

① 参见马启忠《布依族"牛王节"与"六月六"节略考》,载罗祖虞主编《布依族历史与文化研究》,云南人民出版社2007年版,第188—197页。
② 周国茂:《民族文化名片视域下的布依族六月六节日研究》,《贵州社会科学》2010年第11期。
③ 参见吴兴明《布依族地方性民俗节日成因初探》,硕士学位论文,四川师范大学,2012年。

族节日缘起演变的历史人类学解释》从历史人类学的视角对"传统岁时节日是农业文明的伴生物"的观点进行了一定批判,认为这个观点过于含糊和笼统,忽略了节日的产生和形成因素。作者根据田野调查资料,结合文献记载,认为传统节日缘起于原始宗教的祭祀活动;形成于氏族时代对偶婚制择偶生活;离不开少数民族传统社会中善舞喜歌的天性;巩固于少数民族对生殖崇拜和祖先崇拜的深层文化心理构建;发展繁荣于节日由祭神向娱人的转变,成为人们抒泄情感的大好时机。① 布依族传统节日的产生具有一定的民族文化历史渊源,在时空流传中,随着时代变化而发展。目前,学术界除了对布依族"三月三""六月六"与查白歌节等几个传统节日的源流有较为深入的研究之外,关于其他传统节日历史缘起的研究尚未完全、深入展开。杨鹓上述论文的研究视角可以借鉴,这或将打开布依族传统节日缘起研究的新局面。

二 节日文化类型研究

1987年,汛河编著的《布依族风俗志》一书提及了布依族节日分类问题。"在布依族人生活中,一年十二个月里几乎月月有节日。这些节日大体可分为祭祀性和纪念性两类。"② 该书对布依族传统节日分类只有短短一句话,但提出了分类的问题。虽然该书没有对布依族传统节日进行详细的归类整理、阐述,但为学术界对布依族传统节日文化的分类提供了思路。

杨昌儒、陈玉平编《贵州世居民族节日民俗研究》一书对布依族节日民俗的发生、类型、特征、功能、流变以及与节日有关的民间传说、饮食文化、服饰文化、民族艺术等进行了较为系统而全面的研究。该著作对布依族传统节日"二月二""三月三""六月六""七月半""祭龙山节""重阳节""清明节""尝新节"(又称"新米节"或"吃新节")、"四月八""年节""查白歌节""毛杉树歌仙节""神仙田歌会""赶干洞""打火箭节""端午节""中秋节"等进行了较为详细的阐释,同时按照

---

① 参见杨鹓《宗教·男女·生殖·抒泄——南方民族节日缘起演变的历史人类学解释》,载《贵州民族学院学报》(哲学社会科学版)2001年第1期。

② 汛河编著:《布依族风俗志》,中央民族学院出版社1987年版,第75页。

节日活动的主要内容，将其分为宗教信仰、祖先崇拜节日与生产性节日、年节、文娱性节日、纪念性节日五大类型。① 该著作对布依族众多传统节日进行了较为精准的分类，多有发明，对学术界开展更加深入的相关研究做出了积极贡献。王天锐论文《布依族风情与民族文化》认为布依族节日内容丰富，形式多样，按其内容大体可分为祭祀性节日、生产性节日、社交性节日。②

伍文义、韦兴儒、周国茂、罗汛河、黎汝标《中国民族文化大观·布依族篇》一书将布依族传统节日分为祭祀、纪念、娱乐三大类，并指出布依族节日原生文化是祭祀，纪念、娱乐均属于次生文化。③ 该书从三大方面对布依族节日的分类具有宏观性特点，符合布依族传统节日民俗的基本特征。

贵州省民族事务委员会编《布依族文化大观》一书对布依族岁时节日及其习俗进行了介绍，并对节日分类、节日特征、社会功能、聚会场所等进行了阐述。该书按照不同标准对布依族节日民俗进行分类，具有较高价值。其节日类型，按照宗教信仰来划分，可以分为宗教节日和世俗节日；按照传统来划分，可以分为传统节日和新生节日；按照节日活动的组织者来划分，可以分为官方组织举办和民间举办两类；按照节日活动的主要内容来划分，可以分为宗教信仰节日与祖先崇拜节日、生产性节日、年节、文娱性节日、纪念性节日五类。该书按照节日活动的主要内容，对"三月三"等传统节日进行了系统性分类阐述。④ 该书对布依族传统节日按照不同标准进行分类的做法值得肯定，对布依族节日主要类型划分进行了多角度思考，具有合理性。其按照节日活动主要内容，将布依族相关节日纳入相应类型中进行阐述，思路清晰，阐述合理。

贵州省民族宗教事务委员会、贵州省科技教育领导小组办公室编《贵州世居少数民族传统节庆文化》一书介绍了布依族主要节日"三月

---

① 参见杨昌儒、陈玉平编《贵州世居民族节日民俗研究》，民族出版社 2009 年版，第 144—170 页。

② 参见王天锐《布依族风情与民族文化》，载贵州省布依学会、黔西南布依族苗族自治州布依学会编《布依学研究》（之八），贵州民族出版社 2005 年版，第 85 页。

③ 参见伍文义等著《中国民族文化大观·布依族篇》，暨南大学出版社 2018 年版，第 133 页。

④ 参见贵州省民族事务委员会编《布依族文化大观》，贵州民族出版社 2012 年版，第 223—248 页。

三""四月八""六月六"与查白歌节等,对布依族传统节庆文化特征、流变等进行了论述,同时将布依族传统节庆文化分为农事性节日、祭祀性节日、纪年性节日、社交娱乐性节日四种类型。①

颜勇、龙海燕《和而不同,积极有为:布依族传统文化保护发展研究》一书对布依族年节、"三月三""六月六"等传统节日进行了阐述,同时按照节日活动的主要内容将布依族节日习俗划分为生产性节日、宗教信仰节日、年节、文娱性节日和纪念性节日五类。②

以上分类均具有一定合理性,为我们了解布依族传统节日文化及其分类提供了知识储备,同时引发我们思考。

三 节日文化事象研究

(一)节日文化整体阐述

民国时期,陈国均论文《安顺苗夷岁时志》《贵阳仲家的歌会——赶七月场》对布依族年节、"赶七月场"等节日文化现象进行了描述、分析。陈立浩论文《布依族节日民俗略论》对布依族传统节日的整体概貌进行了阐述。白明政论文《布依族节日文化浅析》《布依族节日探析》对布依族"三月三""六月六"等节日文化进行了介绍、分析。白明政、樊敏主编《布依族节日文化研究》一书收录论文38篇,对布依族"二月二""三月三""六月六""查白歌节"等传统节日文化进行了研究,同时对布依族节日文化的来源、文化价值以及保护、传承、发展诸问题进行了有意义的探讨。周国茂主编《贵州民俗》一书对布依族"三月三""四月八""六月六""七月半""十一月初一"以及开秧门节、吃新节、蚂螂节等传统节日民俗进行了阐述。周正论文《布依族重要节日一瞥》对布依族年节、"二月二""三月三""四月八""六月六"等节日进行了阐述。王封常和卢先政、孟景伦、罗兴贵、罗耀堂编《望谟少数民族习俗》一书对贵州省望谟县布依族春节、"三月三""六月六""七月半"等传

---

① 参见贵州省民族宗教事务委员会、贵州省科技教育领导小组办公室编《贵州世居少数民族传统节庆文化》,贵州民族出版社2015年版,第108—117页。

② 参见颜勇、龙海燕《和而不同,积极有为:布依族传统文化保护发展研究》,中国文史出版社2016年版,第105—114页。

统节日进行了介绍。伍文义、韦兴儒、周国茂、罗汛河、黎汝标著《中国民族文化大观·布依族篇》对布依族年节、正月间嫩信节、"二月二""三月三""四月八""六月六""七月半"和端午节等传统节日的种类、内容、特点以及禁忌等进行了阐述。王兴赋与王荣胜、韦国荣论文《丰富多彩的布依族节日文化》对布依族春节、清明节、"三月三""六月六""七月半""干洞歌节""火箭节"进行了介绍。中国人民政治协商会议黔西南州委员会编《黔西南布依族文史资料专辑》一书对贵州省黔西南州布依族"年节""三月三""六月六""七月半""查白歌节""毛杉树歌节""赶表节""神仙田歌会"等传统节日分别做了较为详细的阐述。王封常论文《布依族传统节日》对望谟布依族"过大年""元宵节""过了年""春社""三月三""四月八""端午节""六月六""七月半""中秋节"和五月寅日"虎节"、正月初一至十五"赶表节"、秋收之后"摘刀节"等进行了介绍。伍忠钢和伍凯锋著《镇宁布依族》一书对贵州省镇宁县布依族"春节"、正月初八"元宵节"、"正月十五"、正月三十"油团节"、"二月二""三月三""清明节""四月八""端午节""六月六""七月半""中秋节"、九月初九"吃新节"和"冬至节""立春节""雷神节"等传统节日进行了较为详细的阐述与研究。莫祖强论文《布依族的传统节日》对贵州省荔波县布依族传统节日"春节""过小年""香藤粑节""清明节""四月八牛王节""端午节""六月六布依歌节""七月半""中秋节""重阳节"等节日文化活动进行了阐述。高登智论文《布依族传统民族节日考》对云南布依族传统节日年节、"二月二"祭祖、"三月三"祭龙潭、"四月八"牛王节、"六月六"敬盘古、"六月二十四"烧虫节、"七月十五日"敬奶节等进行了一定的描述与考证。刘卫东主编《当代云南布依族简史》与钱彦霖主编《罗平风物》两书对云南布依族传统节日过年、"二月二""三月三""六月六""七月半"与四月初八"牛王节"、四月二十四"青苗节"、五月第一个寅日或卯日"五月节"、六月二十四"火把节"等做了介绍。朱健刚、王超主编《水边人家——一个布依族村寨的发展描述》一书对云南省罗平县多依村布依族传统节日春节、元宵节、祭老人房、"三月三""四月二十四""五月十二""六月二十四""七月半"等进行了研究性阐述。蓝志昌、罗开平论文《马关县布依族民俗风情》对马关布依族岁时节庆年节、二月初二

"离娘节"和"牛王节""六月六"节日进行了介绍。罗茹、龙青松论文《布依族节日的名称、内涵和主体》对布依族传统节日文化类型等进行了阐述。贺明勇、韦芝秀论文《黔西南布依文化生态保护典型研究——从一个村庄布依文化现有生态看布依族文化传承发展》对贵州省册亨县板万布依族村寨的节日文化生态进行了介绍。向零主编《民族志资料汇编 第六集（布依族）》对贵州省有关布依族村寨的节日文化进行了调查、分析、研究。其中，王开吉论文《兴仁县布依族调查》对兴仁布依族传统节日春节、"二月二""三月三""六月六""七月半"、四月八"栽秧节"、七月半"火箭节"、九月九"重阳节"、十月初一"牛王节"等进行了介绍。班光瑶、孙定朝、赵焜论文《贵阳市花溪区新民布依族乡竹林村调查》对竹林布依族村寨中的布依族节日文化进行了调查、阐述。清镇市民族宗教事务局、清镇市布依学会编《清镇布依族民俗文化》一书对布依族过年、"二月二""三月三""清明节""四月八""端午节""六月六""七月半"和尝新节、中秋节、重阳节、"十月初一"祭祖节等传统节日进行了阐述。杨健吾论文《四川布依族稻作文化习俗》对四川布依族传统节日春节、三月三、六月六、端午节、中秋节、重阳节等进行了介绍。周国炎论文《越南北部的布依族及其文化》对聚居于越南北部的布依族传统节日春节、元宵节、正月三十、二月二、寒食（清明节或三月三）、四月八、端午节、六月六（正朔节）、七月十五、新米节等进行了介绍。贵州省民族事务委员会编《布依族文化大观》一书对布依族岁时节日与习俗进行了介绍，对布依族岁时节日按照宗教信仰、传统、节日活动组织者以及主要内容进行分类，且对"二月二"等节日进行了一定阐述。该书将布依族岁时节日按照不同标准来分类的方法可行，可以启发我们的思考，但书中只是对主要内容分类的情况进行了阐述，而未对其他分类方式进行描述。伍文义、韦兴儒、周国茂、罗汛河、黎汝标著《中国民族文化大观·布依族篇》一书对布依族时令与节日习俗的形成与发展、种类、内容、特点及节日禁忌等进行了一定阐述。范宏贵、刘志强等著《中越跨境民族研究》一书提及了越南布依族的春节、正月十五"元宵节"、正月三十、五月初五"端午节"、六月初八"牛魂节"、七月十五"中元节"、秋收后的"新米节"等传统节日。还有其他相关论著多少涉及布依族传统节日文化整体上的阐述，恕不详列。

（二）节日文化个案研究

近三十年来，关于布依族年节、"二月二""三月三""六月六"以及牛王节、查白歌节、毛杉树歌节、神仙田歌会、七月半、中秋节和布依族风情节或祭山节等具体节日文化方面的阐释性研究获得一批成果。

现在，布依族年节既有与中华传统春节相同的"过年"，又有具有自身民族特色的"过了年""小年"等习俗。布依族传统意义上的年节，其节日文化内容、形式与其他民族稍有不同。有关历史古籍记载，布依族以农历十一月为岁首。荔波一带布依族至今于农历十一月三十日过"小年"。[①] 布依族的年节，除除夕、正月初一、元宵节等外，有的地方还要在正月最后一天"过了年"。贵州省镇宁县、六枝特区一带布依族在正月最后一天过"油团节"。莫祖强论文《布依族的传统节日》、莫志勋与梁才贵论文《荔波布依族传统文化节日——"小年"的研究》、樊敏论文《布依族小年节文化探析》、白海鹰论文《方村布依族过"小年"的风俗习惯》、莫开灿论文《阳凤小年》、莫绍基论文《有趣的甲良片区布依族过"小年"》、何康论文《布依族过大年》、王达志论文《晴隆第三土语区布依族年节》、六枝特区史志办公室编《夜郎布依风情》一书中"月亮河布依族节庆"、清镇市民族宗教事务局和清镇市布依学会编《清镇布依族民俗文化》一书中"过年"、王兴赋与王荣胜、韦国荣论文《丰富多彩的布依族节日文化》中"春节"、刘卫东主编《当代云南布依族简史》一书"布依族传统节庆文化"之"过年"、钱彦霖主编《罗平风物》一书"布依族节日庆典"之"过年"、朱健刚与王超主编《水边人家——一个布依族村寨的发展描述》、蓝志昌与罗开平论文《马关县布依族民俗风情》等论著，对布依族年节习俗情况进行了一定阐述与分析、研究。

"二月二"是中华民族传统节日，又称"龙抬头"节。布依族"二月二"节日在不少布依族村寨举办，在此基础上有的地方将其发展为布依族对歌节或者铜鼓文化节。颜德芳论文《布依族"二月二"歌会》、何晓坤论文《布依族二月情歌会》、李燕琴论文《罗平布依族二月二歌会初

---

① 参见白海鹰《方村布依族过"小年"的风俗习惯》，载何羡坤主编《荔波布依族》（上册），中国文化出版社2011年版，第371—372页；莫开灿《阳凤小年》，载何羡坤主编《荔波布依族》（下册），中国文化出版社2011年版，第434—435页。

考》、刘旅翔论文《罗平长底瀑马山"二月二"歌场的兴衰》等论著对布依族"二月二"节日基本情况及文化内涵进行了一定阐述。

"三月三"是布依族重要的传统节日,主要开展祭祀山神、土地神等神灵,同时开展文化娱乐活动。陈兰、陈立浩论文《"三月三"节日民俗试论》、鄂启科论文《贵州望谟布依族"三月三"文化节变迁与重构》、韦润物论文《南方少数民族"三月三"与古代中原上巳节习俗关系探讨》、毛天松论文《布依族"三月三"节日文化研究》、蔡萍和潘国玉论文《安龙布依族"三月三"的文化传承与教育价值》、李宝华论文《罗平布依族的节日与民歌》、徐倩论文《关于传统节庆文化传播策略的思考——以望谟县"三月三"布依文化节为例》、黄秀芳论文《布依族"三月三"文化及其开发利用问题》、岑美强论文《风情浓郁的布依族"三月三"》等论著从节庆情况、文化变迁、传承发展、社会价值等方面,对布依族"三月三"节日文化进行了分析、研究。

布依族"牛王节"一般在农历四月初八开展,有的地方又称之为"开秧节"或者"开秧门"。四川省布依族在农历十月初一开展"牛王会",也称"牛王菩萨节"。[①] 马启忠论文《布依族牛王节略考》、吴文定论文《文化视野下的布依族"四月八"》、向忠俊与王华武论文《布依族欢度牛王节》、罗亮秋论文《阳凤布依族的"斗牛节"》、王克钧论文《布依族的四月八》、郭正雄论文《布依族"牛王节"传承的思考》《布依族四月八吃黑糯米饭的由来》、潘德阳论文《布依族牛王菩萨节》等论著对布依族"四月八""牛王节""牛王菩萨节"的情况、起源以及文化寓意等进行了分析、研究。

"六月六"是布依族重要的传统节日,其隆重程度不亚于年节,所以有的地方将之称为"过小年"。关于"六月六"节日的名称,各地略有不同。贵州省龙里县、贵定县一带布依族称之为"虫王节"。望谟县、册亨县一带布依族称之为"龙王节"。惠水县、平塘县一带布依族称之为"天王节"。惠水县、长顺县一带布依族称之为"歌节"。紫云县一带布依族

[①] 参见杨健吾《四川布依族稻作文化习俗》,载《西华大学学报》(哲学社会科学版)2008年第3期;潘德阳《布依族牛王菩萨节》,载罗洪庆主编《布依学研究》,云南民族出版社2015年版,第44—48页。

称之为"赶六月场"或"赶六月桥"。白明政主编《布依族六月六》、陆勇昌主编《中国节日志·布依族六月六》、谷因论文《祭祀大禹：布依族"六月六"节探源》、马启忠论文《布依族"六月六"探源》、周国茂论文《民族文化名片视域下的布依族六月六节日研究》《六月六：布依族的文化名片》、杨路塔论文《布依族节日"六月六"的文化内涵和精神实质》、陆勇昌论文《布依族"六月六"文化价值概述》、樊敏论文《黔南布依族"六月六"节日的文化特征及社会价值》、江兴隆和袁伊玲、何敏政论文《荔波布依族"六月六"传统节日的起源与文化内涵追溯》、伍凯锋和伍忠钢论文《扁担山地区布依族"六月六"》、郭正雄论文《西秀区布依族"六月六"传统文化保护与传承之我见》、罗先书论文《〈好花红〉与惠水地区"六月六"》等论著在对布依族"六月六"节日情况、文化内涵进行考察的基础上，结合实际进行了有价值的探索。贵州省民族事务委员会编《贵州省民族传统节日进入旅游市场的文化条件分析》一书中"布依族'六月六'"部分对"六月六"节日中的图腾崇拜、祖先崇拜、社会功能、服饰文化、饮食文化、歌舞文化、文学艺术以及节日文化如何进入旅游市场进行了分析。

查白歌节是布依族特色传统节日，至今在贵州省黔西南布依族苗族自治州顶效镇查白村流传，一年一度，以歌会友，滇黔桂界邻地区各族人民云集，热闹非凡。谢彬如主编《中国节日志·查白歌节》一书在田野调查的基础上，对查白歌节的节日缘起、仪式活动、表演艺术、口头传统、节日用品、节日文献、传承保护等方面进行了全面梳理，是关于布依族查白歌节系统性研究的重要成果。黄晓论文《布依族"查白歌节"文化变迁及保护意见》、黄正书论文《查白歌节的怀念》、吴兴明硕士论文《布依族地方性民俗节日成因初探——以"赶查白"为例》等论著对查白歌节成因、文化变迁、传承保护等进行了分析、研究。

布依族民族风情节是在民间祭祀文化基础上发展而来的。布依族村寨"三月三"祭祀山神，是一个典型的传统节日。农历六月，一些布依族村寨根据风俗习惯，要祭山或者祭水。贵州省兴义市万峰林一带下纳灰、卧戛、乐立与坝佑高卡、马岭营上和瓦戛等布依古寨，每年农历六月二十四开展祭山活动，宰牛、聚餐、对歌等节日文化活动随之开展。黔西南布依族苗族自治州万屯镇坡落、独坡等地布依族于农历六月二十四左右过节，当地人习惯称之为"祭山",实则为布依族风情节。伍文义博士论文《布依族〈摩经〉语言文化研究》、罗洪庆论文《贵州贞丰布依族与河口布依族祭山的比较》、王沾云论文《布依村寨祭山活动的旅游价值》、王仲坤论文《布依族的"祭山"》、彭建兵论文《坡落布依古寨"祭山"节庆活动民族志》《历史人类学视野中的布依族山神信仰习俗》等论著对布依族传统祭山节庆文化活动进行了考察。

四 节日文化功能研究

布依族传统节日之所以能世代传承、经久不衰,得益于传统节日的社会属性,即强大的社会适应性。布依族传统节日随着时代的变迁而发生变化,这种变化是社会和时代所赋予的,分析布依族传统节日的功能,可以能动地反映历史时期布依族传统节日的文化特征、社会功能及社会价值。

颜勇、雷秀武论文《贵州民族文化传统节日综论》、白明政论文《布依族节日文化及其社会功能》、葛继红论文《布依族节日礼俗的特征及功能》、莫玉萍和陈兴燕论文《布依族节日的文化特征及社会价值探析》、杨路塔论文《布依族节日"六月六"的文化内涵和精神实质》、樊敏论文《黔南布依族"六月六"节日的文化特征及社会价值》、陆勇昌论文《布依族"六月六"文化价值概述》、莫江凤论文《长底布依族祭祀节日的象征人类学分析》、黄福建论文《布依族节日成因及社会功能》、吴文定论文《文化视野下的布依族"四月八"》、月亮河研究组编《月亮河流域布依族文化研究》等论著对布依族节日文化所蕴含的文化特征、文化心理、社会功能等进行了较为深入的阐述。

五 节日文化变迁研究

布依族传统节日文化变迁方面的研究一直是学术研究的热点、难点问题。节日文化的当代变异,主要表现在四个方面:一是传统节日活动参与者群体发生了变化;二是节日内容的调整、增减与创新;三是新的节日层出不穷;四是观念的变化是节日文化变异的根本原因。[①] 李应斌《论旅游

[①] 参见杨淑媛《民族节日文化的当代变异》,载《贵州师范大学学报》(社会科学版) 2003 年第 6 期。

开发与民族文化的变迁——以罗平多依村布依族节日文化变迁为例》一文对布依族传统节日变迁的表现进行了分析，同时考察了变迁原因。他认为，由于旅游的介入，使得当地布依族与外界交往进一步扩大，文化上相互影响，变迁就在这个过程中发生，导致多依村布依族传统节日发生变化的主要原因是旅游的发展，更深层的则是当地人价值观念的变化和对变迁的自主选择。[①] 董强、宋艳贺论文《贵州省镇宁县革老坟村民族文化变迁原因探析》、李旭论文《非物质文化遗产保护及其文化变迁研究——以镇宁县布依族为例》、覃敏笑论文《布依族社会传统文化及其变迁——以普定县为考察个案》、彭雪芳论文《变迁中的布依村寨——贵州省册亨县巧马镇者岩布依村寨社会调查》、王鸣明博士论文《布依族社会文化变迁研究》、甘代军博士论文《文化变迁的逻辑——贵阳市镇山村布依族文化考察》、王韬硕士论文《贵安新区马场镇平寨村布依族历史文化变迁研究》等论著从不同的角度对布依族文化变迁进行了较为深入的考察、分析。

六　节日传承发展研究

随着中国的民族学、人类学学科的快速发展，布依学研究的不断深入，学术界关于布依族传统节日文化传承发展方面的研究成果也日趋丰富。

周国茂主编《文化资源开发与布依族地区可持续发展》一书中的有关论文对布依族节日文化传承发展以及节庆文化如何融入旅游事业发展等问题进行了探讨。朱健刚论文《旅游景区生产与族群文化的再造——对一个布依族村寨的旅游人类学研究》通过对罗平多依村布依族"三月三"节日在旅游开发前后的比较研究，认为以族群为名义开发的旅游业和少数族群自身选择之间依然存在尖锐对立的关系。由于旅游开发中的资本和行政权力的介入，打破了原有村落的生活秩序，使得自然被景观化的同时产生了新的生活秩序。新的生活秩序不得不适应旅游的需要，甚至原有的民族节日与仪式也不得不为了旅游而调整、改变，而新的秩序成为少数民族

---

① 参见李应斌《论旅游开发与民族文化的变迁——以罗平多依村布依族节日文化变迁为例》，载《曲靖师范学院学报》2009年第2期。

族群观念的一部分，从而再生出新的族群文化。① 金露著《遗产·旅游·现代性：黔中布依族生态博物馆的人类学研究》一书，从遗产、旅游、现代性三个维度对布依族文化的再造与创新，传承与发展的实现进行了探讨。伍光恒论文《现代化进程中布依族文化的变化与保护传承——来自贵州省关岭县小盘江村的调查》运用比较研究方法，对小盘江村的过去与现在进行了对比，分析了布依族村寨文化的发展变迁。他认为，以发展民族特色村寨旅游为契机，对包括布依族节日民俗在内的民族文化旅游资源进行开发，以增加村民经济收入，改善其生活条件，同时对现代化冲击下的民族文化起到保护、传承的作用。② 罗玲玲、梁龙高、周承论文《论册亨布依族文化的传承、保护与发展》对包括民族节日在内的册亨县布依族传统文化保护与传承发展问题进行了思考，认为"册亨布依族民众是布依族文化保护、传承和发展的重要推动力，历史文化遗产的传承发展不只是政府相关机构的责任，更是广大布依族民众共同的神圣职责。因此，政府应利用春节、'三月三''四月八''六月六'和'七月半'等民族节日开展传统民族活动，进行引导宣传，让民间踊跃参与，充分调动广大民众的积极性，形成政府民间配合民族传承模式"③。

王云奎和李辉海论文《浅议金沙江中下游布依族节庆文化的传承与保护》、王定芳论文《紧紧围绕文化特质、特点、特色大力传承保护和开发利用布依族节日文化》、岑家勇论文《布依族传统节日文化的保护与开发初探》、罗洪庆论文《布依族传统节日的传承和开发》、贵州省文物局和黄平县人民政府、贵州省文物博物馆学会编《贵州民族传统节日文化保护与发展》、罗正副博士论文《调适与演进：无文字民族文化传承——以布依族为个案的研究》、韦兴台硕士论文《黔西南布依族节日文化变迁与民族文化保护研究》等论著亦对布依族传统节日文化保护、传承与发展问题进行了充分探讨。

---

① 参见朱健刚《旅游景区生产与族群文化的再造——对一个布依族村寨的旅游人类学研究》，载《广西民族大学学报》（哲学社会科学版）2010年第6期。
② 参见伍光恒《现代化进程中布依族文化的变化与保护传承——来自贵州省关岭县小盘江村的调查》，载《民族学刊》2018年第5期。
③ 罗玲玲等：《论册亨布依族文化的传承、保护与发展》，《黔南民族师范学院学报》2013年第2期。

马启忠论文《关于布依族"六月六"文化节进入旅游市场的思考》、金安江论文《布依族地区文化旅游的思考》、罗春雷论文《以节庆促旅游业发展助脱贫攻坚》、张美丽论文《关于布依族节日文化"产业化"的思考》、梁朝文论文《开发布依族节日文化旅游　实现布依族地区跨越式发展》、贺芝鑫与黄成学论文《布依"三月三"习俗对农村社会管理创新的启示》等论著对布依族传统节日文化融入旅游文化资源开发、社会治理、脱贫攻坚等现实重点、难点问题进行了较为深入的思考。

第四节　布依族传统节日研究不足及发展趋势

一　存在不足

（一）节日文化内涵研究在个性化方面欠缺

目前，布依族传统节日文化方面的研究成果不断出现，但有关研究主要集中于布依族"三月三""六月六""查白歌节""年节"等个别节日，又以"三月三""六月六"两个节日的研究成果最多。而布依族"毛杉树歌节""神仙田歌会""油团节""虎节"等大多数布依族传统节日方面的研究成果很少。关于布依族传统节日方面的研究，目前主要是以论文的形式出现，系统性方面的研究成果明显不够。当下，仅"六月六""查白歌节"有专门著作，其中"六月六"有两部，而布依族其他传统节日还没有出现专门的著作。这充分说明布依族传统节日在文化内涵的个性化研究方面还存在许多短板，需要我们持续用力。

（二）节日文化地域研究在普遍性方面不足

布依族世居于黔贵大地，之后其分支繁衍于中国云南省、四川省等地。国外的布依族，主要分布于越南、缅甸、老挝和泰国等国家。当前，各地区关于布依族节日文化研究在成果产出等方面存在一定差距。相对而言，贵州省在布依族传统节日文化研究方面走在前列，在党和政府的大力支持下，不但在省级层面成立了专门的布依学会，而且在布依族聚居地区先后成立了市、州、县级的布依学研究机构。有关高校、科研院所也投入一定的人力、物力、财力，加大了对布依学的研究。云南省随后成立专门的布依学研究机构，一批专家、学者积极投入到了布依学研究的大潮之中。目前来看，贵州省关于布依族传统节日文化方面的节庆活动最多、研究机构完善、研究人员较多、研究成果最多。但省内各地区在布依族节日文化研究方面也存在差距，以地州市而言，黔西南布依族苗族自治州、黔南布依族苗族自治州、贵阳市、安顺市等地布依族节日文化成果相对较多，毕节市、六盘水市等地相对较少；以县级市而言，黔南布依族苗族自治州荔波县与惠水县、黔西南布依族苗族自治州兴义市与望谟县、贞丰县、安龙县、册亨县和晴隆县、贵阳市花溪区与乌当区、安顺市清镇市、镇宁县与平坝县、六盘水市六枝特区与盘州市等关于布依族节日文化方面的成果相对较多。人才培养方面，贵州民族大学、贵州大学和贵州师范大学等民族学、历史学等专业研究生、本科生以布依族文化（含节日文化）为学位论文选题的情况是存在的，反映了对区域民族历史文化的关注。云南省在布依族传统节日文化方面，人力、物力、财力均有保障，相关研究成果主要集中于罗平县、河口县、马关县等布依族聚居区的传统节日文化研究。四川省凉山彝族州宁南县、会理县等地区也有布依族聚落，近年在民族节庆举办、节日文化挖掘、民族文化交流等方面有所突破，获得不少成果。总的来看，布依族传统节日文化方面研究，需要各地区多方用力，缩小地区差距，共同提升科研成果数量及质量。

（三）节日文化田野调查需要持续加大力度

学术界关于布依族传统节日文化的研究成果，从田野调查角度看，主要表现在文化事象的描述方面。民国时期，吴泽霖、岑家梧、陈国均等老一辈专家、学者对包括传统节日在内的布依族文化在实地调查的基础上进行了描述。中华人民共和国成立之后，在20世纪五六十年代、1978年党的十一届三中全会召开至1988年贵州省布依学会成立、1988年贵州省布依学会成立至今等时期，国家组织力量分别开展了民族识别、少数民族社会历史调查、学术考察等工作，许多专家学者深入各地区布依族村寨，开展了扎实的田野调查工作，获得了一批调查成果。20世纪五六十年代，对于传统节日的调查是包含在民族文化调查整体范围之内的。1978年党的十一届三中全会召开至1988年贵州省布依学会成立这一时期，关于布依族传统节日的调查同样是在少数民族历史文化调查的大范围内，对节日文化活动情况及其相关文化事象，如神话传说、民间故事等有所关注，取得了较为丰富的调研成果，为下一步布依族民族节庆活动的开展以及节日文化研究的铺开奠定了深厚的基础。1988年贵州省布依学会成立至今，随着社会的发展，各布依族聚居地区"二月二""三月三""六月六""牛王节"以及各式新型民族风情节、歌节、文化节等传统节庆活动纷纷举办，大大提升了布依族传统节日文化的社会影响力，使学术界加大了对布依族节日文化的关注。这一时期，布依族传统节庆活动的举办，是布依族文化自觉的表现，众多专家学者围绕节日文化而开展的田野调查主要是基于自身研究兴趣及研究工作的需要，是学术自觉的表现。关于"三月三""六月六""查白歌节"等传统节日的田野调查及研究成果相对丰富，而对于其他节日的调查及研究还存在许多不足。为全面提升布依族传统节日在新时代背景下，由理论研究逐步向应用型方向转变，快速提升服务社会的本领能力，以推动中华优秀传统文化传承发展，推动少数民族传统文化保护、传承与发展，推动中国特色社会主义哲学社会科学大发展大繁荣，加强布依族传统节日文化调查研究的需求应运而生。在文化自觉和学术自觉的共有语境下，需要我们继续加强布依族传统节日文化田野调查工作，更加深入挖掘节日文化内涵，最终落实民族文化传承发展战略目标，为中华民族伟大复兴中国梦的实现作出应有的学术贡献。

（四）研究成果描述性过多而研究力度不够

布依族传统节日文化研究成果大致可分为媒体理论文章、田野调查报告、学术研究成果三大类别。媒体理论文章主要指在各级各类报纸上发表的、较为详细的节庆活动考察报告和学术性较强的理论文章。田野调查报告是指研究人员按照有关要求，深入村寨开展实地考察，在此基础上形成调查报告，这有助于挖掘节日文化内涵，为节庆文化保护及传承发展提供决策咨询。学术研究成果是专家、学者结合自身研究兴趣，在田野调查、文献整理的基础上，开展布依族节日文化研究而获得的科研成果，能提升节日文化的学术研究关注度，同时可以为政府部门决策提供智慧支撑。在各级各类报纸发表的理论文章，包括部分田野调查报告与学术论文等研究成果。我们对当前布依族传统节日文化研究成果进行了大致统计，发现专门著作只有白明政主编《布依族六月六》《布依族节日文化研究》等四部，另有杨昌儒与陈玉平编《贵州世居民族节日民俗研究》、刘柯编著《贵州少数民族风情》等数十部著作对布依族节庆文化有所涉及。论文方面，以2020年2月中旬在中国知网等学术网站搜索为例，以"布依族节日"与"布依族三月三""布依族六月六""布依族牛王节""查白歌节"等具体节日为标题进行搜索，期刊论文有80余篇、学位论文2篇、会议论文2篇、报纸文章270余篇、音视频4个。另外，据不完全统计，不能在学术网站查询的布依族传统节日方面的论文有1000余篇，其中大部分为调查报告。以上综述，布依族传统节日文化研究成果总量大约有1370篇（部），其中报纸类成果270余篇、田野调查报告700余篇、学术研究成果400余篇（部）。可见，媒体新闻报道成果约占20%；田野调查报告类的成果较多，约占成果总量的51%；学术研究成果偏少，约占成果总量的29%。前两者主要是对布依族传统节日的现象性描述，占研究成果总量的80%左右，而从后者成果数量来看，总量不足，短板明显。布依族传统节日众多，文化内涵丰富，需要我们大力加强相关学术研究力度。

二 发展趋势

布依族传统节日文化方面的研究领域正在不断地向内深化与向外扩展，同步进行。"向内"，主要是加强节日文化内涵研究，为保护、传承、发展服务。"向外"，主要是布依族民族文化影响力的提升，同样有利于布依族传统节日文化的传承发展。众多专家学者对布依族传统节日文化开展了多维度、多视角、多侧面的分析、研究，成果不断涌现，为布依族传统节日文化的研究开创了崭新局面。

（一）全面深化布依族传统节日文化研究

对布依族传统节日文化的系统性研究将成为学术界关注的一个重点。我们不但要继续加强对"三月三""六月六""查白歌节"等重要节日文化的研究，而且要深入开展其他节日文化内涵的发掘、整理、分析、研究。对布依族传统节日文化的文献整理，尤其是民间文献的搜集、整理与研究工作，需要我们继续努力。可以采用人类学、民族学、社会学、历史学、民俗学、艺术学等多学科研究手段或方法，理论联系实际，在学术界形成对布依族传统节日文化进行全面而系统研究的大好局面，生产出大批的布依族传统节日文化创新性成果。发挥人文社会科学服务社会发展之作用，结合现实社会发展情况，特别注重布依族传统节日文化保护及传承发展方面的研究，以及布依族传统节日文化应用型方面的研究，以学术智慧助力民族文化传承发展，助力区域经济社会转型发展，助力区域山地旅游事业发展,助力脱贫攻坚成果巩固,助力乡村振兴战略深入实施。

(二) 不断缩小节日文化研究的地区差距

新时代背景下,各布依族聚居地区的传统节日文化交流将不断加强,在促进民族认同、国家认同,增进民族团结、民族和谐,提升文化自信、文化自觉,增强中华民族凝聚力方面发挥积极作用。各地区可以在举办布依族传统节庆活动的同时,加强学术研究工作,开展田野调查、学术研讨等活动,加强贵州省、云南省、四川省等布依族聚居地区的文化交流、学术探讨,加强与广西壮族自治区壮学研究团体等有关机构的学术合作,必要条件下,组织人员到越南等国外布依族聚居地区考察。节日文化研究要立足西部,面向全国,走向世界。在布依族聚居地区各级布依学研究机构的主办下,继续开展学术研讨工作,每隔一段时间定期召开布依学学术会议。与中国人类学民族学研究会及其下属学术机构民族节庆专业委员会、中国民族学学会等学术团体合作召开布依族传统节庆文化方面的学术会议,共同探讨布依学研究问题。可以云贵川三省布依学本土研究力量为主体,联合中国社会科学院、中央民族大学等学科力量,筹备成立中国人类学民族学研究会下设学术机构——布依族学研究专业委员会,以便更好地联合国内外学术力量,对包括布依族节日文化在内的布依学研究联合攻关,力求缩小地区之间的研究差距,大力推进布依族传统文化的保护及传承发展。

(三) 持续加强布依族节日文化田野调查

田野调查是人类学、民族学学习与研究的基本方法。民族文化调查,促使我们走进民族村寨,与调查对象(含人与物)密切接触,了解有关文化事象。"首先,在调查中,调查者与被调查者要有机地结合。"[1] 这就是说,科学研究人员要深入被调查者的生活实际当中,与他们交朋友,获得他们的信任与支持,融入他们的日常生活中,从而为田野调查工作的顺利开展打下基础。开展田野调查,获得第一手布依族传统节日文化资料,才有可能使我们的研究工作在扎实的田野调查基础上有所突破、有所发明、有所创造。20世纪中期至今,老一辈民族学家、人类学家及众多专家、学者对布依族传统节日文化开展了富有成效的工作,获得了许多研究

---

[1] 吴泽霖:《吴泽霖民族研究文集》,民族出版社1991年版,第397页。

成果，为今天的学术研究创造了条件。但是，众多布依族传统节日文化在调查上还存在不足，各布依族地区传统节日文化的现象性描述较为分散，难以形成系统性的成果。为此，加强布依族地区传统节日文化田野调查工作，加强田野调查工作与学术研究的精密结合，将成为学术界下一步努力的方向。"田野作业法是布依族岁时节日研究中一种非常重要的方法。它要求广大人文学者走出书斋、深入民间、走向社会，这样既可以获得忠实可靠的资料，又可以修正、补充前人调查资料的不足。"[①] 人类学、民族学、社会学等多学科专家、学者通过田野调查工作的扎实开展，获得了丰硕的研究成果，为我们做出了很好的表率。我们应当孜孜以求学问，发扬不怕苦、不怕累的学术研究精神，多走向布依族村寨，多向人民群众请教，多结合现实进行思考，通过开展认真、细致的田野调查工作，力图在此基础上取得一批科研成果，为发掘布依族传统文化深刻内涵、推动布依学研究不断深入、促进中华优秀传统文化传承发展、实现中华民族伟大复兴中国梦而做出自己应有的贡献。

[①] 杨昌儒、陈玉平编：《贵州世居民族节日民俗研究》，民族出版社2009年版，第143页。

第二章

布依族传统节日文化概述

从古至今，人们的社会生活都离不开节日。节日是人们高度关注并憧憬的美好事物。自产生之日起，它就使人们维持着一种风俗习惯的养成与潜移默化的传承。"节日，是民族社会生活中的创造物和传承物。它是由于生活的需要而产生的，是适应社会生活的发展而完善和变更的。"① 节日具有民族性特点，随着社会发展而处于传承与发展状态，至今在民族社会生活中发挥一定作用。节日活动的开展与参与，使人们乐此不疲。节日文化的表现及内涵，使人们津津乐道。"节日是被赋予了特殊的社会文化意义并穿插于日常之间的日子，节日民俗是指这些特殊日子的文化内涵以及人们所表现的相沿成习的各种活动。"② 节日民俗是节日文化表现形式、内容等多方面的现象表达。节日的产生，源于农事生产与节气时令的密切结合。中国"二十四节气"是人类社会重要的非物质文化遗产，2006年被列为第一批国家非物质文化遗产代表性项目名录，2016年被列入联合国教科文组织人类非物质文化遗产代表作名录，成为一种世界级非物质文化遗产。在中国传统农业社会的历史发展过程中，人们接受了历法对农业生产的指导，形成农事节气制度，对传统节日的形成、发展发挥了重要作用。"在中国，民俗节日历来被叫作'岁时节日'，'岁时'源于古代历法，'节日'源于季节气候，也可以说，在农耕文明语境中的节日是由年、月、日、时和气候变化相结合排定的节气时令。"③ 传统节日文化是

---

① 钟敬文：《民间节日与民族文化》，《民族艺术》2008年第3期。
② 高丙中：《中国民俗概论》，北京大学出版社2009年版，第188页。
③ 乌丙安：《非物质文化遗产保护理论与方法》，文化艺术出版社2016年版，第88页。

人们按照自然节律安排农事活动的文化象征，是历史时期中国传统农业社会的文化遗存。岁时节日反映了传统历法、物候天时与农事活动，在人们日常生产、生活之中占据重要的地位。但随着时代的变化，传统节日在形式、内容等方面也随之发生变迁，呈现逐渐消逝的困境，不得不引起我们的深刻思考。"尤其是在文化变迁大趋势的冲击下，西南各少数民族的传统文化习俗面临十分严峻的现代化挑战，许多少数民族赖以保存传统文化因子，传承并强化民族自我意识的途径或场合，只剩下为数不多的节日祭祀活动了。"① 因此，对传统节日文化进行抢救性挖掘，并在此基础上分析、研究，是时代赋予我们的重要责任，是传承发展少数民族优秀传统文化的时代需要。

布依族自古以来世居于贵州省黔西南布依族苗族自治州、黔南布依族苗族自治州、贵阳市、安顺市、六盘水市、毕节市等地区，广泛分布在石山林立、天坑众多、溶洞并存、峡谷天成的喀斯特地貌区域。布依族世居之地的黔西市观音洞、安龙县观音洞、普定县穿洞、盘州市大洞、兴义市猫猫洞及张口洞等古人类文化遗址，对布依族传统文化的生成及发展起到了重要的历史作用。布依族先民在漫长的历史长河中，在特定的生计环境下，为生存、发展和生产、生活的需要，创造了光辉灿烂、具有浓郁民族特色的民俗风情文化。布依族传统节日文化形式多样、表现多彩、内涵丰富，是布依族优秀传统文化的集中体现，同时是中华优秀传统文化的组成部分。

第一节　节日民俗形态

布依族传统节日数量很多，形式多样，内容丰富，表现出民族性、区域性、传承性等特点。不同地域的布依族，既有相同的节日，又有不同的节日。相同地域的布依族传统节日，在节日时间、内容及形式等方面又存在一定差异性。布依族全民性传统节日有中华民族共有节日春节、清明节、端午节、七月半、中秋节等，同时有"三月三""六月六""了年"等本民族特色共性节日，其中以"三月三""六月六"最为隆重而具有自

---

① 黄泽：《西南民族节日文化》，云南教育出版社1995年版，第3页。

身民族文化特点。由于受自然环境、生计方式等多方面的影响，一定地域范围内的布依族又有着稍异于他地的传统节日。黔西南布依族苗族自治州顶效镇楼纳村农历四月初六布依族开秧节、查白村农历六月二十一日的查白歌节、德卧镇毛杉树村农历三月的毛杉树歌节、安顺市黄腊村正月十五赛马节等布依族传统节日，都具有特殊的节日文化内涵及特定的地点、时间，在一定区域范围内产生并流传至今。此外，布依族与其他民族相同的春节、二月二、七月半等传统节日，在节日形式、内容等方面又具有自身的民族特色。

布依族属于稻作民族，自古以来种植水稻，主要从事农耕生产，辅之以渔猎、畜牧等生计方式。其传统节日与农时关联度甚高。布依族"三月三"和"六月六"节日都是在夏种、秋收之前举行的节庆文化活动。这时，水稻等农作物的生长需要充沛的雨水。各地布依族村寨在此期间纷纷举行祭祀仪式，祭祀山神、田神等自然神灵，以祈求风调雨顺、五谷丰收。节日期间，寨民不得进行农业生产活动，需要"闲三"（即节日里连续休息三天），可以开展"浪哨"对歌、民间游戏、戏剧展演等活动，谓之"祭山"或"祭田"。随着时代的变迁、社会的发展，较多从祭祀活动发展而来的布依族传统节日，陆续增加了文体娱乐活动、商贸交流活动以及旅游文化活动等内容，逐步打破了原有的封闭或半封闭、单一式的交往方式和地域的限制，使得传统节日被赋予了新的文化内涵，对布依族人民群众的物质生产活动、精神文化生活都发挥了一定的积极作用。

关于布依族传统节日的民俗形态，学术界已经有所关注，并获得了一些研究成果。有关专家、学者将布依族传统节日分别划分为二、三、四、五、六种主要类型。我们已于上节阐述之，在此不再叙述。按照节日内容来划分布依族传统节日民俗形态，可分为年节、祭祀性节日、农事性节日、娱乐性节日四大类。

一　年节

布依族传统年节包括春节、了年、小年。其春节包括除夕、初一至十五，在时间节点上与中华民族传统春节差不多，于元宵节后节日结束，但内容、形式上稍异。有的地方春节时间包括整个正月，此月最后一天"了年"之后，春节才算结束。了年是布依族的特色节日。小年在节日时间上为农历十一月，内容与形式上亦具特色。

(一) 春节

春节是中华民族十分重要的传统节日，而布依族春节又有着自身的特色。春节，布依族称之为"过大年"，是一年中最为盛大的传统佳节。凡出门在外的布依族人民需要在春节前夕回家与亲人团聚，直到"了年"后才外出寻找生计。

布依族"过大年"，一般从腊月就开始准备，男人着手购置年货、祭品，女人则制作传统服饰及美味佳肴。安顺市黄腊村一带布依族在腊月初八这一天，家家户户早早起床，扫除屋中扬尘，捅破蜘蛛网，将屋内屋外打扫得干干净净。中午，打扫灶台。下午，祭祀灶神。腊月期间"过大年"之前，布依族打糯米粑粑，宰年猪。布依人家热情好客，宰年猪当天邀请亲朋好友来家中做客，吃"杀猪饭"，当地人称之为"请春酒"。腊月初八，望谟县、册亨县一带布依族在家中祭祖，祭品为三碗刀头、三杯酒、一碗糯米饭、一只公鸡、四碟粑粑（糍粑或褡裢粑，每碟五个粑粑），放在神龛的供桌上，供祖先享用，然后点燃三炷香，插在神龛的香台上，焚烧数张纸钱于神龛下的火盆里。

从腊月二十三开始，按传统习俗，布依族家家户户打扫好卫生，送灶神上天，打粑粑，宰年猪，做腊肉、香肠、血豆腐等特色食品，在门上贴对联，在灶台、牲畜圈及大门贴符咒，迎接新年的到来。春节将至，贵阳市一带布依族，家家户户办年货，添新衣，打扫卫生，制作血豆腐，宰年猪，打年粑，酿米酒，除夕贴春联、福字；除夕之时，祭祖，吃年饭，全家团圆，守岁；正月初一，拜年贺喜；正月初二，送祖宗；正月初三以后，走亲访友，开展地戏、歌会等游艺活动，青年男女聚在一起，对唱情歌，通宵达旦，十分热闹；正月十五，闹元宵。元宵节时，贵阳市白云区都拉乡布依族每三年举办一次民族歌会，周边地区布依族盛装与会，以歌会友，欢度节日。修文县大石乡布依族于正月初一至元宵节，有"请七妹"唱歌习俗。花溪大寨、杨梅一带布依族跳地戏。各地还在元宵节舞龙、耍狮子。①

---

① 参见罗大林主编《中国·贵阳布依族文化》（上），贵州民族出版社2017年版，第307—315页。

除夕，在部分布依族村寨里，有的人家在腊月二十九日吃团圆饭，有的人家腊月三十吃团圆饭。如遇腊月只有二十九，就统一在这一天过年。究其原因，有的人家是为了纪念有名望的老祖宗，有的人家则是有禁忌，除夕不能在腊月三十过。贵阳市花溪区一带布依族，除夕清晨打粑粑，把制作好的粑粑拿出来十个，放在神龛上，先供祖先享用；到了中午，家人才可以吃粑粑。年夜饭，每家每户蒸煮一个猪头，烹饪数十道美味菜肴，摆满八仙桌；桌子中间摆上猪头，四面各摆上两双筷子、两个斟满酒的酒杯、两碗米饭；主人点燃三炷香，插在神龛供台中，焚烧一沓纸钱于神龛下的火盆里。男主人作揖，讲几句话，意思是请祖先回家吃年饭，祈求祖先保佑家宅平安、身体康健、子女幸福。祭祀祖宗后，全家人开始吃年夜饭。吃完年夜饭，小孩子可以得到长辈发的压岁钱。主妇则准备明天的饭菜，因为正月初一不能动刀。成年男子在家休闲，喝点自家酿造的便当酒。成年男子还要负责照看堂屋中祭供祖宗及其他神灵的烛火。烛火是不能熄灭的，一直要燃烧到鸡鸣时候。正月初一清晨鸡叫时，挑水之人（有的地方是男人，有的地方是妇女，有的地方则是青少年）手持香、纸钱、鞭炮，肩挑或手提水桶，赶往河边或水井边挑"聪明水"（又称"金银水"或"智慧水""新年水"）。挑水之前，人们先焚香、燃纸、放鞭炮，而后祈愿，再取水。哪家先放鞭炮或先挑得第一桶水，哪家新年就会更加顺顺利利。除夕要"守岁"。"吃了年饭后，便在堂屋燃起一盆木炭，全家人围火守岁，陪祖宗过年。在望谟县蔗香、乐元一带，每逢除夕之夜，各家的主妇就用筛子装着猪腿、糍粑、一把糯谷、甜酒、牛索、一只母鸡等，到寨子外面，喊'鸡、鸭、牛、马、羊、猪、五谷及祖宗来家过年'等语。然后在门前烧一堆火，祭祀那些无人供奉的亡魂。同时把火灰撒在房屋周围，意为驱魔除邪。"① 大年三十，村民拿上祭品，以集体形式或以家庭为单位，到村寨中山神庙或土地庙、神树、官厅等神圣之处祭祀神灵，祈求保护。镇宁县一带布依族村寨举行集体"访己"仪式，由布摩或寨老主持，诵"访己经"，鼓乐齐鸣，礼炮齐放，仪式庄重。"访己"仪式的祭品有猪、羊、牛、鸡、鸭、酒等。人们在仪式结束之

---

① 王封常主编：《望谟布依族百年实录》，香港：环球出版社2011年版，第11页。

后，才回家祭祀祖宗。①

正月初一，挑水之人挑回"智慧水"，拿瓢从水桶中舀三碗水，先祭供祖宗，燃香，化纸，放鞭炮，再把家人召集起来，一起喝"智慧水"。主人用挑来的水煮甜酒粑粑，在祭供祖宗之后，全家一起吃甜酒粑粑，以当午饭。挑"智慧水"，寄托了布依族对新年生活的无限憧憬。初一下午及晚上，全家准备第二天祭祀财神用的祭品猪头、大公鸡、刀头、酒水、青杠柴和智慧水等，还要把青杠柴和"智慧水"放在堂屋大门口。

正月初二凌晨子时，祭祀财神。各家各户把猪头、大公鸡、刀头、酒水置于神龛前的供桌上，点燃香纸，放鞭炮。男主人念念有词，大意为财神下凡，保佑全家一年四季发财。念毕，家中一人担"智慧水"，一人背青杠柴，走进堂屋门，对男主人说："柴（财）来，柴来，金水银水进屋来！"仪式完毕，男主人将鸡爪斩下，用红绳将一对鸡脚绑起来，挂在堂屋正门的门楣上。"鸡爪"寓意"吉兆"，表示人们要像鸡爪抓东西一样，牢牢地多抓经济收入。至今，我们在兴义市万峰林鱼龙布依寨等地仍可见到鸡爪悬于布依人家堂屋门楣的情况。

春节期间，布依族开展形式多样的节庆活动，欢度佳节。"从三十夜到正月十五以前，布依地区一般都要休息，玩年。"② 一个"玩"字，道出了人们对年节的喜悦心情与放松态度。正月初三，人们开始出门走亲访友，相互拜年，互致吉祥。册亨县大寨的布依族，从正月初三到十四，每晚举行转场舞、高台狮灯表演活动，以庆祝新年。贵阳市等地区布依村寨组织龙灯队或狮灯队，从正月初三到十四晚上，去村寨中的每一户人家堂屋或其他村寨开展舞龙或舞狮表演活动，意在扫除邪恶、祈求平安。龙灯队或狮灯队每到一户人家表演，主人都会开门、亮灯，以迎接队伍，并用红纸包若干人民币，一般十二元，也可包多些，放在堂屋的八仙桌上。龙、狮稍作表演之后，表演队拿上红包，而后选择一个宽敞的坝子，集中开展精彩的舞龙或舞狮活动。此时，喜庆气氛达到最高潮，观者云集，场面壮观。

正月十五，是元宵节。清镇市一带布依族，家家户户灯火通明。当天

---

① 参见伍忠钢、伍凯锋《镇宁布依族》，贵州大学出版社2014年版，第64页。
② 韦廉舟编著：《布依族苗族风土志稿》，1981年。

晚上，男女老少去看花灯、龙灯、耍龙、地戏或唱歌玩耍。该市犁倭乡一带布依族有在正月十五晚上拿着装有青油的土碗到坟山上祭祀祖宗的习俗。① 该乡下寨布依族有"喂果树"的传统习俗，人们拿刀割树，以饭菜喂果树。"喂果树的目的，实际上就是给果树放水，避免水分过重，造成水果未熟先落，希望来年多结果。"② 册亨县、望谟县、贞丰县等地布依族正月十五上坟山祭祖，同时祭土地、水井与树神。早上，每户人家做褡裢粑，准备好祭品。中午，男主人背着褡裢粑，带上祭品，前往水井边、神树旁、土地庙，开展祭祀活动。傍晚，同一家族的男子带上祭品，结伴前往祖坟之处祭拜。祭毕，他们就在祖坟旁划拳喝酒，和祖宗"摆龙门"（即"对话"之意），陪逝去的祖先一起过节，直到晚上九十点才返回家中。正月十五晚上，月色正明，贞丰县岩鱼布依寨的青年男女出门"偷青"，即跑到别人家菜地里"偷"一两片青菜叶子，在路边相互抽打，一是把身上的邪气打掉，二是越打越亲。被"偷青"的人家不仅不骂，反而非常高兴，因为这表示大家都和他家亲热，他家一定会吉祥如意。③

现代社会背景下，由于工业化和城镇化的快速发展，布依族村寨中的不少年轻人为谋生计，不得不选择外出务工或求学，并一度热衷于城镇化生活。在一段时期内，人们对布依族传统"过大年"的习俗重在形式，从而使节日气氛没有以前那么热烈。布依族年节习俗渐有被淡漠之意。年味是人们浓浓的乡愁记忆。如今，纳入乡村振兴战略目标中的文化振兴，年节在社会生活中越来越受到人们的重视。人们在叹息民族文化消逝的同时，在尽自己的努力留住那美好的民族文化，由此布依族年节出现了回暖的迹象。布依族年节在形式、内容上，传统与现代共存，谱写着一曲曲布依族现代年节保护及传承发展的新篇章。2018年正月初五，册亨县冗渡镇大寨村举行了精彩的"庆新春"高台狮灯表演活动，吸引了周边地区各族人民及远方游客前来观赏、旅游，为人们展示了布依族不一样的年

---

① 参见清镇市民族宗教事务局、清镇市布依学会编《清镇布依族民俗文化》，贵州民族出版社2014年版，第189页。

② 清镇市民族事务局、清镇市布依学会编：《清镇布依寨》，贵州民族出版社2014年版，第114页。

③ 参见贵州省文管会办公室等编《贵州节日文化》，中央民族学院出版社1988年版，第237页。

味。2019年正月初四，册亨县秧坝镇举办了"迁新家、庆新春、展新颜"系列活动，主要围绕布依族传统刺绣和布依族文艺会演展开。2019年农历正月初八，册亨县冗渡镇陂鼐布依古寨举办了高台狮灯表演，同时邀请安龙县招堤办事处定头村村民表演舞龙。2019年农历正月十二，贵阳市花溪区水车坝举办"水车坝布依年俗风情节"，展现了布依族传统的拦门酒歌、祭祖仪式、"浪哨"对歌、文艺会演、手工艺制品及篝火晚会等布依族年节文化活动。文艺会演活动中，《我们的名字叫布依》《布依祝酒歌》《查郎与白妹》等节目表现了布依族文化特色，引起了布依族人民的共鸣，游客也陶醉于精彩表演的情境中。

春节期间，一些布依族村寨有过年请出嫁的姑娘回娘家团聚的现象。贵州省晴隆县一带布依族正月初二接新出嫁的姑娘回娘家过年，祭祖，吃油炸粑，称为"庚炒"。"庚炒：大年初二布依族定为姑娘节，这天刚出嫁坐家的姑娘要回娘家过年，姑母、姑奶要领子孙回外家拜年，因为初二要炸油炸粑祭祖，所以叫庚炒。"[①] 云南省罗平县布依族在正月十五接出嫁的女儿回娘家团圆。"在长底一带，时兴在正月十五这天接已经出嫁的女儿回娘家团聚。"[②] 这种习俗至今在一些地方流传。2019年正月初六，册亨县坡妹镇岜达村，外嫁的布依族姑娘，身着布依族传统服饰、肩披红布，集体结伴回娘家，祭祀先祖，与家人及村民共度新春佳节。我们了解到这个"回娘家"现象的出现并非偶然，而是源于当地布依族的人文情怀，对布依族传统年味记忆的追寻。有关人员年前通过微信群将外嫁的布依族妇女联系起来，在群里商议回家的日期及活动的安排，并联系好村组干部，获得他们的帮助与支持，从初步筹划到具体实施前后花费三个月左右时间。此前，外嫁姑娘结伴而归的现象未曾出现过，主要原因有四个：一是旧时妇女地位不高，有诸多禁忌，不得随意回娘家。二是女性琐事繁杂，要织布、做饭、种植及照顾老少等，没有太多空闲的时间。三是道路交通不便。以前的道路情况正如一位布依族妇女所言，"晴日裤沾灰，雨天脚满泥，早走坡坡坎，夜行弯弯道"。四是通讯信息不畅。调查中，我

---

① 王达志：《晴隆第三土语区布依族年节》，载中国人民政治协商会议黔西南州委员会编《黔西南布依族文史资料专辑》（上），2007年。

② 刘卫东主编：《当代云南布依族简史》，云南人民出版社2014年版，第164页。

们了解到以前信息传递不畅的情况。用村干部的话说，就是"村里有事全靠嘴，村外消息凭君传"。如今，布依族妇女已经打破了原有的一些禁忌，渐渐从生活琐事中解脱了出来，社会地位在不断提高。精准扶贫、脱贫攻坚以及乡村振兴战略实施背景下，村村通公路、组组通公路的目标在众多偏僻的布依族村寨得以实现。岜达村交通状况，由原来的泥巴路变成了现在通畅的水泥路，出行更加方便。信息技术的快速发展，使微信、QQ成为人们必备的社交工具，从而催生出许许多多家人群、朋友群、村寨群、民歌群或工作群。群聊把人们的情感联系在一起，即使远在天涯也能感受到亲朋的关切。春节时候，布依族村寨外嫁的姑娘结伴而归，是美丽乡村建设环境变化、生活条件向好的表现，是布依族年节民俗文化的新发展，也是布依族对美好生活向往的集中体现。

（二）了年

"了年"，属于布依族年节内涵，一般在正月的最后一天过节，在布依族地区普遍存在。这一天，过节的内容和形式比较简单，人们制作丰盛饭菜，祭供祖宗。"了年"后，表示"大年"结束，人们开始开展各自的工作。安顺市镇宁县、六盘水市六枝特区一带布依族在这一天过"油团节"。民国《镇宁县志》记载了上述地区布依族过"了年"的由来，实感念先祖创业之艰难也[1]。这种习俗流传至今。正月的最后一天，家家户户早晨制作油团粑。主妇将二、三月间就采摘且已晾干的植物"染饭花"放入水中，煮成黄红色，沥出"染饭花"；在"染饭花"水中放入两成粳米、八成糯米，浸泡一至两个小时，把水沥干，用碓或舂打成面，捏成湿团，放入锅中，用油炒熟即可。油团粑炒熟之后，要先装一盘放到神龛上祭祖，然后家人才可食用。[2] 因此，在镇宁县、六枝特区一带，布依族称"了年"为"油团节"。"'油团粑'是这天的特别食物，意为春节到这天圆满结束。吃'油团粑'象征一家人的和睦团结。"[3] 如今，我们到镇宁

---

[1] （民国）胡蒿修，饶燮乾等纂：《镇宁县志》卷3《民风志》，载黄加服、段志洪主编《中国地方志集成·贵州府县志辑》（第44册），巴蜀书社2006年版，第603页。

[2] 参见月亮河研究组《月亮河流域布依族文化研究》，贵州大学出版社2009年版，第234页。

[3] 贵州省文管会办公室等编：《贵州节日文化》，中央民族学院出版社1988年版，第374页。

县高荡古寨、六枝特区落别等布依族村寨考察时,还可以品尝到这种布依族特色食品。

(三) 小年

"小年"是与"大年"相对而言的。布依族传统年节以十一月为岁首,后来受汉文化影响,逐渐过春节,因春节被称为"大年",因此继续以十一月为岁首的年节就被称作"小年"。布依族"小年"由来已久,早在明代即有史料记载。弘治《贵州图经新志》、万历《黔记》等地方史籍记载了布依族以冬月为岁首的情况。"仲家……以十一月为岁首。"① 至今,黔南布依族苗族自治州平塘县以及荔波县布依族在冬月过小年。"过小年(或叫腊月年)是布依族特有的节日,与汉族等其他兄弟民族的过春节(布依族称过大年)相对而言的。过小年是在冬月的三十至腊月的十五期间,荔波过小年的布依族主要分布在甲良、方村、阳凤、地莪、茂兰的岜国、更报以及立化的洞湖等地,荔波其他地区的布依族则不过小年。"② 荔波县甲良一带布依族在农历十月初一过小年,祭祖,到井边挑"灵水"(即"聪明水""智慧水"),吃汤粑、豆腐丸子,准备一桌丰盛饭菜,全家吃团圆饭。这里的布依族过小年有禁忌:一是初一不出门,即不走亲访友;二是不准砍柴割草、纺纱织布;三是家里人不得吵架。初二之后,人们身着民族盛装,参加对歌。青年男女更是情投意合,悦耳动听的情歌久久回荡在山谷之间。小孩胸挂红蛋,在院坝里唱歌跳舞。③ 布依族"小年"节日的时间一般在农历十一月,有的地方在正月十五过节,有的地方是农历六月过节。兴义市一带布依族正月十五过"小年"。"过'小年'。同样杀鸡打粑,菜肴丰足供奉祖先,仅次于过'大年'。"④ 兴义市布依族过小年的时间包括在传统春节的范围之内。六盘水市六枝特区月亮河流域一带布依族过小年在正月最后一天,吃油团粑,并有油团粑由来的民间传说流传下来。当天晚上,打完最后一谱铜鼓,酒肉祭祀之后,

---

① (明)郭子章:《黔记》卷59《诸夷》,载黄加服、段志洪主编《中国地方志集成·贵州府县志辑》(第3册),巴蜀书社2006年版,第408页。

② 何羡坤主编:《荔波布依族》(上册),中国文化出版社2011年版,第297页。

③ 参见刘柯编著《贵州少数民族风情》,云南人民出版社1989年版,第92页。

④ 王启恩:《兴义布依族习俗》,载中国人民政治协商会议黔西南州委员会编《黔西南布依族文史资料专辑》(上),2007年,第124页。

将铜鼓收藏起来,待明年请出。① 云南省罗平县长底乡上、下木特布依寨在农历六月二十四祭祀黄牛,称为"过小年"。但是,现在当地这个民俗基本上消失了。②

现在,布依族注重过"大年","小年"习俗呈现淡化趋势。"小年"节日在部分布依族地区存在,具有较深刻的文化内涵。它是布依族信仰文化的具体反映,是展示布依族自然宗教文化的天然舞台,是布依族乡土文化的集中展示,是传承布依族文化的重要载体。③ 云南省罗平县八大河一带布依族"正月二十九过小年,煮肉供祖,吃糯米粑粑或粽粑,休息两天,不做其他活动,养好精神搞春耕"④。

布依族自古以来"过小年",以冬月为岁首。如今,为传承发展民族文化,贵阳市布依学会倡议,将每年农历冬月初八定为布依族岁首,开展系列节日文化活动。贵阳市自2002年以来,在冬至前后,多次举办贵阳布依年节活动。节日活动的开展,得到了贵州省布依学会和其他地区布依学会等机构、部门的大力支持,省内各布依族聚居地区均派代表队参加。他们展示传统服饰,演唱布依民歌,开展丰富多彩的、以布依族传统文化为主的文化娱乐活动,产生了良好的社会影响。黔西南布依族苗族自治州册亨县重视布依族"小年"节,将每年农历冬月初八定为"布依文化年",定期开展布依族节日文化活动。自2010年开始,册亨县基本上年年举办"布依文化年"活动,收到了良好的效果。

"了年""小年"从概念上看,包括在布依族传统年节范畴之内,但又与其他民族的春节稍有区别,故于此处简单介绍,以显示布依族传统年节特色。

---

① 参见月亮河研究组《月亮河流域布依族文化研究》,贵州大学出版社2009年版,第233—235页。
② 参见杨苏莉《上木特村和下木特村的传统节日祭祀》,载云南民族大学人文学院民族学教研室编著《云南省罗平县长底乡布依族社会文化调查》,云南人民出版社2010年版,第261—263页。
③ 参见樊敏《布依族小年节文化探析》,载白明政、樊敏主编《布依族节日文化研究》,贵州民族出版社2017年版,第96—97页。
④ 《中国少数民族社会历史调查资料丛刊》修订编辑委员会编:《云南少数民族社会历史调查资料汇编》(一),民族出版社2009年版,第32页。

二　祭祀性节日

"岁时节日的核心要素有祭祀、禁忌、巫术与休闲娱乐。"① 传统祭祀节日与布依族民间信仰具有密切联系，是由祭祀山神、土地神、田神以及祖宗等神灵而产生的民族节日。

（一）"二月二"

"二月二"，又名"龙抬头"，是中华民族传统节日。布依族一般都过"二月二"，但因地区差异而在节日内容、形式等方面有所不同。兴义市乌沙镇普梯村布依族农历二月初二到白龙山祭祀白龙，称为"祭龙节"，以祈求风调雨顺。② 安龙县木咱镇者要布依寨，农历二月二这一天要开展剃龙头、敲铜鼓、祭龙神等与龙有关的活动。③ 这反映了布依族龙神崇拜。"二月二"是黔西南布依族苗族自治州兴义市万峰林街道办事处乐立村布依族群众祭祀河神的日子，由寨老身着盛装主持仪式，用宣纸和竹条编成龙舟，将猪头、花糯米饭、公鸡等祭品放在龙舟上，使其顺水漂向远方。贞丰县纳格寨，"二月二"祭土地神。当天中午，寨中成年男子在布摩带领下，到土地庙打扫卫生，宰猪、鸡，供祭土地神。祭祀仪式由布摩主持。寨老负责给土地庙贴对联，协助布摩处理祭祀事宜。下午，全寨男子在此聚餐。席间，布摩说，夹什么肉，大家要一致夹什么肉，不能错夹漏夹，不然则是对神灵的不敬。吃不完的肉要在布摩的主持下分给各家各户。当地人称这个节日为"白龙会"。布依族在节日中祭祀神灵，目的是祈求风调雨顺、五谷丰登。安顺市镇宁县高荡村，如果人们感到诸事不顺，就认为是村寨的龙脉受到了损害，必须在"二月二"这一天请布摩为村寨"扫寨"扶龙，即把龙脉扶正，理顺龙气，以保证地方平安。

荔波县一带布依族在"二月二"过香藤粑节。"二月初二香藤粑节是布依族特有的小节日，不太隆重，但有着特殊的含义。因为二月是春回大地，万物复苏的季节，过这样的节日，寓意休息了一冬的人们又要开始新

---

① 萧放等：《中国民俗史》（明清卷），人民出版社2008年版，第281页。
② 参见李继科《普梯村的"二月二"》，载兴义市政协文史委编《兴义民间传奇》，作家出版社2008年版，第296页。
③ 参见王沾云《布依族"二月二"的节日文化心理分析》，载白明政、樊敏主编《布依族节日文化研究》，贵州民族出版社2017年版，第61页。

一年的劳作了。"[1]

兴仁市屯脚镇铜鼓村,农历二月初二举办布依族铜鼓文化艺术节。当地人介绍,相传布依族先祖布洛陀为保卫家园,抵御外敌,在高山上修建岗哨,将铜鼓悬挂于内,遇有敌情便击鼓示警。布依族后人为感怀祖先,便于每年农历二月二拜官厅,祭铜鼓,演奏"铜鼓十二则",以示凭吊。

云南省罗平县布依族正月二十九过小年,历时两天,延续到农历二月初二举行歌会之时,形成了传统风俗。当地布依族称"二月二"为"过小年",自农历正月二十九晚,历时两天,是日以糯米和其他糯性杂粮掺拌,舂糍粑。长底一带布依族青年集会对歌,两天内不下地干活。[2] 罗平"二月二"歌会在九龙镇以洪村九龙瀑布下面的瀑马山对歌场举办,热闹非凡。

有的布依村寨,在"二月二"这一天开展"扫寨""祭老人房"等祭祀活动。云南省马关县布依族农历二月初二有"离娘节",新出嫁的姑娘吃了"离娘粑"之后,由丈夫接回家"坐家",共建美好家庭。"离娘节"这天,布依族"扫保寨",意为扫火星、驱赶邪魔。[3] "二月二"节日里,各地布依族风俗稍有差异。

(二)"三月三"

"三月三"是多民族共有的节日,布依族、壮族、苗族、侗族、黎族、畲族等很多南方少数民族有这个节日,但各民族、各地区的节日习俗不太相同。"三月三"是布依族人民十分重视的一个传统节日,可以与"六月六"相提并论。从传统习俗来看,"三月三"是布依族具有较为浓厚原始信仰色彩的祭祀性节日,一般在农历三月初三举行,开展祭祀山神等神灵的活动,有的地方还要扫寨。"布依族把'三月三'视为'山神'的生日,这天要'扫寨',祭祀'山神',盼山神助以一臂之力,灭蝗虫、驱蚂蚱,保护庄稼。"[4] 布依族"三月三"祭祀山神等神灵,属于自然崇

---

[1] 何羡坤主编:《荔波布依族》(上),中国文化出版社2011年版,第295页。
[2] 参见中国人民政治协商会议云南省罗平县委员会编《罗平布依族实录》,2008年,第43页。
[3] 参见马关县文化广播电视体育旅游局编《马关县民族传统文化集》,云南人民出版社2016年版,第118—122页。
[4] 陈兰、陈立浩:《"三月三"节日民俗试论》,《贵州民族研究》1991年第1期。

拜的范畴，目的是祈求神灵保佑，以使农业丰收。"三月三"节日在布依族地区普遍流传，除了节日活动，还有相关神话传说、民间故事等文学艺术形式表现。

黔西南布依族苗族自治州望谟县、贞丰县、册亨县、兴义市、兴仁市、安龙县、普安县、晴隆县等地布依族至今保留有良好的"三月三"文化习俗，主要举行扫寨、祭山神、祭寨神等祭祀活动，同时开展对歌、耍龙、舞狮、耍麒麟等文化娱乐活动。至今望谟县、贞丰县每年均开展重大节日文化活动，并把民族文化传承发展与现实社会经济、文化等各项事业联系起来，产生了良好的社会影响，扩大了布依族文化的影响力。

望谟县、贞丰县、册亨县等地"三月三"又称为"祭山"，由此开展相关活动。如果在这一天祭祀寨神，则称"祭老祖"。农历三月初三当天，由布摩带领全寨男子（未成年的小孩和妇女不得参加），带上猪、牛、鸡、狗等祭品，前往山神庙或社神庙、寨神庙或代表山神存在的"祭山林"开展祭祀活动。祭祀期间，外人不得入寨，不得说不吉利的话等。之后，上坟山祭祖，挂青，如清明节一般。回家后，人们将祭品摆在家神供桌上，祭祀祖先等神灵。贞丰县必克、岩鱼、对门山、萝卜寨、纳秧等布依族村寨，农历三月初三祭祀山神。

贞丰县必克是一个典型的布依族村寨，至今居住着六七百户布依族人家，主要有韦、岑、陆等姓氏，环境优美，民风古朴，是中国少数民族特色村寨，保存了布依族特色民俗风情。2018年4月18日，农历三月初三，贞丰县在此隆重举行"必克'三月三'祭山节"，在举行"扫寨"、祭祀山神等仪式的同时，开展了对唱民歌、千人打糍粑、千人甩香包等有关文化娱乐活动。贞丰布依族"三月三"节庆活动包括草龙扫寨驱邪、上山"躲虫"避灾、商定"议榔规"、祭山求雨祈福、"浪哨"对歌等环节。上午八点，由布摩主持的"扫寨"活动按程序开展。布摩身穿布依族青色长袍，头戴法帽，手摇师刀，率领包括寨老及两条草龙在内的"扫寨"队伍，挨家挨户"扫寨"。众人拿着鸡、刀头等祭品紧随其后。布摩在每一户人家"扫家"，驱除邪恶，最后将符箓贴在各家各户的堂屋门楣上。"扫家"结束，草龙表演，真正的乡土民俗，很接地气。最后，扫寨队伍来到山神庙所在的"神山"。本地布依族在布摩授意下，于山脚拉起一根草绳，上挂一张符箓，意思是这里在"祭山"，外村寨人勿入。

以前，祭山时要封寨，外人不得入寨。如有违犯，则备猪肉、鸡肉、纸钱、香各三斤六两罚之。祭祀山神之处，女人是不能上去的。过去习俗，包括男人在内的外地人都不能去神山上，更不能到山神庙那里。现在，随着思想观念的开放以及民族村寨旅游开发的需要，外地男子可以去神山观看祭祀仪式，但必须遵守相关规矩。山神庙，是供奉山神的神圣场所，除布摩、寨老外，其他人不得入内。

　　几乎与"扫寨"同时，隆重的迎宾仪式在寨门处举行。当地布依族盛装迎宾，手捧便当酒，舞龙、耍狮，吹起长号、唢呐、二胡、竹箫，鼓乐齐鸣，跳起竹竿舞，摆设拦路酒，唱起迎客调，笑脸相迎来自天南海北的贵宾。敬酒时，宾主双方对唱布依族民歌。客人饮下甘醇美酒，少则一碗，多则数碗，以高山流水式表现者，堪称海量。客人还没有进寨，布依族人民的善良淳朴、热情好客，已给嘉宾、游客留下了深刻的印象。峰林环抱，溪水长流，稻禾翠绿，粽粑飘香，嘉宾、游客徜徉于优美的自然环境、古朴的民俗风情之中，乐不可支矣。

　　山神庙设在神山之巅，石瓦结构，石头为墙，青瓦覆顶，坐北朝南，可俯瞰全寨，民居、稻田等风景均可一览无余。庙不大，仅一间，屋高三米许，宽五米许，进深三米左右。巨石以为山神形象，供于庙中，上披数段红布。山神前设供台，香蜡纸钱、酒饭摆设其上，以敬山神。神庙对联为：公祝三月三日，民福千秋千载，横批为：神灵感应。

　　众人齐集神山，开始"化龙""祭山"等仪式。在山神庙下方一块空地上，布摩设祭桌，共三张，中间的桌子较大，两边的桌子稍小，均有祭品，并燃香，点燃蜡烛。中间祭桌上的祭品最丰富，有猪头、刀头、水果、饼干等，还有一只活公鸡。中间祭桌对联书于红纸之上，用布依族文字、汉语两种文字书写"保八方顺利，佑四季平安"。一位寨老在祭祀时抱着公鸡，仪式之后将公鸡递给助手。助手就在场地外宰鸡，将鸡血洒在场地的草龙及三角旗上。左、右两张祭桌上的祭品只有刀头、水果、饼干。布摩手摇铃铛，念诵摩经。场地四周以红色、黄色、白色等各色纸张做成的三角小旗帜插在地上，围成一圈，表示此处为祭祀场所，除祭祀人员外，其他人不得进入。八名寨老环立布摩左右。众户主均身着布依族传统服饰青色或灰色长袍，头缠青色头巾，身披蓑衣、斗笠，虔诚立于布摩、寨老身后。念经之后，布摩率众寨老、户主围着祭桌转场。此时，燃放鞭炮，鼓乐齐鸣。人们将两条草龙堆在一起。布摩念念有词，口吐火焰，点燃草龙。"化龙"仪式是祭祀龙神，含有求雨之意。

"祭山"仪式同时，在另外一个地方，各家各户主妇拿着装有花糯米饭、肉、酒等食物的竹篮上山"躲虫"。布摩或寨老完成"封虫"仪式后，他们听到鞭炮响才可回家。

布摩在"化龙"仪式后，手摇铃铛，率众寨老、户主向山神庙进发，求雨祈福、议榔规、领水等仪式随即开展。众户主均手执一面三角旗。在此之前，已有四位寨老在山神庙开展祭祀活动，上香，点燃红蜡烛，烧纸钱。祭祀山神的主要祭品是一头三四百斤重的黑毛猪，还有公鸡等物品。"生祭"之后，众壮汉宰猪。人们就在庙边支起锅灶，烧开水，准备煮食物。一众队伍在布摩带领下，即将来到山神庙前，一位寨老负责发给每一名户主一只土碗。众户主虔诚捧碗，立于布摩、寨老身后。庙中的寨老出来迎接队伍，并与布摩对接。寨老再进庙，给山神上香。之后，布摩率众寨老、户主在山神庙前"议榔"。布摩以布依语念《议榔规》，众人和之，场面庄重、严肃。《议榔规》以汉语译之如下：

吉日良辰，团聚众民；议榔商定，宣誓遵循。
房前屋后，打扫要勤；村落寨子，保持清新。
诚实处世，礼貌待人；尊老爱幼，扶弱济贫。
珍惜土地，勤奋耕耘；节约俭仆，正善立身。
种竹植树，封山育林；发展经济，合理经营。
筑堤凿井，用好水能；修桥补路，造福子孙。
不说谎话，诚信合群；互相帮助，关爱友邻。
不贪私利，取舍分明；宽容谦让，敬重乡亲。
和谐共处，避免纠纷；言谈有礼，举止斯文。
不忘党恩，当好主人；团结各族，爱国兴村。

"议榔"仪式之后，"求雨祈福"。这个仪式由寨老主持，称为"领水"。庙的右侧放着一口水缸，里面盛满了水。一位寨老拿着葫芦瓢从水缸里舀水，分给众户主。户主用土碗接之，说"（雨）来了""风调雨顺"等吉利话语。户主们将领到的水端回家中，供奉于家神前。"求雨"仪式结束后，除祭祀之人留在山神庙继续开展祭祀活动外，其余人员下山，可以参加当天上午在必克寨开展的丰富多彩的千人打糍粑、千人甩香包、对唱布依民歌等活动。下午在县城丰茂广场开展的布依族民族服饰大赛等活动相当精彩，吸引了众多游客。当地村民与来自省内外的布依族同胞以及广西壮族自治区的壮族同胞一起开心过节。活动中，当地布依族人民、嘉宾与游客共同参与，其乐融融。打糍粑时，当地布依族准备数百斤糯米，用木质饭甑蒸熟之后，拿到村中文化广场。十余个木质粑粑盆分三排摆开。妇女将糯米饭倒在粑粑盆中。布依族男子拿起粑粑棒，甩开膀子，打起糍粑来，欢声笑语。不一会儿，粑粑就打好了，人们就着红糖等佐料吃起来，味道十分地道。人们一边吃着清香而温热的粑粑，一边摆谈，或唱起布依民歌，节日的喜悦写在笑意盈盈的脸上，沁入了温暖的心窝。

  节日里，甩香包的场面十分热烈。身着民族服饰的布依族男女各分一边，相互抛甩香包。一时间，上千只香包在场地上丢起来，人们纷纷去抢，之后再丢给对方，太好玩了。丢香包（或称"花包""糠包"），布依族古俗。清代古籍中称布依族为"仲家"，有补笼仲家、卡尤仲家、青仲家三种。清末《苗蛮图说》记载，仲家"每岁孟春跳月，用彩布编为花毯，视所欢者，掷之。奔而不禁"[1]。道光《贵阳府志》记载，青仲家"每当暮春集于跳场，用彩布编为小毯，谓之花毯，视所欢者掷之，奔者不禁"[2]。清末绘本《苗蛮图说》记载贵阳、安顺、兴义、平越、都匀诸府卡尤仲家"孟春，聚未婚男子、女子于野，跳月，歌舞，意恰情钟，互相抛毯，即剪衣换带，约而私之"[3]。清代桂馥《黔南苗蛮图说》第四十二种"卡尤仲家"、第四十三种"青仲家"亦对布依族丢花包的历史情况予以记载。卡尤仲家"妇女亦多纤好，亦于暮春时，集未婚男女于跳场，用彩巾编为小圆毯，如瓜，谓之花毯，视所欢者掷之。在室，奔而不禁，嫁乃绝之"[4]。而青仲家"以掷毯为乐，所私者曰马郎，夜则与之饮。

---

  [1]（清）佚名：《苗蛮图说》（美国哈佛大学燕京图书馆藏本），乐怡整理《百苗图八种》（下），广西师范大学出版社2018年版，第304页。

  [2]（清）周作楫修，萧琯等纂：《贵阳府志》卷88《苗蛮传》，载黄加服、段志洪主编《中国地方志集成·贵州府县志辑》（第14册），巴蜀书社2006年版，第31页。

  [3]（清）佚名：《苗蛮图说》（美国哈佛大学燕京图书馆藏本），乐怡整理《百苗图八种》（上），广西师范大学出版社2018年版，第128页。

  [4]（清）桂馥：《黔南苗蛮图说》（中央民族大学图书馆藏本），转引自李德龙《黔南苗蛮图说研究》，中央民族大学出版社2008年版，第176页。

父母知而不禁，惟避其兄弟"①。元明以来众多古籍中所称"仲家""仲苗""卡尤仲家""青仲家""补笼仲家"者，皆今布依族之古称也。布依族地区在正月以及"三月三""六月六"等节日里，有丢香包的传统习俗。在举行千人打糍粑、千人甩香包活动的同时，被列入国家级非物质文化遗产代表性项目名录的布依族八音坐唱在舞台上开展表演活动，吸引了人们关注，掌声不断。

　　安龙县一带布依族认为三月初三是天上掌管农业生产的山神王生辰，所以"三月三"要祭祀山神。为防止山神放出害虫破坏庄稼，确保五谷丰登、六畜兴旺、寨民平安，布依族村寨要举行盛大的扫寨、祭山神活动。农历三月初三早上，寨老在布摩的带领下到山神庙前摆设公鸡、刀头等祭品。其间，寨老宰狗。布摩将狗血用大盆接住，撒在黄色纸马和出入村寨的重要路口的石头上。然后，布摩与寨老携带着沾有狗血的纸马，前往各家各户开展扫寨仪式。于各户开展的具体祭祀仪式称为"扫家"。各家各户在大门口横放一条长凳，一端放一碗清水，另一端放一碗石子。布摩来到每一户人家，在大门口念祭词，打卦，把碗里的石子和清水洒向屋里，将长凳倒放，把碗扣在长凳上，将撒了狗血的纸马贴在大门上，至此，每户的扫寨仪式即告完毕。这个仪式，每家每户皆如此。仪式举行时，主人要回避，待在房中，不得出来，仪式结束才出来将大门关上。寨中各户人家扫寨仪式完毕后，布摩与寨老回山神庙，向山神汇报当天的扫寨情况。下午，全寨男子在此聚餐，俗称"陪神吃饭"。

　　册亨县威旁乡（今属冗渡镇）大寨布依族"三月三"，是祭祀寨神的日子。当地流传着这样一个传说。这个村寨以前是王抱赛的管辖地。王抱赛以打仗勇猛著称，曾数次带领本地百姓抵挡外来土匪入侵，以至于匪徒不敢再来，他因而得到了当地布依族的拥戴。可好景不长，王抱赛开始欺压百姓，为非作歹，除了向百姓派征粮米油盐外，还要求给他家送柴火。百姓苦不堪言，心生愤恨，为不再受压迫，大寨布依族于某年大年三十趁着送柴火的机会，将柴火堆满他家房前屋后，晚上选派了几个胆大的年轻人前去他家点火。不多时，火光冲天，王抱赛家着火了。大家看到王抱赛

---

①（清）佚名：《黔苗图说》（美国哈佛大学燕京图书馆藏本），乐怡整理《百苗图八种》（下），广西师范大学出版社2018年版，第45页。

家被大火包围,不但不去救火,反而围着他家的房子跳舞,并高声叫喊"嘞呜"(布依语"欢快的舞动"之意)。王抱赛就这样被活活烧死了。恶霸已除,人民安宁,但当地民众为了纪念王抱赛以前的功绩,同时为了求得心理上的平衡,为免亡灵扰害百姓,于是就在王抱赛住的地方盖了一座庙宇,请布摩从山上请来一块神石,用法术将王抱赛的灵魂附在上面,以示供奉,并规定每年农历三月初三全寨百姓前来祭祀。我们在此开展田野调查时,发现这个习俗至今流传。

惠水县布依族"三月三"举行扫寨仪式,宰狗祭祀山神,同时祭花桥、供神母、煮红蛋哄小孩,保佑小孩健康成长。节日期间,摆金地区一带布依族聚集于马道三岔路口,周边苗族人民亦来参加歌会,唱歌跳舞,人山人海,多达两万余人。[①] 罗甸县布依族在"三月三"过"枫叶节",家家户户以枫香叶、染饭花、紫叶、红木片等绿色天然植物做花糯米饭,到祖先坟上扫墓,开展祭祀祖宗活动。在此期间,人们在山上吹木叶,对歌,节日气氛热烈。[②] 毕节地区部分布依族,认为三月三是祭神母娘娘的日子,小孩健康与否,与神母娘娘有关。如有结婚多年未曾生育的青年夫妇,可以在这一天祈求神母娘娘,赐与贵子。开阳县、乌当区、花溪区、惠水一带布依族称"三月三"为"地蚕会"或"祭蚕节",与祭祀地蚕有关。"布依族'三月三'在乾隆时已普遍流行于布依族之中。如今水东乌当、花溪、开阳、惠水一带布依族'三月三'大多称为'地蚕会'或'祭蚕节',是布依族祭山神,除害虫的节日,因此布依族'三月三'在保存祭山神本色的同时,也逐步吸收了汉人除害虫等文化因素。"[③] 贵阳市乌当区黄莲村,每逢三月初三,人们要用玉米做成米花,撒到玉米地里,喂食地蚕,让地蚕不要破坏玉米种,这个仪式就称为"祭地蚕"。乌当区新堡布依族也在"三月三"举行"地蚕会",于今日演变为布依族歌会,每年吸引布依族、苗族、汉族等周边各族人民参加,同时吸引了广大海内外游客,发展了乡村旅游,弘扬了民族文化,影响力日渐深远。

[①] 参见惠水县布依学会编《惠水布依族》,贵州民族出版社2001年版,第113—114页。
[②] 参见周瑾瑜、祖岱年主编《黔南民族节日通览》,1986年,第257—258页。
[③] 何先龙:《水东地区布依习俗溯述》,载政协开阳县科教文卫史委员会、开阳县民族宗教事务局编《开阳布依族》,中国文史出版社2015年版,第21—22页。

云南省罗平县、河口县、马关县等地布依族举行"三月三"节日活动，延续古时传统，各有特点。云南省罗平县多依村一带布依族"三月三"祭祀山神、水神。"三月三，布依语'更三粉'，是布依族隆重祭祀山神、水神，全民欢乐的传统节日。"① 四川省凉山彝族自治州宁南县等地布依族也过"三月三"节日，拉落村等布依族村寨于该日祭祀山神等神灵，开展歌舞等文化娱乐活动。近年，宁南县着力打造布依族文化旅游事业，自2017年起连续三年举办布依族"三月三"文化旅游节活动，邀请贵州省、云南省等地布依族同胞参加，加强文化交流，传承发展民族文化的效果显著。

布依族"三月三"，有些地方并不是严格意义上的农历三月初三过节，但可统称为"祭山"，主要祭祀山神，以祈求风调雨顺。包括"三月三"在内的诸多布依族传统节日活动中神灵祭祀的色彩比较浓郁。"在前工业社会中，艰苦的生活环境使人们逐渐意识到自身经验知识的能力是有限的，他们希望得到超自然力量保佑，来抵御严寒、暴风雪、旱涝灾、遮天蔽日的蝗灾、一夜之间所有牲畜毙命的瘟疫，以及各种毁灭庄稼的破坏力量带来的各种自然灾害。"② 兴义市万峰林街道办事处鱼龙布依寨的祭山时间为农历三月第二个申日。安龙县者要布依寨的祭山时间为三月第一个巳日。兴义市万峰林街道办事处下纳灰布依族村寨的祭山时间为三月的第二个巳日，祭祀共两次，分为"生祭""熟祭"两个程序，祭祀对象分别为抱木山大神、树神和五谷大神。第一次祭祀，"领生"，由寨老带领筹备小组拿着生猪头、刀头、清茶八杯等祭品在村寨中的神树下，对着抱木山方向，宰公鸡进行生祭，先祭祀抱木山大神，再祭祀树神。之后，众人将祭品带到下纳灰桥上的一个供台处进行祭祀，并宰一只母鸡进行生祭，祭祀五谷大神。第二次祭祀，"回熟"，意思就是把之前生祭过的祭品煮熟后，再拿到相应地方进行祭祀。同样，祭祀抱木山大神、神树，用公鸡；桥上祭五谷大神，用母鸡。"回熟"祭祀时，还加上八碗米饭、四杯

---

① 杨南丽主编：《云南民族村寨调查：布依族——罗平鲁布革乡多依村》，云南大学出版社2001年版，第108页。

② [美]杨庆堃（C. K. Yang）：《中国社会中的宗教：宗教的现代社会功能与其历史因素之研究》，范丽珠译，四川人民出版社2016年版，第53页。

米酒、一碗豆腐等祭品。祭祀时，为首的寨老带领其他寨老诵读祭文。此祭文在神树处念一遍，在下纳灰桥边神树那里再念一次。祭祀仪式完毕后，各户派一名代表，自带碗筷、酒水，会聚到村寨中祭山的固定地方，共进晚餐。下纳灰布依族"三月三"，除祭山、祭祖等祭祀仪式外，还开展"闲三"活动。人们可以对歌，表演傩戏，欢度佳节。

现在，布依族"三月三"不单是祭祀的节日，一定程度上成为体现民族民俗风情的节日文化旅游资源。有的地方为吸引游客及外来客商，便开发当地文化资源，利用节日文化，打开经济发展市场，招商引资，推销商品。有的地方利用本地资源，加强与节日文化的联系，打造"祭山节""民族风情节""歌会"等节日文化活动，收到了良好的效果。在布依族"三月三"节日文化活动打造上，望谟县、贞丰县等地年年举办相关节日活动，对民族文化的保护与传承发展发挥了促进作用，同时结合现实社会需要，推动了区域社会发展。

（三）"六月六"

"六月六"是布依族传统而又普遍性的祭祀性节日，每年农历六月初六举办，其隆重程度仅次于春节。其主要活动包括祭祀田神、山神、土地神、树神、谷神、水神、盘古、祖先等神灵以及民歌对唱等，具有自身民族文化特色。布依族"六月六"被列入省级非物质文化遗产代表性项目名录。"布依族'六月六'节主要是一个祭祀性节日。"[①] 惠水县一带布依族农历六月初六宰鸡、猪，将沾了鸡血的三角旗插于田中。[②] "六月六"节日期间，惠水县布依族在董郎河大桥边对歌，欢度"六月六歌节"。长顺县鼓扬一带布依族"六月六"节日期间"赶桥"对歌，祭祀天神，祈求风调雨顺。可见，布依族"六月六"节日期间，各地祭祀的神灵不尽一致，有的祭山神，有的祭龙神，有的祭寨神，有的祭祖先，有的祭"天王神"。布依族"六月六"的祭祀神灵活动，是为了求得神灵保护庄稼而获得丰收。"'六月六'水稻种下去了，生产告一段落，祭祀山神、

[①] 谷因：《祭祀大禹：布依族"六月六"节探源》，《贵州民族学院学报》（社会科学版）1996年第1期。

[②] 参见黔南州文艺集成志书编委会编《中国文艺集成志书·贵州省黔南布依族苗族自治州·民间故事卷》，1994年，第349页。

土地神、田神，是为了祈求神保护水稻不受灾害。"① 镇宁县一带布依族"六月六"祭祀盘古。根据民间传说，他们认为祖先盘古发明了水稻栽培技术，于是在每年农历六月初六敬奉盘古，可以保证风调雨顺、五谷丰登。"布依族关于'六月六'的传说，虽然是祈求天神保佑的神话，但它反映了布依族人民在远古时代人类生产力极低的情况下，借助丰富的想象力去征服大自然，体现了布依族认识世界和改造世界的精神。"② "六月六"节日里，各地布依族祭祀的神灵稍有差异，但基本目的是祈祷神灵佑护庄稼，使之不受虫害而获得农业生产的丰收。"平塘、惠水县一带称'天王节'，青年们群集万人以上，唱歌玩乐。龙里、贵定县一带称'虫王节'祭虫王。望谟县、册亨县一带称为'龙王节'，祭龙王。"③ 独山县一带布依族也在"六月六"祭天王神，祈求它不要降虫灾，保佑五谷丰登。在"六月六"祭祀天王神方面，独山县、平塘县等地流传《天王石》《天马吃庄稼》等民间故事或传说。兴义市一带布依族流传《"六月六"的传说》《"六月六"的故事》等民间传说。"六月六"节日是为了纪念传说中灭蚂蚱之灾的英雄得谋（或名"得某"）、得茂夫妻。"为了纪念为民除害的得谋得茂，每年六月六，布依族人都要剪一对纸马，用糯米加上草药，做成花花绿绿的四个粽粑，祭祀这对英雄夫妻；同时在田中插上龙蟒竹，祈求风调雨顺，庄稼不受虫害。"④ 当地人称蝗虫为"蚂蚱"。"龙蟒竹"即芦苇，有些地方称之为"龙猫竹"。云南省马关县布依族称"六月六"为"祭龙节"。农历六月初六，马关布依族村寨举行俗称为"访巳"的祭龙大典，人们齐集于社庙前，身着盛装，欢度节日。宰猪、鸡，包粽粑，以为祭品。在此期间，人们还要祭祀田神、河神等神灵。"这一天，布依族人会在村社庙前举行祭龙大典，俗称'访巳'，祭祀'巳神'，并用白纸剪成白纸马、白纸人或白的三角旗，染上鸡血，插在稻田中，奉祀'白马'……少年男女会挑着煮熟的鸡腿和粽子到河边、

---

① 马启忠、王德龙：《布依族文化研究》，贵州民族出版社1998年版，第106页。
② 马启忠、杨芝斌搜集整理：《六月六》，载镇宁县布依族苗族自治县民间文学三套集成编委会编《中国民间故事集成·贵州省安顺地区镇宁布依族苗族自治县卷》，1988年，第254页。
③ 黄义仁、韦廉舟编撰：《布依族民俗志》，贵州人民出版社1985年版，第108页。
④ 黄正书搜集整理：《"六月六"的故事》，载兴义市政协文史委编《兴义民间传奇》，作家出版社2008年版，第307页。

田坝水口边去祭祀河神,祈求神和祖先保佑风调雨顺,五谷丰登,合家平安。"① 上述关于马关县布依族农历六月初六"祭龙节"活动中祭祀神灵的情况基本描述清楚,对该节日的祭祀性质给予了充分说明。

"六月六"是布依族重要的传统节日。有些布依族村寨称"六月六"节日为"过小年"。布依族视"六月六"为年节的观念,反映了该节日在人们心目中的重要地位。"布依族祖先在'六月六'节举行祭祀,通过祭祀社神、水神、山神和天神而实现'风调雨顺,五谷丰登,六畜兴旺'的愿望,其中蕴藏着的保护田园、保护家园、追求幸福的思想和观念,朴素而实在。"② "六月六"节日里的民间祭祀活动,表现了布依族祈求美好的愿景。

贵州省黔西南布依族苗族自治州望谟县甘莱村布依族"六月六"祭祀寨神。这天中午,寨中成年男子陆陆续续从家里走出来,带着纸钱、香、蜡烛等祭品,来到寨神庙。他们把祭祀物品放在寨神庙内的左边。人员基本到齐之后,各司其职,将寨主庙及其周围打扫得干干净净,做好祭祀前的各项准备工作。祭祀前,人们将三张八仙桌放在祭祀区域,中间的桌子高,右边的稍低,左边的最低。每一张桌子前方放三个楠竹做成的香台。布摩在每一张桌子上摆放一块白布,以作为寨神的座位。白布上放两张纸钱,纸钱上再放两只酒杯,其中一张纸钱和一只酒杯放在中间桌子的左上角,右下角供一碗糯米饭。布摩事先让寨老点上一把长香,民间信仰的意味在袅袅香烟中弥漫开来。寨老点燃香后,交给布摩。布摩接过香,把香平放,捧在手里,向寨神顶礼膜拜三次。拜完后,布摩将香分别插在香台里和中间桌子左上角的纸钱上,对着供桌行跪拜礼,说明来由,大意是:今天我们来祭拜您了,望您老人家下凡,与我们共度节日。而后,寨老拿一碗水给布摩。布摩左手端碗,右手从香台里拿一炷香,跪在寨神前,用香在碗里比画,并念念有词,大意是:今天我们给你准备了祭品黑猪一头。布摩起身后,将水碗交给寨老。寨老又将碗交给宰猪的师傅。师

---

① 马关县文化广播电视体育旅游局编:《马关县民族传统文化集》,云南人民出版社 2016 年版,第 124 页。

② 王殿宗:《浅议布依族"六月六"节日的保护理念》,载白明政、樊敏主编《布依族节日文化研究》,贵州民族出版社 2017 年版,第 104 页。

傅把水淋在猪的身上之后，就可以宰猪了。同时，两名男子在旁边宰鸡。鸡也是祭祀用物，公鸡、母鸡各一只。鸡血与猪血都放在一个盆子里。男子用纸钱沾上一些猪血，拿到自家田地里，卷着香，插在田土里，寓意供祭田神，防止庄稼受病虫害侵扰。接着，宰猪师傅处理猪毛，分开猪头、内脏、猪舌、猪脚、猪尾等部位。猪肉分好后，部分男子把边角料、猪油和血搅拌在一起，灌血肠（分大肠、小肠）。另一部分男子用事先准备好的削尖的竹竿，串起猪头、猪尾、猪脚，放在火上烧，意在烧掉不洁之物。烧掉猪毛后，人们用水洗净猪头等物，煮熟后祭祀寨神。寨老们把煮熟的祭品摆放于祭桌之上。中间的桌子上，要用盆盛放猪头、猪脚、猪尾、猪血肠。左边桌子上，用盆盛放公鸡和排骨。右边桌子上，用盆盛放母鸡和猪的内脏。祭品摆放完毕，布摩分别往酒杯里斟酒，稍后再向寨神行跪拜之礼。一段时间之后，寨中老人在寨老的带领下，对寨神行跪拜礼，先站立作揖，后跪下叩头，如此三次。祭祀寨神的香火不能熄灭。布摩和寨老在此守候，照看香火，见香快燃尽之时，又续上香。除祭祀用的肉外，其余的肉要平均分到各家各户。人们将猪肉分好之后，用袋子装好，挂在寨神庙右前方的木柱上。木柱上钉有八十余颗钉子，每一颗钉子代表一户人家。猪肉挂在钉子上面之后，寨老带领寨中几位老人对寨神行跪拜之礼。之后布摩向寨神行跪拜之礼。寨老把众男子带来的纸钱和未点完的香集中起来在寨神庙前焚烧，祭祀仪式即结束。寨老让人将祭品抬下去，以制作今晚佳肴，称为"坨坨肉"。布摩则把香台、桌子归于原处，把酒杯、酒壶、白布、米饭等物品收好。晚餐前，宰猪师傅主持分肉，分给各家各户。师傅站在挂肉的地方，拿出名单，每念一名户主的名字，相关人员就上去拿肉，共75户。"六月六"祭祀寨神的用品都是各家各户共同出资购买的，每户一二十元，可以根据自身情况多拿一些钱，以表示自己的恭敬之心。户主把肉拿回家后，带着碗、筷、米酒、小菜、蘸水等物品再回到寨神庙，参加集体聚餐活动。聚餐时，布摩、寨老等村寨中重要人物坐在寨主庙旁，其他人则在下方空地上，以地为席，一般八人围成一桌，或坐或蹲，顺其自然。正式聚餐之前，布摩要对寨神说几句语，大意是，希望寨神保佑村寨风调雨顺，民众平安幸福。此时，大家不能动筷子夹菜。动筷子的时候，要听布摩的口令。布摩说："大家夹一坨"。各人就夹一坨肉放在自带的盆子里。布摩说："大家夹两坨"。大家就夹两坨肉放在各自的盆子里。这个仪式要开展三到五次，每一次都是夹一至两坨肉。仪式结束后，寨老再次给寨神上香。而后，大家将分到的肉端回家，先祭祖，再由家人共同享用。男子回家后，将肉、血肠和鸡肉等食物剁碎，把其中几坨肉用竹子串起来，放在草木灰里滚一下，再切肉，分成若干份，放入碗中，盛上肉汤，放一些蔬菜，摆在堂屋八仙桌上，祭祀祖宗。祭祖之后，一家人正式开饭。饭间，大家大口喝酒，大口吃肉，其乐融融，节日气氛热烈而和谐。

　　黔西南布依族苗族自治州贞丰县、安顺市镇宁县等地基本上每年举办大型布依族"六月六"民族风情节，产生了良好的社会效应。贞丰县于农历六月初六在布依族村寨开展祭祀田神仪式。祭祀仪式由布摩主持。集体的祭祀仪式之后，各家各户自带一只公鸡、刀头、香、纸钱以及用白纸或黄纸扎成的"纸马"等祭品，到田边水口祭祀田神。安顺市镇宁县等地布依族也在这一天祭祀田神。兴义市部分布依寨"六月六"的祭田仪式在农历六月二十二日进行。普安县楼下镇松林村布依族的"六月六"是祭祀土地神的日子。传说很久以前，松林村是方、蔡两家的管辖地。这两家人经常鱼肉百姓，横行霸道。当地布依族不甘受辱，以韦、岑、柏三大姓为首的布依族奋起反抗，杀死方、蔡两家。后来为了安抚亡灵，就在寨中建了一座土地庙，供奉土地公、土地婆。每年"六月六"，当地布依族在韦、岑、柏三姓老人带领下开展祭祀土地神的活动。

　　六枝特区一带布依族"六月六"节日过三天。农历六月初五，男人准备祭祀用品，女人包粽粑。初六，祭田神、树神、山神，祭祀仪式由寨老主持，主要向诸神祈求保佑村寨平安、驱邪避灾。祭毕，大家共进晚餐。初七，宰狗吃肉，青年男女对歌，晚上围着火堆跳舞。水城一带布依族，称"六月六"为"六月节"，外出的人要赶回来过节，新婚的女儿也要回娘家过节，晚上和娘家人一起吃团圆饭。安顺市一带布依族称"六月六"节日为"更金索诺"，意为"过六月年"或"过六月节"。在"六月六"这一天，当地布依族开展祭祀盘古、社神、田神、山神、水神、大禹等仪式活动。[①] 西秀区黄腊村布依族"六月六"，举行"扫田坝"仪

[①] 参见安顺市文化局编著《揭秘安顺：非物质文化遗产》，贵州人民出版社2009年版，第214页。

式，祭祀田神、寨神。这天，各家各户用黄纸或白纸制作若干小三角旗，将其粘贴在长约五十公分的竹条上，插到自家稻田水口处。每户共同出资，买一头猪，拉到寨神庙，进行宰杀，以祭祀寨神、五谷大神。祭祀仪式由布摩主持。祭祀之时，布摩带领四名拿着锣和黄幡的男子，到田坝举行祭祀仪式。傍晚，人们回到寨神庙处，敬供寨神，之后，共进晚餐。吃不完的猪肉，由布摩分给大家，带回家中，供家人享用。布依族在过节期间，开展对歌、吹奏唢呐、敲击铜鼓等文化娱乐活动。安顺市关岭县断桥镇木城村布依族，每年农历六月初六举行"访几"活动。据说农历六月初六是布依族先祖盘古去世之日，其灵魂化为"几"依附在石头上。为报答盘古的恩德，这里每年都开展盛大的"访几"活动。

黔南布依族苗族自治州平塘县一带布依族"六月六"祭祀山神。山神为"天王石"。当地布依族认为，"天王石"是具有神秘力量的石头，能够保佑庄稼免遭病虫之害。当地流传民间传说《天王石》，教育人们要懂得感恩，从而起到了教化的作用。惠水县一带布依族"六月六"祭神、祭祖。"'六月六'这一天村村寨寨杀猪、杀鸡、祭神、祭祖。"[①] 改革开放后，独山一带布依族，根据"扶禄马""做寿"等为老人祈福的民间习俗，将"六月六"定为"探母节"，意在孝顺父母长辈，明理传统孝道。云南省河口县一带布依族"六月六"祭祀田神、天王神、家神。"即夏历六月初六祭田公地母，节日之际，染黄、红、紫、绿、青五色糯饭，杀鸡宰鸭，在田边搭祭台，以鸡、鸭、猪肉、饭、酒祭田，同时在稻田里插秧标。祭稻田后，又回家祭家神，祭毕，全家人团聚就节日餐。还有的说六月六是祭天王神的节日。"[②]"六月六"节日里，布依族祭祀田神等神灵的习俗至今存在。

（四）"七月半"

"七月半"，又称"中元节""鬼节"，是中华民族传统节日，主要祭祀祖宗，表达缅怀、思念之情。布依族"七月半"大体上与中华民族传统中元节没有多大差异。人们制作金银纸钱、冥包等祭品，烧包，以祭祖宗。各地布依族均过"七月半"节日，感念先祖。农历七月十五前，布

[①] 惠水县布依学会编：《惠水布依族》，贵州民族出版社2001年版，第115页。
[②] 云南民族学会布依学研究委员会、河口瑶族自治县民族事务局编著：《云南河口布依族文化》，云南民族出版社2007年版，第21页。

依族过"七月半"节日,有的地方定在七月十三过节,有的地方选在七月十四过节,时间不尽一致。"布依族过'七月半'也比较隆重,红水河沿岸一带要过三天。十四这天做'褡裢粑'、杀鸡、杀猪或杀牛等来祭祖,他们准备的供品,大半与汉族过'中元节'无异,如做些金银绿锭、冥包冥船之类,在十五日晚上到河边去放冥船,让其随水漂流。"① 节日期间,人们开展荡秋千、摆故事、对歌、跳铜鼓舞和粑棒舞等文娱活动。紫云县一带布依族在"七月半"开展放河灯的"追野猫"活动和稻草烧冬青树枝的"爆虼蚤"活动,场面均很壮观。② 贵阳市一带布依族过"七月半"节日仪式比较隆重,烧包,制作"摇钱树",放河灯,以祭奠逝去的祖宗。另外,还有忌偷吃祭品、忌夜游、忌筷子插在饭中央等禁忌。③ 册亨县一带布依族"七月半"时做褡裢粑祭祖。仁怀市布依族"七月半"只在七月十三或十四,过一天节。当天下午四点以前吃节日饭。程序是:菜肴备好后"叫老人",化"伏子"(即冥包,封面写上受用人——去世的祖先名号及烧伏子人的名字、身份,写明"中元化帛",每人名下几封等字样),放鞭炮,主祭叩头,默念奉请去世之人及祖宗过节领钱。小辈们都要叩头,烧纸。同时,人们要给亡魂野鬼烧"伏子",以防止它们抢自家先人的"伏子"。待"伏子"烧尽之后,全家开始吃过节饭。据说,七月半的过节饭提前吃,是为了已逝亲人和祖先们好早点拿着钱财去赶盂兰盆会。④ 紫云县火花乡一带布依族于农历七月十四过"彩带节"。于是日,打糍粑、宰狗、鸡敬供祖先,同时人人颈、手、脚上都系上多股由各色丝线搓成的彩带。姑娘可以将彩带送给意中人,以表达爱慕之意。从彩带的应用场合看,在人们心目中,这个节日里的彩带可以发挥辟邪作用,是吉祥之物。罗甸县、望谟县一带布依族"七月半"傍晚,家家户户到寨边和出入村寨的路上插上点燃的香、蜡烛,意在给祖先照路。望谟县大观村布依族"七月半"节日比较隆重。七月十四,人们以褡裢粑祭祖。褡裢粑用芭蕉叶包着,据说是留给孤魂野鬼用的。七月十五夜晚,家家户

---

① 黄义仁、韦廉舟编撰:《布依族民俗志》,贵州人民出版社1985年版,第115页。
② 参见黄义仁、韦廉舟编撰《布依族民俗志》,贵州人民出版社1985年版,第120页。
③ 参见罗大林主编《中国·贵阳布依族文化》(上),贵州民族出版社2017年版,第338—340页。
④ 参见黄登华《仁怀布依族人》,白山出版社2016年版,第24—25页。

户点香，每隔三十至五十厘米就插一炷香，从自家门口一直插到路边，同时将吃褡裢粑时撕剥下来的芭蕉叶倒在插有大橙果的木棒脚下，以祭祀孤魂野鬼。当天晚上，还有青年男女谈恋爱等活动。① 望谟县布依族"七月半"以"烧路香"的方式，祭祀孤魂野鬼，也是为了寻求佑护之意。云南省罗平县长底乡一带布依族农历七月半过"鬼节"。人们提前三天准备梨子、石榴、苹果等水果，洗净后，或三个或五个（忌双数）堆放在盘子里，置于供台，供奉祖先。农历七月十三下午，每户准备丰盛晚餐供奉祖先，之后就餐。晚上由各家男子将点燃的香从家门口一直插到大路边，意在迎接祖先。农历七月十四凌晨，各家将供奉的水果收好，宰鸡，蒸五色糯米饭，做褡裢粑等供奉祖先。供品准备好之后摆在家中供台上，祭祀祖先，然后把为祖宗准备的纸衣、纸裤打包封好。晚上举行"送祖"仪式，从家门外将香一直插到大路边，口里念念有词，意为送祖先回到阴间。之后，人们将打包好的、给祖先的衣服焚烧，同时点香，化纸。② 兴义市一带布依族"七月半"祭祀去世的祖先。提前数天，人们以锡箔纸制作金银元宝，数量很多，与纸钱一起放入一个个白色的纸袋中，谓之"包"。农历七月十三或十四"接"祖先回家，晚上就在房屋院坝边或水沟边点香，点蜡烛，放鞭炮，开展"烧包"仪式。"包"要全部烧尽，否则祖宗不能享用。此日，村寨或社区之中，往往烟雾缭绕，表达了后人对祖宗的深切缅怀与感恩深情。

（五）春社

布依族"春社"，也称为"祭春"，主要祭祀社神、祖宗等神灵。目前在少数布依村寨存留此习俗。

望谟县一带布依族过"春社"，主要是祭祀祖先。节日在立春之后的第五个戊日开展。"这天，家家户户都做'社饭'。……待'社饭'做好后，全家人便带上'社饭'到坟山祭拜先祖，表达对死者的怀念。"③ 布依族在除夕、正月初一、正月十五、三月三、清明节、七月半等数个传统

---

① 参见王封常主编《望谟布依族百年实录》，香港：环球出版社2011年版，第54—55页。
② 参见刘海飞《长底乡布依族宗教信仰现状调查》，载云南民族大学人文学院民族学教研室编《云南省罗平县长底乡布依族社会文化调查》，云南人民出版社2010年版，第224页。
③ 王封常主编：《望谟布依族百年实录》，香港：环球出版社2011年版，第11—12页。

节日里均祭祀祖先，还在婚庆等仪式活动中涉及祖先祭祀活动，反映了布依族浓厚的孝亲敬长的优良传统。

贵阳市一带布依族在农历二月春分时节"祭春"，以祈祷国泰民安、风调雨顺、六畜兴旺、五谷丰登。贵阳市小河区大珠显寨、花溪区麦翁寨、麦坪汪官寨等地布依族在这一天举行隆重的节日活动，请土地、扫寨、谢土、谢龙等，同时开展野宴等相关活动。小河区大珠显寨一直保持着春分祭祀的习俗。2009年3月贵阳市布依学会首次祭春大典在金翠湖麒麟古寨举行，仪式隆重，不但有传统的祭祀内容，而且增加了民俗活动。① 布依族春分祭春活动，按照节气时令，开展相关活动，是遵循农时节气的表现，表现了稻作文化内涵。

（六）虎节

布依族过虎节，与虎崇拜有关。"虎节"在望谟县北盘江上游、六枝特区月亮河流域一带布依族村寨中存在。望谟县"居住在北盘江上游一带的布依族，每年都在五月的'寅日'那天过虎节，因为'寅'代表虎，故称'虎节'。虎节这天，各村寨都到河边宰猪、羊，祭祀祖先，以求风调雨顺。男女青年对唱山歌，交朋结友"②。关于虎节的来历，据说是布依族为了驱邪除魔，希望"天王爷"（虎的神称）保佑而能有一个风调雨顺的好年景，同时正值栽种完毕，便在农历五月中、下旬过节。虎节过两天。第一天，人们吃粽粑；第二天，宰狗吃肉。节日期间，布依族穿着民族服装，吹起唢呐，吹着木叶，带上老酒，对歌"赶表"。河边、树林都是人们欢度佳节的场所。热情好客的布依族还邀请客人到家做客，畅谈家常，其乐融融。③

六枝特区月亮河流域一带布依族称虎节为"过虎场天"，是当地极为隆重、活动繁多的节日，在插完秧后第一个寅日过节，但日期只能是五月。节日活动里，人们包粽粑，敬祖宗，祭山神和水口，祈求农业丰收。"过虎场天"节日当天还宣布乡规民约。④ 此外，当地布依族还在清明节

---

① 参见罗大林主编《中国·贵阳布依族文化》（上），贵州民族出版社2017年版，第316—323页。
② 王封常主编：《望谟布依族百年实录》，香港：环球出版社2011年版，第13页。
③ 参见刘柯编著《贵州少数民族风情》，云南人民出版社1989年版，第103—104页。
④ 参见月亮河研究组《月亮河流域布依族文化研究》，贵州大学出版社2009年版，第235—236页。

后的最后一个寅日祭虎。月亮河流域一带布依族过"虎节"的目的是为了"镇虎"。① 布依族地区"过虎节"的情况，反映了对虎的崇拜意识。

（七）"祭山节"

不同地区、不同村寨布依族祭祀山神的时间不完全一致。布依族在农历三月初三——"三月三"这个传统节日祭祀山神，但很多村寨三月祭祀山神的时间并不一致，有的是巳日，有的是寅日，有的是卯日，有的是辰日。但凡农历三月祭祀山神的，时间基本上在农历三月初三前后。除"三月三"祭祀山神外，一些布依族村寨在二月、四月、五月、六月、七月祭祀山神。当地布依族不论祭祀时间，都将祭祀山神的活动笼统称为"祭山"。现代社会中，在多种因素作用下，少数布依族村寨将具有自身特色的祭祀山神仪式活动，逐步转型为现代的"祭山节"或布依族民族风情节。

黔西南布依族苗族自治州坡落布依古寨的祭山仪式每年开展三次，其中农历六月二十二的"祭山节"非常隆重。"坡落布依古寨的祭祀山神活动每年开展三次，分别在每年农历二月的第一个兔场日、三月的第一个蛇场日和六月二十二日举行。"② 我们曾多次对坡落布依古寨的祭山活动进行考察，对其节日的祭祀文化内涵了解得较为清楚。通过传统的祭祀山神活动，人们企图实现风调雨顺、农业丰收、村寨平安的愿望。

兴仁市巴铃镇绿荫河布依族村寨"三月三"祭祀山神，并举行"扫寨"仪式。当地已经多次举办"三月三"布依族民族风情节活动，利用"中国少数民族特色村寨"等文化品牌，努力发展乡村旅游，收到了良好的效果。

兴义市万峰林一带布依族于农历六月二十四祭祀山神等神灵。如今有一些村寨将之发展为布依族民族风情节。每年农历六月二十四，兴义市万峰林街道办事处上纳灰、则戎镇卧嘎、马岭镇营上和瓦戛、下五屯街道办事处高卡等布依族村寨举行祭祀山神活动，其中马岭镇营上和瓦戛、下五屯街道办事处高卡等布依族村寨均由布摩或寨老主持祭祀活动，宰牛祭

---

① 参见六枝特区史志办公室编《夜郎布依风情》，2006年，第20—21页。
② 彭建兵：《坡落布依古寨"祭山"节庆活动民族志》，《兴义民族师范学院学报》2014年第1期。

山,已成传统。云南省罗平县多依村在农历六月二十四举行祭祀神灵、庆丰收活动。现在,该地节日文化发生了一定变迁,祭祀神灵方面的仪式已经消失,仅保留其他相关习俗。"农历六月二十四,稻穗已黄,丰收在望,应是酬谢神灵保佑的时候。现在已不一定要在这天杀猪庆祝,但吃粑粑还是少不了的。粑粑是由糯米粉制成,外面裹以芭蕉叶。兴致高的村民在晚上出外唱歌。"①

即使同一地区,不同布依族村寨祭祀山神等神灵的时间也有所区别。兴义市万峰林街道办事处乐立布依族村寨在农历四月的第一个申日祭山。乐立村有六个村民组,按照自然村寨,在区域范围内所形成的节日习俗,有三个祭山场所,其中第一组的祭山地点为三角梅基地的几棵神树,第二组祭山地点为乐立古桥边古树下的土地庙。第四、五、六组则在山神庙举行祭祀活动。他们的祭祀对象包括万峰林当地最大的山神即抱木山大神以及本地山神。在祭祀山神的同时,乐立布依族祭祀土地神、水神等神灵,这一活动反映了原始自然崇拜情况。

普安县楼下镇松林布依族村寨,农历二月的第一个申日举行祭山仪式。祭祀仪式由韦、岑、柏三姓老人主持。节日的前一天,早上"扫寨",下午祭大山,然后在山上聚餐。申日当天早上,祭黑神庙、五谷大神。晚上,祭凉亭,议榔规。"闲三"时间,由布摩根据占卜的卦象而定。另外,当地布依族在农历三月十六和冬月十九祭祀山王庙。

毕节地区一带布依族七月辰日祭祀龙山,称为"祭龙山节"。当地布依族,全寨出资购买羊一只、猪一头,公鸡两只及香、纸钱、酒等祭品,在村旁古树下祭祀。寨老主持祭祀仪式,分为"生祭""熟祭"。祭祀完毕,全寨会餐,剩下的肉分给大家带回去祭祖。有的村寨还宣布保护古树、保护山林、爱护庄稼等乡规民约,用以促进社会治安。② 祭祀龙山的仪式在安龙县等地布依族村寨中也存在。云南省罗平县长底乡、鲁布革乡一带布依族在三月或四月、五月祭祀猪山或者牛山、羊山、将军山、五谷山等,此举表现了布依族山神崇拜的文化内涵。

---

① 朱健刚、王超主编:《水边人家——一个布依族村寨的发展描述》,知识产权出版社2006年版,第67页。

② 参见罗剑《毕节地区布依族》,贵州民族出版社2004年版,第131页。

除坡落、绿荫河等少数布依族村寨之外，以上布依族村寨祭山活动，对别具特色的祭祀山神文化内涵进行了发掘，将其打造成了布依族"祭山节"或布依族民族风情节。大多数布依族村寨的祭山文化仍然保留较好，但"藏在深闺人未识"。在祭祀山神的仪式活动中，有民间信仰的神秘性体现。或许很多布依族村寨本就不打算进行节日文化的大众化开发，这于情于理都说得过去。这是布依族传统节日文化能够保护与传承发展的一种可能模式。兴义市则戎镇卧戛等布依族村寨，顺应经济社会发展大潮，对布依族农历六月二十四等祭山节庆文化资源进行利用、开发的想法与行动，值得褒扬与鼓励。

三　农事性节日

布依族是传统稻作民族，农业生产活动在布依族传统社会中有着十分重要的地位，而其对农业的重视也体现在传统节日方面，由此产生农事性传统节日。"布依族的某些节日，有着与农业经营密切相关的季节性，其节庆活动与农业生产有密切联系，与农事季节基本上是协调一致的。"[1] 这些传统节日文化目前仍然存在于布依族生产、生活之中，长期以来受到人们重视，产生了一定社会影响。布依族"三月三""六月六"等传统节日文化中祭祀山神、田神、土地神、水神以及龙、马崇拜等大多为自然崇拜且属于稻作文化范畴，与布依族传统农耕社会发展历史密切相关。

（一）"四月八"

"四月八"，汉族地区称为"浴佛节"，是佛教节日。布依族地区，在农历四月初八过"牛王节"，有的地方称为"开秧节"或"秧苗节""牧童节"等。节日时间大多在农历四月初八，也有在四月初六过节的情况。

历史上，布依族是农耕民族，善种水稻。古代农耕社会中，牛是人类重要的农业生产助手，发挥着作为生产工具的历史作用。"布依族以农业为主要经济活动，牛是重要的生产工具，人们十分器重牛，甚至把牛神化，称为'牛王'。"[2] 有的地方在农历四月初八过"牛王节"，有的地方在农历十月初一过节，无论节日时间，都是为了感谢牛的辛劳，反映了布

---

[1] 罗剑：《毕节地区布依族》，贵州民族出版社2004年版，第134页。
[2] 韦启光等：《布依族文化研究》，贵州人民出版社1999年版，第116页。

依族重视农耕，爱护耕牛的民间习俗。"水稻的生长、丰收，除了谷种、水源之外，牛的作用也不可忽视。"① 布依族"四月八"节日文化含有祭祀牛王的意思。贵阳市一带布依族四月初八过"牛王节"，就是给牛祝寿，祭祀牛王菩萨，反映了布依族牛崇拜思想和农耕社会生计方式情况。

  独山县墨寨、荔波县阳凤交界地带的布依族认为农历四月初八是牛王的生日，要在这一天用苦丁茶、紫泉酒、五色糯米饭等食物喂耕牛，敬牛王；挑选最肥壮的牯牛来角斗。② 从古至今，牛在农业生产、社会生活中确实是人类的好朋友、好帮手。贵州省荔波县、罗甸县、贞丰县、安龙县、紫云县和云南省罗平县、马关县、河口县等地布依族祭祀牛王。农历四月初八，安顺市西秀区黄腊村布依族在早上放牛出去吃头草，据说吃到头草的牛会长得更加强壮、温顺。人们中午把牛牵回家来，喂食黑糯米饭，同时呼朋唤友，欢度牛王节。客人唱《牛王歌》，称赞主人养牛有方，祝愿耕牛膘肥体壮，祝福主人家年年五谷丰登。册亨县、安龙县一带布依族，在牛王节这一天，用枫树叶冲水给牛洗澡，喂食花糯米饭。望谟县一带布依族，农历四月初八过"牛王节"，让牛休息，并吃好的饲料，表示对牛的尊敬。"这天，多个村寨都让牛休息一天，并给牛吃精饲料。"③ 节日当天，人们吃五色糯米饭。镇宁县打万村布依族"牛王节"主要活动是打粑粑，将粑粑喂牛，以纪念牛王。"为表示纪念，禁止用牛耕地犁田，驮运货物。不许讲骂牛的话。让牛休息一天，用粑粑拌糖或盐喂牛，犒劳牛的辛苦。"④ 布依族传统"牛王节"活动，从稻作文化内涵来看，具有"牛王""牛神"崇拜的意义。

  同样祭祀牛王，有的地方并不是在农历四月初八，而是在农历十月初一等其他时间进行。兴义市一带布依族，在农历十月的最后一天过"了十"。这一天是牛王菩萨的生日，要打"牛王粑"，祭祀牛王菩萨。布依族先拿一坨牛王粑给牛吃，酬谢耕牛的辛苦。人们宰鸡、鸭，以猪肉等祭

---

  ① 吴文定：《文化视野下的布依族"四月八"》，《民族论坛》2009年第3期。
  ② 参见汛河编著《布依族风俗志》，中央民族学院出版社1987年版，第88页。
  ③ 王封常主编：《望谟布依族百年实录》，香港：环球出版社2011年版，第12页。
  ④ 贵州省文管会办公室等编：《贵州节日文化》，中央民族学院出版社1988年版，第375页。

品祭祀祖先,感恩祖宗的保佑之恩。① 黔西南布依族苗族自治州龙广镇纳西古寨一带布依族,农历十月初一用当年新收的糯米做成牛王粑,喂食耕牛,并将牛王粑敷于牛角上,以酬谢耕牛一年来的辛苦劳动。贵州省清镇市布依族农历十月初一打糍粑,宰鸡,祭祀祖先、牛王菩萨。四川省宁南县布依族在农历十月初一过"牛王节",祭祀牛王菩萨。各地布依族祭祀牛王或牛王菩萨的时间虽然不尽一致,但都表现了布依族传统农耕社会的民俗风情。

独山县、荔波县一带布依族在农历四月初八开展斗牛活动,将祭祀牛神或者牛王菩萨的节日演变成了斗牛娱乐活动。斗牛场上,获胜的牛王披红挂彩,无限风光。布依族以此特殊的方式表达对牛的尊敬。布依族斗牛习俗,反映了传统农耕社会背景下人们精神文化方面的需要。

开秧节,又名"开秧门""秧苗节"。布依族一般选择在农历四月初六或初八庆祝这个节日。这天,布依族通过举行隆重的祭祀活动来感恩大自然,祈求风调雨顺、五谷丰登。黔西南布依族苗族自治州兴义市和册亨县、毕节市黔西县一带布依族在四月初六或初八过"开秧节"。

近年,黔西南布依族苗族自治州楼纳布依族村寨每年农历四月初六举行"开秧节"活动。各家各户备好刀头等祭品,带上五色糯米饭,前往田间地头,燃香焚纸,祭奠五谷大神,祈祷丰收。册亨县威旁三家寨,以前是各家各户自行备好酒饭等祭品,前往田间地头开展祭祀仪式。随着近年农村经济的不断发展,布依族物质生活水平显著提高,遂将这个节日由原来的祭祀形式向精神文化需求方面转变。三家寨为传承布依族传统节日,丰富群众文化生活,加强新时代背景下社会主义新农村文化建设,结合山地旅游发展需要,开展了大型节日文化活动。农历四月初八,三家寨布依族祭祀雷公、秧神、田神等神灵。游客与三家寨布依族村民一起,体验特色民族文化,开展插秧、捕鱼、抓鸭、牛耕以及民族文化会演等娱乐活动。外来游客不仅体验到了布依族浓郁的节日文化,还体验到了贵州山地农耕文化,展现了布依族的精神文化风貌。安顺市黄腊村流传这样一个风俗,到了四月初八,三五成群的小孩子带着枫香叶染的黑糯米饭、红鸡

---

① 参见王启恩《兴义布依族习俗》,载中国人民政治协商会议黔西南州委员会编《黔西南布依族文史资料专辑》(上),2007年,第128页。

蛋和一篮小菜，到村外八个不同地点吃饭。

布依族开秧节的时间不尽一致，有的地方在四月初八前后，有的时间不定。册亨县布依族过开秧节的时间在春季撒秧的第一天，蒸花糯米饭，炒鸡蛋、鸭蛋到秧田边供奉神祇，并在田埂上插小花、黄旗，祈求老天爷保佑庄稼。[1] 布依族开秧节，是布依族传统农业社会的文化遗存。该节日活动的举办，表达了人们祈求农业丰收的愿景。尽管现在的"开秧节"已今非昔比，但它反映了布依族传统节日的文化记忆。

（二）吃新节

吃新节是布依族传统节日，有的地方叫"尝新节"或"新米节""摘刀粑节""丰收节""摘刀节"，一般在农历十月开展节日活动。粮食问题至今是世界性的问题。古代传统农耕社会中的布依族，种植水稻等粮食作物，为了表达农业丰收的喜悦以及对来年丰收的希冀，这个节日传统就一直沿袭下来了。

各地布依族过"吃新节"的时间不尽一致，但都在秋收前后。"一般谷子将成熟，大家共同约定一个日子，打粑粑吃、祭祖。望谟、册亨一带多从田里摘来一些将成熟的糯谷穗，放在锅里煮或蒸，晾干后，舂去壳，用开水冲泡谷米，待谷米粒吸水膨胀而成糯米饭。"[2] 至今册亨县、望谟县一带布依族仍过"摘刀粑节"或"摘刀节"，以庆祝丰收。册亨县将布依族"摘刀粑节"打造为"布依文化年"活动，自2010年起，基本上每年在县城举办节庆活动。2016年，该节日更名为"我们的节日——中华布依文化年"，走上了更好地保护及传承发展的道路。虽然是一个县的民族节庆活动，但在国内外产生了较大影响。每年慕名参加盛会的游客成千上万，"布依文化年"节日已发展成为册亨县一张响亮的民族文化名片。望谟县布依族"摘刀节"目前仍处于民间状态。"每当秋收结束，各家各户便将新糯米打成粑粑庆祝丰收。有的人家将带青色的糯米穗剪下，扎成把，食用时，舂出米粒，拌以板栗和猪肉、食盐、草果，蒸成新米粑，欢庆摘刀节"。[3] 贞丰县布依族"吃新节"时祭祖。"贞丰县鲁贡区沙坪公

---

[1] 参见政协册亨县委员会编《册亨风物志》，贵州民族出版社2016年版，第231页。
[2] 黄义仁、韦廉舟编撰：《布依族民俗志》，贵州人民出版社1985年版，第111页。
[3] 王封常主编：《望谟布依族百年实录》，香港：环球出版社2011年版，第14页。

社尾海一带在收完庄稼的最后一块糯谷田里,收上几升糯谷,炕干、舂好,打成粑粑,然后与煮熟的刚开叫的公鸡一起祭祀祖宗,以表示这一年的五谷丰收,并预祝来年更加丰收!"① 有的地方布依族在"吃新节"时,祭供祖先之后,先将新饭、苞谷喂家中之狗后,再由家人共食之。传说是狗从天上给人类带来米谷之种,人类才有饭吃,所以节日里人们先喂饭给狗吃,以示感恩之意。② 至今安顺市黄腊村一带布依族,十月初一这一天,要将当年新收的稻米,做成饭,先喂狗,就是为了感激狗的恩赐。六枝特区月亮河流域一带布依族在农历六月的第一个辰日过吃新节,祭龙,祭祖,祈祷风调雨顺。供神龛的饭、肉要首先喂狗。③ 安顺市紫云县布依族在重阳节时过吃新节。"这天晚上,家家用收割回家的糯米打粑粑吃。有的地方还形成全寨性聚餐的习惯。大家凑钱、凑米、凑酒吃一顿团圆饭,以此轻松轻松。"④ 云南省河口县、马关县一带布依族"新米节",时间不统一,各户自行安排。"水稻八成熟时适量收割回家脱粒,晒干加工大米,吃第一餐新米饭称新米节,这一餐饭必须杀鸡、祭家神,就餐时先以新米饭喂狗。"⑤ 吃新节表现了处于传统农耕社会中的布依族的稻谷崇拜、祖先崇拜,以及感恩的思想认识。

(三) 蚂螂节

"蚂螂"即蝗虫。正月初一至十五,威宁县下红岩、中水一带布依族过"蚂螂节"。节日源于何时,难以考证。据说从前有一年正是稻谷抽穗的时候,可怕的事情出现,蝗虫来袭,爬满田间地头。蚂螂无情吞噬庄稼,人们急得拿石头去打,却把稻谷打坏了。为了不损坏庄稼,保证丰收,人们想出了办法,用稻草扎成草球,在田的两头用草球对打,把蚂螂赶走,从而获得了丰收。后来,人们就把每年正月初一到十五定为"蚂

---

① 韦廉舟编著:《布依族苗族风土志稿》,1981年,第45页。
② 参见陈国钧《安顺苗夷岁时志》,载吴泽霖、陈国钧等著《贵州苗夷社会研究》,民族出版社2004年版,第152页。
③ 参见月亮河研究组《月亮河流域布依族文化研究》,贵州大学出版社2009年版,第240—241页。
④ 吴顺轩:《布依族风情简述》,载中国人民政治协商会议紫云苗族布依族自治县民族宗教文史海外联谊委员会编《紫云民族风情》(文史资料·第二辑),1999年,第58页。
⑤ 云南民族学会布依学研究委员会、河口瑶族自治县民族事务局编:《云南河口布依族文化》,云南民族出版社2007年版,第23页。

螂节",在正月初一至初三和正月十五这四天开展节日活动。每逢节日,当地布依族盛装与会。姑娘们带着彩色的蚂螂球,一起对歌、跳舞。艺人们弹奏月琴,吹着唢呐,热闹非凡。青年男女对唱情歌,互诉衷肠。[1] 蚂螂节是布依族传统节日,具有特定地域性,反映了古时农业生产中遭遇虫灾的情况。

四 娱乐性节日

(一)查白歌节

查白歌节是布依族传统节日,当地俗称"赶查白",每年农历六月二十一至二十三日,在黔西南布依族苗族自治州顶效镇查白村虎场坝(今名"查白场")举行。查白歌节于2006年被列入国家级非物质文化遗产代表性项目名录。查白歌节源于查郎与白妹之间爱情的民间传说。为纪念他们为民除害以及不畏强暴的凄美爱情,每年农历六月二十一日,布依族在查白村聚集,以歌会友,周边地区及云南、广西等地的布依族及各族群众慕名参加节日盛会,多达数万人。节日期间,布依族开展"浪哨"对歌,木叶传情,吃狗肉汤锅和花糯米饭,祭祀山神等神灵,以及走亲访友等活动,十分热闹。查白歌节年年举办,深化了布依族文化保护及传承发展之实施路径,由民间行为逐步过渡到了政府与村寨的联合作为。"从以前纯粹的民间自发行为演变为政府引导、群众参与的有规划有影响的节日活动。"[2]"赶查白"具有广泛的群众性和民间性、传承性、区域性、民族性等特点。"为举办'查白歌节',政府逐年加大财力、物力、人力的投入,原生态的布依文化得到良好的发展和弘扬。"[3] 政府部门与村寨组织等单位的重视,为查白歌节的未来发展铺平了道路。

(二)毛杉树歌节

黔西南布依族苗族自治州德卧镇毛杉树村每年农历三月第一个巳日举行毛杉树歌节,节日活动为期三天,至今犹然。2005年,毛杉树歌节被

---

[1] 参见罗剑《毕节地区布依族》,贵州民族出版社2004年版,第127页。

[2] 黄晓:《布依族"查白歌节"文化变迁及保护意见》,载白明政、樊敏主编《布依族节日文化研究》,贵州民族出版社2017年版,第123页。

[3] 冯景林:《查白歌节的形成与传承》,载兴义市文化体育旅游和广播电影电视局编《兴义非物质文化遗产》,贵州科技出版社2011年版,第41页。

列入贵州省非物质文化遗产代表性项目名录。"每年农历三月初三后的第一个蛇场天起,成千上万来自册亨、望谟、贞丰、兴仁、兴义等县,以及广西隆林县、云南罗平县等地的布依族和各族青年男女,就云集到毛杉树地方来赶三天的歌会。"① 毛杉树歌节盛况,我们从上述文字中可以看得出来,以歌会友,参与者很多。该节日与查白歌节一起成为滇黔桂三省(区)界邻地区以布依族为主体、各族群众参与的大型民族节日。"'毛杉树歌节'已成为布依族和当地广大汉族、苗族人民共同的节日,节日的变化和发展,也是民族地区经济和文化发展、变化的反映。"② 至今,毛杉树村基本上每年举办"赶毛杉树",丰富了农村社会群众文化生活,保护及传承发展了民族文化。近年,我们对毛杉树歌节进行了重点考察,感受到了这个布依族传统节日的魅力,为进一步挖掘其节日文化内涵打下了坚实的基础。

(三)神仙田歌会

神仙田歌会于农历正月初五至初七,在黔西南布依族苗族自治州安龙县幺塘乡洞洒寨举行。这个节日的产生,是为了纪念嘉庆年间率领布依族人民反抗清朝反动统治的农民起义女英雄王囊仙(亦称"王仙姑")。节日内容主要以歌节形式出现,当地及周边地区布依族与各族人民一起,盛装参加节日活动,吹木叶、弹月琴,对唱布依民歌,欢度节日。"农历正月初五到初七这三天,布依族和各族青年男女,个个盛装打扮,互相邀约,成群结队,以木叶、姊妹箫、月琴声引路,从四乡八寨汇集到南盘江畔安龙县幺塘乡洞洒寨子旁'神仙田'地方赶歌会,一面纪念王仙姑,一面浪哨、游方选情侣。真是热闹非常。"③ 围绕神仙田歌节,当地流传着许多民间故事。"神仙田"节日遗址尚存,颇具文化底蕴。多年以前,有关部门曾在此组织开展过神仙田歌节活动。近年,则很少开展歌节活动了。从保护及传承发展民族文化的角度,像毛杉树歌节、查白歌节等布依族传统节日一样,每年开展神仙田歌节是有必要的。歌节的举办,不但是

---

① 汛河编著:《布依族风俗志》,中央民族学院出版社1987年版,第75页。
② 贵州省文管会办公室等编:《贵州节日文化》,中央民族学院出版社1988年版,第229页。
③ 汛河编著:《布依族风俗志》,中央民族学院出版社1987年版,第82—83页。

对布依族历史人物王囊仙的纪念，而且于现实而言，具有民族文化保护及传承发展、推动新时代背景下中国特色社会主义新农村文化建设、经济发展等方面的意义。

（四）打火箭节

"打火箭节"是黔西南布依族苗族自治州兴仁市潘家庄大新寨布依族的一个传统节日，当地俗称"打火箭"。相传其祖先于古代某年农历七月十四、十五两晚遭敌人围攻。为保卫家园，先祖利用火攻将敌人击退。为了纪念这次战斗，他们就在每年农历七月十四和七月十五两个晚上，点燃青杠树枝，往空中抛甩，称为"打火箭"。后来，他们发现，用蒿子秆更加简便、易燃，故在"天"字辈时，改用蒿子秆"打火箭"。此习俗延续至今。[①]"打火箭"节日里，要祭祀官厅，供奉东汉将军岑彭、马武。七月十四晚上"打火箭"活动后，次日凌晨祭官厅。祭祀前，准备一条狗、两只公鸡、一只公麻鸭、一块刀头、七个酒杯、七个纸马、七双筷子等祭祀用品。祭祀仪式由寨老主持，祈求祖先保佑寨民平安。如今，"打火箭"已成为当地布依族的文化娱乐活动，农历七月十四、十五两晚都"打火箭"。节日期间，人们开展对唱布依民歌、弹奏月琴等活动。这个节日原来只是布依族参加，现在已经成为一个多民族的节日，反映了民族团结与和谐的局面。

（五）赛马节

历史时期，贵州产马，地方土司曾以此为贡品奉献中央王朝。布依族赛马体育活动历史悠久。其赛马活动多在春节、六月六、八月十五、重阳节、十月初一等民间传统节日进行。[②] 正月、八月十五，黔南布依族苗族自治州都匀市一带布依族开展赛马活动，是传统节日中的重头戏。正月初一至初二，都匀市良田一带布依族在"看会"时赛马。"六月六"节日里，都匀市坝固、新场等地布依族赛马、对歌。农历八月十五，都匀市大坪镇、马寨一带布依族赛马、对歌。正月初一至初三、十五贵定县茶山丫

[①] 参见贵州省文管会办公室等编《贵州节日文化》，中央民族学院出版社1988年版，第230—231页。

[②] 参见罗大林主编《中国·贵阳布依族文化》（下），贵州民族出版社2017年版，第732页。

沟一带布依族在"玩坡"活动中赛马、唱歌。安顺市西秀区旧州、黄腊一带布依族在正月十五至十七日"过十五"及"六月六"节日时赛马、对歌。① 安顺市西秀区黄腊村布依族正月赛马节,当地称之为"正月十五场",每年农历正月十五在黄腊赛马场开展节日活动。活动内容有赛马、抵杠、押加等活动。相传古代武略郎柏登杨考中科举,获取功名后,回到家乡举办团练,带领乡民练兵抗匪。为了提高乡民身体素质,他于每年正月十五定期举办赛马、比武活动,优胜者获得丰厚嘉奖。这个活动一直流传至今,成为了当地不可或缺的传统佳节。现在除赛马、比武外,还增加了对歌、文艺演出等活动。布依族节日中的赛马或斗牛活动,十分精彩。"不管是斗牛还是赛马,实际上是布依族人的备耕大检阅和显示力量的一种方式。"② 马、牛是处于传统农耕社会中的布依族从事生产劳动的重要帮手。

此外,布依族还有许多娱乐性节日,如晴隆县"赶盘江桥""赶干洞"、贞丰县挽兰"龙灯节"、惠水县"老鹰坡会""董郎桥歌节"、长顺县"鼓扬歌节"、紫云县板当大寨"六月场"以及"赶秋桥"、望谟县"赶表节"、镇宁县"三月三"庆花节、龙宫所在地龙潭寨"拉龙进寨"活动、西秀区"六月六"场(布依歌节)等,基本上以歌节、歌会的形式出现,是布依族喜闻乐见的民族艺术形式和文化娱乐方式。需要指出的是,一些传统节日现状堪忧,可以说只剩下一个民俗文化符号了,真正的传统节庆活动难以维持、坚持下去。当下,一些布依族村寨将"三月三""六月六"等传统节日发展为布依族民族风情节或歌节,丰富了人民的文化生活,繁荣了民族文化,对保护与传承发展布依族传统文化起到了重要作用,是适应社会形势发展的结果。

以上关于布依族传统节日的分类,未能面面俱到,只是对其中的代表性节日进行了归总阐述。这是必须要明确的。对于清明节、端午节、中秋节、重阳节等节日,尽管布依族在故事传说、饮食文化等方面有其自身文

---

① 参见贵州省民族事务委员会编《布依族文化大观》,贵州民族出版社2012年版,第242—245页。

② 参见贵州省民族事务委员会编《布依族文化大观》,贵州民族出版社2012年版,第229页。

化内涵，但整体上与汉族等其他民族的节日活动差别不大，故在此不叙。

第二节　节日文化特征

一　民族性

布依族传统节日很多，且有自身民族特色。"二月二""三月三""六月六""牛王节"等节日，与布依族传统稻作文化密切关联。

布依族年节，虽有中华传统春节，但也有"了年""小年"。而"小年"之时间及节日活动与中华传统"小年"又不一样，所以布依族年节具有自身特色。布依族在过年时敲击铜鼓，以渲染节日气氛。尽管壮族、苗族、水族等南方少数民族也有铜鼓，但在使用场合等方面与布依族不同。

布依族"二月二"祭官厅、"扫寨"等节日活动，与汉族"龙抬头"节相异。"三月三"节日是布依族传统佳节，主要有祭山神、对歌等情节。布依族对山神的崇拜，可以说在其精神文化生活中占据重要地位。长期处于农业社会的布依族，对于山神等自然神灵的恭敬，是受自然环境的影响而形成的信仰文化心理。几乎每一个传统的布依族村寨均奉祀山神，已经成为了特色民俗风情。祭山期间，外人勿入。有一些禁忌，人们得认真遵守，否则就要受罚。此外，土地神、水神、田神、石神、龙神、树神、寨神等自然崇拜早已成为布依族民间信仰系统中的一部分，还有牛王、谷魂、祖宗等崇拜意识，至今发挥着一定的社会作用。从这个层面上看，许多布依族节日存留民间信仰文化痕迹。而其他民族，节日的祭祀性质没有如此深刻。这表明布依族传统节日大多具有神秘性特征。

布依族村寨在"三月三""六月六"节日期间，大多"议榔"，宣布乡规民约，对于维护传统乡村社会秩序发挥了一定作用。这也是布依族节日文化的民族性表现。

在传统节日活动中，与之关联的民族服饰、民族饮食、文学艺术、体育活动、原始信仰等多方面因素的参与，使其成为了较为全面展现布依族民族文化魅力的大舞台。"在现当代，西南少数民族的原生性宗教信仰，更多地融入或隐形于各民族的民俗文化之中。"① 布依族原始信仰文化以显性或隐形的方式表现在传统节日活动之中。节日活动中，布依族民歌表现突出，众多民族乐器参与，使活动现场事实上变成了民族歌舞的海洋，歌会、歌节由此成为了诸多布依族传统节日的象征性符号。这种民族文化多方参与、齐心协力聚焦布依族传统节日活动的做法，具有浓厚的民族性特点。

二 区域性

布依族传统节日是在布依族聚居地区形成与发展起来的，具有较鲜明的区域性特点。不同地区，布依族传统节日有所不同；即使不同地区的相同节日，其节日文化形式、内容亦稍有差异；而有的节日只在特定区域流传。

布依族传统节日有年节、"三月三""六月六""牛王节"及查白歌节、毛杉树歌节等，共同的节日在不同的地区有不同表现。时间、内容及形式等方面的个性特点，使布依族传统节日文化具有区域性特点。

同样的时间，节日名称并不一致。布依族"了年"，一般在正月最后一天过节，而关岭县、镇宁县、六枝特区一带布依族过油团节，节日名称及内容、形式都不一样。同样称为"小年"，时间又不一样。六枝特区月亮河流域布依族在正月最后一天过"小年"，罗平县长底布依族在农历六月二十四过"小年"，荔波县甲良布依族在农历十月初一过"小年"。"二月二"节日，兴义市、望谟县等地祭官厅，而罗平县等地祭老人房，开展歌会，马关县布依族过"离娘节"，兴仁市则在这一天举办铜鼓文化节。即使在相同时间，不同地区布依族过的传统节日也稍有差异。"四月八"节日，汉族地区称为"浴佛节"，是佛教节日。布依族地区在农历四月初八过"牛王节"。有的地方称为"开秧节"或"秧苗节""牧童节"等，名称不相同。时间上，布依族"四月八"大多在农历四月初八，也有在四月初六过节的情况。四川省宁南县布依族在农历十月初一过"牛王会"，祭祀牛王菩萨。

---

① 何光渝、何昕：《原初智慧的年轮——西南少数民族原始宗教信仰与神话的文化阐释》，贵州人民出版社2010年版，第659页。

布依族有一些节日更具区域性，只是在某一特定地点或某一区域范围内开展，因此具有独特性、唯一性、个性化特征。黔西南布依族苗族自治州查白歌节、毛杉树歌节、神仙田歌节、"打火箭节"、赶干洞、赶盘江、春社以及贵阳市春分祭春等都只是自古以来在某一特定地点开展节日活动。油团节、虎节等节日只是在某一区域范围内开展活动。布依族传统节日在整体趋同的情况下，又具有区域性特点。这与自然环境、社会环境的影响有关，也与当地神话传说或民间故事的流传有关，还与时代的发展变化有关。布依族传统节日"三月三""六月六"，各地都过节，但关于节日起源的神话传说或民间故事略有不同。望谟县《三月三的传说》与安龙县《三月三的由来》的内容不同。"六月六"的传说、故事也多。平塘县、兴义市等地分别有《天王石》《天马吃庄稼》《六月六》《六月六的传说》，其内容也不同。这些神话传说、民间故事丰富了布依族民间文化宝库，是不同地域所产生的不同的民间文学，各有特点。因为各地在节日来源方面存在一定差异，所以布依族传统节日文化在民族性特点的基础上呈现出区域性特点。

三　传承性

布依族传统节日流传至今，是长期以来民族文化延续的历史结果。每一个节日的产生及流传，其背后几乎都有生动的故事，尽管很多传说、故事无法考证，但还是反映了传统的习俗。

布依族传统节日，是一种民俗文化，是千百年来形成并发展的民族特色文化。民族文化的传承是在保护的基础上进行的。节日主体活动的时间、内容及形式，都必依古训，否则便失去了传统的意义。

布依族传统节日中的祭祀活动分为村寨集体祭祀、家庭祭祀两种形式。家庭祭祀活动一般由男性家长主持。而集体祭祀仪式，一般由民间祭司布摩主持，有一些地方由寨老主持。很多布摩，其职业身份的形成与摩经文本的抄录流传等，反映了文化传承的情况。节日活动中涉及的布依族传统服饰、饮食、歌曲、舞蹈等特色文化，无不彰显民族文化传承的特点。布依族地区每年于固定的时间及地点，依照传统习俗，开展有关传统节庆活动，是以实践的形式来诠释布依族传统文化的保护及传承发展问题。望谟县、贞丰县、兴义市、乌当区等地每年举办布依族"三月三"

节日活动，贞丰县、镇宁县、都匀市等地每年举办布依族"六月六"节日活动，布依族于黔西南布依族苗族自治州查白村每年举行查白歌节，于毛杉树村每年开展"赶毛杉树"节日活动，于兴仁市大兴寨每年举行"打火箭"节日活动，于坡落举行布依族民族风情节，于云南省河口县每年举行"牛王节"，如此等等，难以备举，但这些节日都反映了布依族传统节日文化的传承性。民族文化的传承主要依靠文化自觉，才能内化为民族文化保护及传承发展之动力。

四 发展性

事物总是处于不断发展变化之中的。布依族传统节日文化亦如此。社会阶段、历史背景、时代条件等因素促使其发生适应性变化。从古至今，布依族传统节日文化发生了变迁，但其合理的文化内核得以传承。

布依族传统节日的发展性特点，体现在布依族传统节日文化的形式、内容发生了一定改变。"三月三""六月六"等节日，由历史时期祭祀性节日逐步发展为现代意义上的民族风情节日或歌节、歌会，均产生了良好的社会效果。

各地区布依族村寨不同时段的"祭山"活动，在维持传统习俗本色的基础上，结合时代要求及现实特点，将其开发、利用，使之成为乡村旅游文化资源，带来较为可观的效益，充分体现了布依族传统节日融合并服务现实社会的发展性特点。"新时代的到来，既给原有的文化很大的冲击，也给它增添了新鲜内容。"[①] 一定社会历史背景下，布依族传统节日文化处于发展变化之中。

布依族传统节日文化在活动开展时融入诸多现代元素。民歌的表现，既保留了民间社会自由对歌的传统，又出现古歌、情歌比赛的现代舞台演出，从而在观赏性、娱乐性方面较传统节日文化有着更丰富的体现。传统节日活动，由单纯的节日活动，向文化交流、商贸活动等方面综合转型。这些都是布依族传统节日发展性特点的表现。

新时代背景下，布依族传统节日文化的保护及传承发展早已受到极大

[①] 王克松、葛静：《喀斯特文化生态与布依族节庆文化》，载白明政、樊敏主编《布依族节日文化研究》，贵州民族出版社2017年版，第26页。

关注，从而为其发展准备了良好条件。布依族传统节日文化在发展的过程中，出现了文化变迁的现象。这不是偶然的。如何传承发展传统节日文化的基本内涵，是时代的要求。发展是在保护、传承的基础上的发展，应忠实于布依族传统节日文化的本来面貌，而不是脱离其原本意义的节日再造行为。

五　多样性

布依族传统节日文化不但数量多，而且内容及形式丰富多彩，具有多样性特点。一是由于地域差异，使得布依族传统节日文化所呈现出来的内容和形式多样。"三月三"，有的地方祭祖，如清明节一般；有的地方祭神，以山神、寨神、土地神等为祭祀对象；有的地方对歌，有的地方赶场，在活动内容及形式上有着综合性的表现。二是传统节日活动在时间上多样化。同样的节日，各地开展活动的时间不尽一致。"三月三"节日时间，有的布依族村寨是巳日，有的为申日，有的为寅日，有的是辰日。三是传统节日文化类型多样化。众多的传统节日，主要分布在西南地区不同区域，有年节类、祭祀类、农事类、娱乐类等几大类，各种类型的节日具有自身特点，因而丰富多彩，引人注目。

六　开放性

布依族传统文化是一种开放性文化，其历史发展过程就表现出了这一特点。能够吸摄并融纳其他民族的文化是布依族文化的内在品质。

布依族传统节日的开放性主要表现在：一是一些节日本身具有开放性，参与者主要是布依族，但汉族、苗族等周边其他民族的人民都可以参加。"不分民族、不分性别、不分年龄，人人均可参加活动。"[1] 现在，海内外游客皆可参加布依族节日盛会。查白歌节、毛杉树歌节及乌当新堡"三月三"、镇宁县"六月六"等节日活动，人员参与的范围很广泛。查白歌节不仅是布依族传统节日，而且还是为期三天的经济商贸活动。除黔西南布依族苗族自治州本地及省内周边地区人民参加外，每年从云南、广

---

[1] 梁朝文：《开发布依族节日文化旅游　实现布依族地区跨越式发展》，载白明政、樊敏主编《布依族节日文化研究》，贵州民族出版社2017年版，第39页。

西及其他省份赶来参加盛会的人民成千上万，不仅有布依族，而且有壮族、苗族及汉族等其他民族。二是同一个节日，多个民族共同过节。黔南布依族苗族自治州惠水县摆金、雅水一带布依族农历四月初八"糯米坡"，这是一个由当地布依族、苗族共同举办的节日活动。布依族也有中华民族传统的"二月二"、端午节、"七月半"、中秋节、重阳节等节日，反映了布依族历史时期吸收汉文化等其他民族文化的情况。三是在新时代背景下，随着脱贫攻坚、同步全面小康、乡村振兴战略的大力实施及全域旅游、山地旅游事业的发展，布依族地区社会经济、文化等各项事业不断发展，从而使布依族传统节日在开放性方面更为突出。现实背景下，基于发展的需要，一些布依族村寨传统祭山等节日活动，由原来的外人勿入禁忌，逐步向外来之人开放，以便其参观、学习或研究，从而为传统节日文化的开发利用服务。布依族传统节日的开放性，使得布依族传统文化永葆活力，永续发展。

第三节　节日社会功能

一　有利于保护传承发展民族文化

布依族传统节日文化是布依族传统文化的典型代表。其文化特征反映了布依族民族文化特色。节日活动的开展，对保护传承发展民族文化十分有利。众多民族节日活动的举行，在一定范围内，不但可以引起布依族自身关注进而重视保护传承发展问题，丰富群众文化生活，而且能引起有关机构、组织及个人的关注，并促使其在不同角度、不同层面、不同平台充分作为，从而为民族文化的永续发展、保持特色创造条件。

布依族"三月三""查白歌节"被列入国家级非物质文化遗产代表性项目名录，"毛杉树歌节""打火箭节"等被列入省级非物质文化遗产代表性项目名录。还有很多布依族传统节日的文化内涵尚未被充分发掘出来，更多的传统节日未被列为各级非物质文化遗产代表性项目名录。因此，关于布依族传统节日文化，还有很多工作要做。从目前情况看，布依族"三月三""六月六""查白歌节""毛杉树歌节""布依文化年""牛王节"等传统节日，通过举办有影响力的节日活动，反响较好，效果显著，很大程度上为民族传统文化的保护传承发展作出了贡献，为全面发掘布依族传统节日文化做出了表率。我们应一如既往，在布依族传统节日文化的保护传承发展上多想办法，巩固业已形成的布依族优秀民族文化得以大力弘扬的大好局面。

二 有利于增进民族认同国家认同

布依族传统节日，首先是布依族的节日，同时也是中华民族传统文化的一部分。"三月三""六月六""四月八""七月半"等布依族传统节日，布依族通过节日活动的举办，通过在节日活动中的民族歌舞、饮食、服饰、民间信仰等多方面的参与性表现，提升了对自身民族文化的认知，有利于民族认同意识的提升，有利于增强民族文化自信，从而在心理上内化为民族自豪感，在行动上落实布依族特色民族文化保护传承发展的各项措施。

作为中华民族一分子，在节日活动中，布依族的国家认同意识大为增强。布依族一部分传统节日，本身就渊源于中华民族共有节日。目前来看，春节、清明节、端午节、中秋节、重阳节等与中华传统节日已相差不大，"二月二""六月六"等节日在历史上也体现了融合汉族文化等其他民族文化的特点。当今社会，中华民族多元一体格局巩固与发展进程中，布依族传统节日文化在维持自身民族特色的同时，也体现了中华民族传统文化共有精神文化内涵。节日活动在少数民族聚居地区的举办，有关国家机构、学术团体及社会组织的强力参与并大力支持，体现了布依族传统节日由民间社会活动逐步上升到一定区域内的公共事务性行为，从而为布依族国家认同意识的增强创造了条件。

三 有利于巩固民族团结和谐局面

布依族传统节日对于民族团结和谐局面的形成、巩固与发展产生了较强作用。节日文化在一定程度上体现了社会秩序的建构。布依族节日活动是维系布依族传统文化的精神纽带，也是中华民族共有精神家园建设的一个方面。每年固定的日期，布依族在一定区域范围内开展丰富多彩的传统节日活动，表现了民族团结和谐的内涵。

"三月三""六月六""牛王节"及查白歌节等布依族传统节日活动的开展，不但聚拢本地、本村寨人民，加强联系，增进感情，促进和谐，而且与周边地区甚至其他省区的布依族加强交流，互通有无，使天下布依人在一定的节日活动中聚拢起来，歌舞互动，把酒话家常，共叙布依情。中华民族一家亲，同心共筑中华梦。布依族传统节日活动，受到了周边地区其他民族人民的极大关注。望谟"三月三"、贞丰"六月六"以及查白歌节、布依文化年等大型传统节日活动中，以布依族为主体，包括汉族、苗族等各族人民共同参与的情况很普遍。在民族区域自治政策指导下，在民族平等与团结的基础上，各族人民在布依族传统节日活动中加强文化、经济等多方面交流，有力地维护了民族地区社会稳定，为中国民族团结和谐局面的巩固作出了贡献。

四 有利于促进民族地区经济发展

文化是生产力。民族文化是重要的经济资源，可开发为各类产品，投入市场而转化为商品，可以开发为旅游文化资源，打造景区、景点，成为旅游经济的内容。如何将布依族传统节日文化转化为现实社会经济发展的生产力，值得我们思考。

"文化搭台，经济唱戏"是布依族传统节日贡献于生产力发展的一个手段。各布依族聚居地区，包括具体的布依族传统村寨，开发利用布依族传统节日文化，以"三月三""六月六"等为地方名片，不同程度打造布依族传统节庆文化，在展现丰富多彩的布依族文化的同时，"筑巢引凤"，以项目方式加大招商引资力度，收获了良好效果。贵定县音寨村成功打造"金海雪山"景区，结合布依族传统文化，融入自然生态及农业景观，基本上每年举办"金海雪山文化旅游节""盘江冰脆酥李节"，收到了促进经济社会发展的良好效果。"这些节日已经融入到音寨布依族的日常生活之中，成为音寨村节庆活动的一部分。事实上随着音寨乡村旅游经济发展步伐的加快，音寨的节庆不仅是民族文化的一部分，也将是地方经济发展的一个新的增长点，它对于发展民族经济、传承民族文化、促进民族地区社会进步，都具有不可估量的作用和意义。"[①] 望谟县、册亨县、贞丰县、乌当区、镇宁县、六枝特区、罗平县、河口县等地，以布依族节庆文化搭台，连续多年举办活动，产生了良好的社会效应，为区域经济社会的发展

---

① 宋才发主编：《音寨村调查（布依族）》，中国经济出版社2009年版，第46页。

创造了机遇。惠水县好花红、花溪区镇山村、镇宁县石头寨、六枝特区落别、都匀市包阳、荔波县尧古、兴义市上纳灰、下纳灰与乐立、纳具和南龙、安龙县坝盘与打凼、贞丰县纳孔、兴仁市绿荫河以及罗平县多依村等诸多布依族村寨结合节日文化，挖掘民族特色文化，将中国少数民族特色村寨、中国传统村落、省级乡村旅游村、省级重点文物保护单位等各级各类文化名片，应用于社会实践之中，发展乡村旅游事业，实现美丽乡村建设有所作为，推动脱贫攻坚、同步全面小康建设，落实乡村振兴战略，从而为区域社会经济发展持续发力。很多工厂、企业及有识之士，大力挖掘布依族服饰、饮食、艺术、建筑等传统文化内涵，将之转化为生产力，融入新时代中国特色社会主义经济快速发展的大潮中，其生产的手工艺产品、服饰、饮食等旅游商品在平时的经营活动及布依族传统节庆活动中展销，受到市场欢迎、游客喜爱，获得了经济效益，从而为民族地区经济发展作出了贡献。

第 三 章

布依族传统节日文化调查

第一节　萝卜寨"三月三"节日活动田野调查

"三月三"是布依族非常重要的传统节日，各地布依族以不同形式度过这个佳节。布依族"三月三"因其至今传承的节庆民俗特点，具有较高的社会价值，而被列入国家级非物质文化遗产代表性项目名录。每年农历三月初三，黔西南布依族苗族自治州望谟县、贞丰县举办县级范围的大型节庆活动。其他布依族地区也在这一天开展有关节日活动，从而为布依族传统文化的保护及传承发展创造了条件。"在新时期传统文化的复兴与重构过程中，特别在传统民俗活动的恢复过程中，地方政府充当了最为显要的角色。"[①] 贞丰县已经连续十余年举办布依族"三月三""六月六"节庆活动，大大提升了布依族文化影响力，促进了民族团结和谐，推动了地方经济社会发展，形成了较高知名度的民族节庆文化品牌。贞丰县是一个布依族、汉族、苗族等多民族聚居地区，境内民族文化风情浓郁、特色鲜明。众多布依族村寨至今保存着良好的布依族原生态文化，为"三月三"传统节日活动的开展准备了条件。近年，贞丰县布依族"三月三"节日活动在岩鱼、纳孔、必克、鹅田、坡孔、对门山等布依族村寨举办，有关部门组织得力，人民参与的积极性高，点面结合，深度发力，努力发掘布依族传统节日文化内涵，反响良好，成效显著，对民族文化的传承发展产生了积极影响。

[①] 麻国庆、朱伟：《文化人类学与非物质文化遗产》，生活・读书・新知三联书店2018年版，第137—138页。

一　萝卜寨概况

萝卜寨位于贞丰县者相镇萝卜寨村，是一个民风古朴的布依族自然村寨。者相镇位于贵州省黔西南布依族苗族自治州贞丰县东北部，距县城18公里，交通便利，四通八达，东与安顺市镇宁县良田乡、关岭县板贵乡隔北盘江相望，南与珉谷镇相邻，西与小屯乡、长田乡接壤，北与北盘江镇毗连，是中国第二批特色小镇之一。者相镇历史悠久、人文荟萃、生态优美、风光奇秀，是贵州省西线旅游重点风景区，以国家 AAAA 级旅游景区"大地圣母"双乳峰、三岔河为代表的风景名胜区自然风光秀美精致，以中国少数民族特色村寨纳孔布依古寨、董箐渔村为代表的布依族民俗风情奇特诱人。双乳峰是喀斯特地貌绝品地质奇观，三岔河集湖光山色别致石林于一体，纳孔布依族古寨民风古朴、特色迷人，董箐布依族渔村水美鱼肥、诗情画意。自然景观与特色人文交相辉映的者相镇，以其山地旅游的典型特点吸引着海内外游客，令人流连忘返。

萝卜寨村位于者相镇南部，距镇政府驻地3公里，邻近双乳峰景区，主要居住着布依族、汉族、仡佬族等民族，辖坡石窖、毛力坪、萝卜寨、核桃树、石旮旯、弄秧、尖坡、坡者、坡哨、罗丈、纳西、平寨等20个自然村寨，共有990余户4500多名居民。该村国土面积为17平方公里左右，耕地面积3300多亩，其中水田2000多亩，旱地1300多亩。村寨群山环抱，小山连绵，密林连片，生态优美，又有水田沟坝，种植水稻、玉米、小麦等农作物。萝卜寨布依族以韦、岑、王、黄等姓为主，其中又以韦姓居多。

村寨处于峰林与田坝之间，典型的喀斯特地貌，田园风光美，交通又发达，县道穿村而过，风俗传统延续，民风自然淳朴。萝卜寨位于国家AAAA 级旅游景区双乳峰附近，距景区仅2公里，是2019年贞丰县布依族"三月三"节日活动的主要地点之一，在此主要开展"祭山"仪式活动。于布依族原生态文化保持良好的村寨举行祭祀山神仪式，更加贴近自然，可传承性强，观赏性强。此外，双乳峰景区、三岔河、贞丰古城、丰茂广场同时开展节庆系列活动。

二　节日前准备

为保证"三月三"节日活动顺利开展，必须要有充分的准备。政府部门对每年布依族"三月三""六月六"以及苗族农历二月初二"走亲节"等大型节庆活动的开展非常重视。农历三月初二，县、镇有关部门工作人员到萝卜寨，与本地村民沟通第二天的"祭山"活动事宜，进行强有力的指导，以保障"三月三"节日活动顺利开展。一丘干涸的农田中，工作人员召集了三四十名中老年布依族女性，就祭祀山神仪式中"躲山"环节以及花糯米饭制作等事宜作出安排。之后，他们与村干部对接明天上午的迎宾以及"扫寨""转场""化龙""议榔"等有关工作。村民很配合、很支持，表示要发挥主人翁精神，有信心将与"三月三"节日有关的工作做好。县、镇、村有关干部带领数十名男性布依族群众，按照第二天的"祭山"活动程序，开展类似于彩排的技术性指导。

据介绍，"祭山"仪式活动在三月初三上午八点左右要做好。各家各户蒸好花糯米饭，准备米酒，做好"躲山"的饭菜。"扫寨"仪式次日上午九点左右开始，在临时寨门附近一户人家的地坪上举行。"躲山"在那丘田中。九点半左右，当地布依族在寨门一带迎宾，舞草龙，吹长号、唢呐、勒尤等乐器，弹月琴，敲锣打鼓，以"拦路酒"迎宾。之后，布摩主持仪式，在山神庙前方不远的一块空地上"转场"，再往古井边"化龙"。随后"祭山"、宰猪、领水、"议榔"等相关仪式活动相继开展。

村寨入口设临时寨门以作迎宾之用，柏树枝搭成，红字书于筛盘中，成对联一副：迎宾聚友溯文明，扫寨祭山扬族粹，横批为"三月三"。"三月三"的"拦路酒"就设在此处。临时寨门前方三十米的路边，有神树一棵，古树，枝叶繁茂。树干上悬红布数段，树下设供台，存留鸡毛以及香灰、蜡烛燃烧后的祭祀痕迹。

"转场"之处有数棵黄饭花树，鲜花盛开，虽不艳丽，但香气扑鼻。这种黄饭花是布依族制作花糯米饭的天然植物材料，用开水浸泡良久，得黄色汁液，再以之浸泡糯米，糯米颜色变黄，以火蒸之，则得喷香可口之布依族特色饮食花糯米饭。布依族花糯米饭有五种颜色，皆由天然植物染成，真正的生态食品。黄饭花所染糯米饭是黄色的，喷香可口。

当地布依族男子三四十人，在工作人员指导下开展"祭山"活动排练。首先，人们"转场"，在场地中围成一个圆圈，在工作人员指导下转圈。下午三点半，下起了小雨。人们坚持在雨中排练。之后，他们来到"化龙"的地方。这里是村中一口古井，位于巨岩之下，进深一米五左右，目前干涸。我们问当地布依族人，以前有没有水？他们说，下大雨时有水，可用几个月；下小雨的时候就没有水。这时，雨越下越大。人们冒雨往山神庙方向跑。那里是祭祀山神的重要场所，也是彩排的最后一站。按照古训，外人不得进入山神庙，女性也不得进入。大家聚在一起，在山神庙大门处、屋檐下及其附近躲雨。半小时之后，雨终于停了。有些人的衣服已经淋湿，但挡不住他们参与活动的热情。于是，人们继续开展"祭山"彩排活动。

山神庙，前临峰丛，背倚绿树葱茏的高山。该庙于2016年由当地布依族重建，庙前村道边立有一通石碑，额题"山神庙重建纪念"，碑上列捐资名单。碑文最后文字为"神光普照，人人平安"。山神庙始建于何时，已无人知晓。本地人说是古时候就有，一直存在着。山神庙为院落式，一间平房，前有水泥地坪。平房里，靠正面墙正中，有一巨石，当地人以之为山神。巨石，不规则，甚是奇特，是当地布依族人民心目中的神圣之物，高约190厘米，宽约100厘米，厚约50厘米。据介绍，山神一直就在这里，石头本来就是连着地的。对联一副贴于平房之门：保村寨风调雨顺，佑族人业旺家兴，横批为"人寿年丰"。屋内正面墙上，山神之后，又有对联：佑村民百福常临，祭寨主前殃消散，横批为"神灯长明"。平房中有山神传说等文字，书于左、右墙壁之上。此刻，庙门紧锁。据说，除了布摩、寨老等少数几个操持祭祀仪式的人物，即使本地男人也不得随便进入供奉有山神的平房中。站在山神庙这里，我们可以看见双乳峰其中一峰的侧面，于峰丛中独秀，引人注目。当地布依族在祭祀山神时，同时祭祀双乳峰、土地神等神灵。人们以神奇之山峰为神秘之物，属于自然崇拜。

在工作人员的指导下，众人于庙前，列成三排，面向山神，在身着布依族传统服饰青色长袍的布摩率领下，用布依语唱念繁体字版本的《贵州贞丰萝卜寨"议榔规"》数遍。之后，"祭山"活动彩排工作结束。

三 祭山之仪式

布依族"三月三"节日活动中，按照传统习俗，主要开展"扫寨"、祭祀山神、对歌等活动。祭祀仪式在"三月三"节日活动中占有十分重要的地位，是必不可少的环节。"生活中的布依族'三月三'的原始表达只是传统村寨的祭祀仪式。从仪式内容、仪式功能看，比较简单，其目的是祈求六畜兴旺、五谷丰登。至于扫寨、赶鬼，也是为了驱除村寨的晦气，让各方面都能够顺顺利利。"[①] 贞丰县每年举办布依族"三月三"节庆活动，但开展"祭山"仪式的地点并不一致。该县布依族传统文化保存良好，很多布依族村寨"三月三"举行传统祭祀仪式。2019年"祭山"仪式地点设在萝卜寨。布依族"三月三"是布依族传统节日之中一个重要的节日，至今保留着良好的文化生态，被国家列入非物质文化遗产项目代表性名录。贞丰县是布依族聚居地区之一，县域范围内诸多布依族村寨于农历三月开展"三月三"节日文化活动，但不同村寨"祭山"的具体时间稍有差异。由县里面统一组织开展的布依族"三月三"节庆活动在农历三月初三这一天举行，是符合布依族传统习俗的，是宏观决策的具体表现，是促进区域社会发展的有效举措。"农历三月，正是春耕生产即将开始，春旱现象较为严重，蚊蝇害虫正在萌动，火灾事故频发的重要时节，为了使全寨人达到'禳灾祈福、寨子安宁、风调雨顺、五谷丰登'的目的。祖祖辈辈生活在北盘江畔的贞丰布依族人民在农历三月初三这一天都要举行相应的祭祀活动。"[②] 据了解，萝卜寨布依族"扫寨"与"祭山"活动是分开的。而其他很多布依族村寨，"扫寨"是"祭山"活动的内容之一，于农历三月祭祀山神的当天举行。萝卜寨"祭山"的传统时间是农历三月的寅日，而"扫寨"仪式在三月"祭山"前的第一个辰日开展。当日是中华传统节日上巳节。2019年农历三月初三，由于县里统一组织的"祭山"节庆活动在萝卜寨举行，故"扫寨"与"祭山"两个

[①] 鄂启科：《贵州望谟布依族"三月三"文化节变迁与重构》，《贵州民族研究》2019年第12期。

[②] 毛天松：《古朴神秘——布依族"三月三"》，载贞丰县文体广电旅游局编《文化贞丰》，2016年，第112页。

仪式同时举行。萝卜寨"三月三"节日活动按照"扫寨""转场""躲山""祭祀""议榔""求雨""聚餐""封虫"等程序开展。

农历三月初三的清晨，萝卜寨迎宾处就已经聚集了不少身着布依族服饰的人们。村小学里面也有很多人，一群布依族同胞在表演唢呐。两条草龙斜放在学校门口内侧墙边。校门口外墙，一张关于今年正月初一萝卜寨春节民族文化会演活动的宣传单仍张贴在那儿，上列节目单及开始时间等。

上午九点，布摩与一众身着布依族服饰的男子于寨门附近一户人家地坪开展"扫寨"仪式。祭品有公鸡一只、刀头、酒、香蜡纸钱等。布摩抱鸡，以针刺鸡冠，将鸡血滴于供桌之上的白色纸钱上。供桌上设坛，一个木质米斗中插三炷香及白色纸钱若干，另有白酒四杯、两只小碗以及师刀、铃铛等法器。布摩双手持鸡，面向祭坛行礼。两人在其侧，不时击鼓、敲锣。布摩将鸡血滴于"龙船"的白色纸钱上。龙船以竹竿支撑，里面放着两根草绳。草绳是封寨时用的。"龙船"旁边的一竹盘中放刀头、纸钱、十个酒杯及一碗玉米饭，数炷香等物品。盛有玉米的一个碗中有面值十元的人民币若干张，扎在一起。这钱币是给布摩的劳动报酬。两条草龙被放在旁边。简单仪式后，草龙暂时离开"扫寨"仪式现场，到大路上舞动起来，以迎宾，而后再在寨中穿行，助威"扫寨"仪式，最后在古井边被焚烧。

布摩蹲于盛有祭品的竹质筛盘前，边摇铃铛，边念摩经。半小时后，布摩率众人到寨中各户"扫家"。"扫家"是"扫寨"的必要环节。众人敲锣、击鼓，抬着盛装祭品的竹盘，将鸡置于一竹笼内，紧紧跟随。布摩手摇师刀，先到一户人家堂屋神龛前，之后到各房间绕走一圈，不停念经，并将玉米粒撒于地上。负责打卦的人则将主人家准备的、放在堂屋外凳子或地上的盛有玉米或米饭的一个碗倒扣起来，拿起另一个装黑木炭及清水的碗，将木炭与水泼在地上。他之后打卦，直至阴卦为止。布摩将大门关上，用师刀比划几下。掌管符箓的人则将一张黄色的符箓贴于堂屋门楣正中。如此，一家一家地"扫家"，目的是为了扫火星、驱邪恶、保平安。"扫寨"仪式结束时，人们将草绳分别置于寨头、寨尾，表示此处在扫寨，外人不要进来。

今天，在萝卜寨这里主要开展祭山活动仪式，是"中华民族一家亲·贞丰布依风情浓"贵州贞丰 2019 年布依族"三月三"民俗文化节系列活动之一。九点半，迎宾开始。省内外嘉宾走进寨中来，布依族同胞舞起草龙，吹奏唢呐，唱起迎客歌，敬献美酒，气氛热烈。

萝卜寨"三月三"祭祀活动有"转场""化龙""祭山"等，主要在山神庙及其附近开展。从山神庙内的对联看，这里似乎有寨神。于是我们问当地人有无寨神庙。他们说，没有寨神庙，只有一个山神庙。难道山神就是寨神？也许，人们已经模糊了山神与寨神的概念，将两者混为一谈了。我们再到山神庙核实，再次认真察看了代表山神的巨石上边的对联之后才明白，在当地布依族心中，山神与寨神是可以画等号的。不管是山神还是寨神，它们都属于佑护村寨平安吉祥的民间信仰神灵。

"转场"在山神庙前方一块空地上举行，众多盖了印章的符箓粘贴于长长的稻草绳上，将场地围了起来，内设供桌三张，分别置猪头、刀头、饼干、水果、白酒、香烛纸钱等供品，均朝向山神庙方向。供桌以黄布罩住，有一张大桌子、两张小桌子。大桌子上设坛，插香九炷及彩色三角旗三面，供猪头、猪尾、刀头、饼干、水果、白酒等，祈祷语墨书于红纸之上：佑四季平安，保八方吉利。小桌子上无猪头、猪尾，其他供品与大桌子上的相同。一位布摩主持转场仪式。他诵读摩经，率领一众头戴斗笠、身披蓑衣的男性户主，向山神庙方向行礼。之后，布摩继续诵读摩经，摇动师刀，带领众人转场。众人分别手持三炷香与一面彩色三角小旗随之转场。转场之后，"化龙"仪式。布摩率众人到达古井边，将两条草龙置于此处，念诵咒语。他一手持红烛，一手持杯子，不时喝杯中之物，然后喷之，则巨大的火团形成，以点燃草龙。仪式神秘，众人将香、旗帜等物掷于草龙之上。"化龙"时，鸣放鞭炮。熊熊烈火烧起来，不一会儿，草龙被烧成灰烬。仪式结束，各户主列队领缸钵，向山神庙走去。

山神庙位于山腰。路边立 2016 年山神庙重建纪念碑，除了记述本地韦、王、岑、潘等姓布依族捐资金额，另有一外乡人捐资情况。从碑文来看，重建山神庙的资金为 3.8 万余元，主要由当地布依族集资建成，2016 年 7 月 4 日开工，8 月 25 日竣工。

萝卜寨山神庙是以当地韦、王、黄、岑、潘等姓布依族为主体修建的，另有当地汉族及外乡之人参与，充分体现了民族团结、民族和谐的情况。现将山神庙捐资按姓氏情况统计如下：

民族	姓氏	人数	备注
布依族	韦氏	199	
布依族	王氏	21	
布依族	卢氏	9	
布依族	岑氏	4	
布依族	潘氏	2	
汉族	黄氏	10	
汉族	朱氏	4	
汉族	蔡氏	2	
汉族	余氏	2	
汉族	蔺氏	1	外乡人
合计		254 人	

从上表可知，包括韦、王、黄、岑、潘在内的布依族共有235人，占修庙捐资总人数的93%。其中，韦姓布依族199人，占修庙布依族总人数的85%，又占修庙捐资总人数的78%，充分说明韦姓布依族在祭祀山神活动中的主要地位。包括黄、朱、蔡、余、蔺姓在内的当地汉族18人，占修庙捐资总人数的7%；外乡人1人，占修庙捐资总人数的0.4%。

韦姓布依族在当地布依族修庙活动中占大多数。从碑文中看出，韦姓集资人员涉及"茂""廷""修""大""学""兴"6个字辈，共计199人。韦姓捐资字辈统计如下：

字辈	人数
茂	6
廷	13
修	71
大	89
学	19
兴	1
合计	199

祭山仪式庄严、隆重。以前，宰猪之后，外人不得进入，女性不得去山神庙。一名布依族男子守卫在山神庙入口处，旁有一纸，上书"温馨提示：女士止步"。从石碑到山神庙的石阶两边，每隔几十厘米距离，点燃一支红蜡烛。众户主手持缸钵拾级而上，到达庙中。其他嘉宾、男性游客随之。稍后，祭祀仪式开始。布摩与寨老在山神庙里摆上了公鸡、刀头等祭品，燃香点烛，开始祭拜山神。山神庙正面墙上的对联为：祭寨主前殃消散，佑村民百福常临，横批：神灯长明。该对联与昨日所见一致。人们设一祭台于庙前台阶下方，摆上鸡一只、刀头、白色糯米饭一碗、酒一杯以及香、烛。此外，还于庙右侧之墙边设两个祭台，一个是祭竹林堡，另一个是面向双乳峰方向，敬双乳峰，祭品简单，分别为鸡一只、刀头、三炷香及酒一杯、白色糯米饭一碗。此时，众户主手持缸钵立于庙前地坪中。山神像实为一巨石，立于庙中以为神。除布摩、寨老外，其他人不得进入庙中，这个规矩至今不变。民族习俗必须尊重。

一位布摩主持祭山仪式。三名寨老在山神及其他三个祭坛前念咒语，然后宰猪。五六个壮汉将一头黑毛大肥猪拉进庙中，宰之。此时，一位村民在山神庙内燃放鞭炮。

宰猪之后，进入"议榔"仪式阶段。众户主肃立于庙前，布摩带领众人以布依话朗读《议榔规》。内容如下：

吉日良辰，团聚众民；议榔商定，宣誓遵循。
房前屋后，打扫要勤；村落寨子，保持清新。
诚实处世，礼貌待人；尊老爱幼，扶弱济贫。
珍惜土地，细致耕耘；节约俭朴，正善立身。
发展经济，合理经营；种竹植树，封山育林。
筑渠凿井，用好水能；修桥补路，造福子孙。
不说谎话，守信合群；互相帮助，关爱友邻。
不贪私利，取舍分明；宽容谦让，敬重乡亲。
和谐共处，避免纠纷；言谈有礼，举止斯文。
不忘党恩，当好主人；团结各族，爱国兴村。

之后，开展"领水"仪式。众户主手持缸钵，领水，以为求雨之兆。一名寨老手持水瓢舀水缸中的水给各户主。各户主领"雨水"之后，双手捧钵回到家中。

余下的仪式按照议程正常开展。山神庙中的祭祀分为"生祭""熟祭"两个程序，现在"生祭"已经结束，"熟祭"将在下午4点左右举行。之后，人们在山神庙聚餐。

"躲山"活动在别处开展，即在我们昨天所见的那丘水田中。我们从山神庙下来，采访一位寨老，了解萝卜寨祭山情况。他说，萝卜寨布依族每年农历三月寅日祭山。祭山之前要扫寨，三月辰日扫寨。布摩及寨老主持祭山仪式。布摩祭山时念摩经。祭祀活动有十八个头人负责相关工作，由各户主轮流担任。参加祭祀活动的人员，由每户派一人，一般为男主人，女性不能去。另外，女人怀孕了，她家男人也不能参加祭山活动。"祭山"宰猪之前，外地人可来寨中，宰猪之后就不能进寨了。"祭山"要宰黑毛猪，不能杂有白毛。祭品还有五只无杂色的公鸡，三斤六两水牛肉，以及刀头、糯米饭、香蜡纸钱等。

"躲山"在村寨一田地中。众女户主提着竹篮，拿着铁锅及三脚架等物品，聚集在一起，向客人敬酒。主宾之间对唱布依民歌，好不热闹。竹篮里放着腊肉、花糯米饭、米酒等食物。好客的布依族邀请客人品布依美酒，尝布依菜肴。宾主开心，节日气氛热烈。

"祭山"仪式后，嘉宾、游客以及各族人民向双乳峰景区聚拢。在美丽的景区内，举行首届中国布依族民歌大赛、民族文艺大联欢等活动。同时，千人甩糠包、千人打糍粑、布依族扒肩舞、木叶吹奏大赛等活动在三岔河旅游风景区以及县城贞丰古城等处开展，参加者成千上万。本次布依族"三月三"节日活动由贵州省布依学会、黔西南布依族苗族自治州布依学会和贞丰县人民政府等单位联合举办，有力地弘扬了布依族传统文化，产生了良好的社会影响。

第二节　这旗布依寨"六月六"节日活动考察

"六月六"是布依族传统节日，是布依族最隆重的节日之一，有的地方视之为"过小年"，可见其在布依族文化生活中的地位之高。"在布依族聚居的村村寨寨，每年农历六月六这一天，家家户户都会到河边、池塘边、水沟边或稻田的水口处或寨中的大树下等地方用酒、鸡肉、刀头（猪肉煮熟后切成方块形状的肉）、香纸、蜡烛祭祀天神、水神、谷神、树神、虫神、土地神等。晚上,男女歌师则聚集于寨中,举行对歌活动,一唱一和,一起一落,大显身手,歌声不断,通宵达旦。中老年人则会相邀在自家堂屋或寨中平坝上唱布依古歌、酒歌或摆古。"① 布依族"六月六"节日情形大抵如此,各地风俗大同小异。这个节日是布依族重要的传统节日,各地布依族聚居区都要开展相关节日活动。"每年农历六月初六,布依族人民居住的每个村寨,各家各户,都要宰牛宰猪、杀鸡包粽子祭祀祖宗,合家欢饮,隆重地庆祝本民族的传统节日'六月六'。"② 近年,我们曾对黔南布依族苗族自治州 2013 年"我们的节日·贵州·黔南'六月六'布依族文化艺术节"以及贞丰县必克 2018 年"六月六"节庆活动开展过考察,对布依族传统"六月六"节日活动有所了解。"六月六"节日里,一项很重要的活动是祭祀神灵的仪式,主要是祭祀田神。汛河编著《布依族风俗志》对贞丰布依族"六月六"节日风俗中的祭祀情况作了较为详细的描述。贞丰县一带布依族,在"六月六"带着香、纸钱和用白纸剪成的纸马一匹和开叫了的小公鸡,到田边祭祀田神,兼祭山神、天王神。当天还要"躲山"。负责祭祀活动的老人牵着祭山的牛、炊具、香、纸钱、蜡烛等物品到山上。"躲山"的人们则聚集在"六月场"赶场,摆古谈今,或对唱民歌,之后于场上以户为单位,自带食物聚餐,也可邀人同吃,或几户合吃,欢乐无比。祭祀山神完毕,放炮为号,随后各户回家,分牛肉,以煮食。这意味着人畜兴旺、五谷丰登。③ 节日民俗中的祭祀仪式是风土人情的主要部分,是古时就流传下来的。节日里"浪哨"对歌等娱乐活动的开展,表现了人们欢度佳节的喜悦心理和精神面貌。民族节日及其活动是深化人们乡土记忆的象征性符号,反映了人们的心理状况与精神文化等多方面内容。2019 年贞丰布依族"六月六"节日活动在珉谷街道办事处这旗布依寨举行,我们对之进行了较为详细的考察。

---

① 陆勇昌主编:《中国节日志·布依族六月六》,光明日报出版社 2016 年版,第 3 页。
② 马启忠、杨芝斌:《布依族传统节日"六月六"》,《西南民族大学学报》(人文社科版) 1982 年第 3 期。
③ 黄义仁、韦廉舟编撰:《布依族民俗志》,贵州人民出版社 1985 年版,第 108—109 页。

一　贞丰这旗布依寨简况

这旗布依寨位于黔西南布依族苗族自治州贞丰县珉谷街道办事处，是一个典型的布依族自然村寨，现有200余户900多人，布依族人口占该村寨总人口的98%。当地布依族主要有罗、王、韦、黄、陆等姓，世代居住于此，保留了良好的布依族传统文化生态。这里，布依族民俗风情浓郁，山水田园，自然环境优美，社会治理成效好，曾被评为"全国民主法治示范村"。

当地布依族民间信仰有山神崇拜、田神崇拜、土地神崇拜、树神崇拜等。山神庙位于寨中村道边，水泥青瓦结构，高350厘米，宽400厘米，进深340厘米。庙中供奉山神，以石为之。代表山神的是一块奇石，高185厘米，宽96厘米，厚50厘米。山神庙贴对联：保此方风调雨顺，佑此地物阜民康，横批为"保寨佑民"。当地布依族在"三月三"祭祀仪式时祭山神，宰猪。以前规定，外地男子根据情况可以进寨，但宰猪前后一个小时不能进寨。祭祀仪式之后，外地男子才可进寨。"三月三"祭祀期间，外寨女性不得进寨。当地布依族"六月六"节日不祭祀山神。神树，是一棵古杨柳树，枝干粗壮，高十余米，底部缠绕数条红布。神树位于田坝之中的水沟边，祭祀场地前方五十米处。这棵神树虽然不甚高大，但却是人们心目中的神圣之物。当地布依族"六月六"宰猪祭神，已经将一头黑毛肥猪拉到神树处，以为祭物。

田野中有一口古井，深4米多，泉水涌流，从未干涸过。当地居民以之为饮用之水。由于其处于田坝稻田中的地理优势，当地人常引井中泉水灌溉农田。据说，当地布依族年节时，正月初一清晨，姑娘们要来这里挑"聪明水"。传统的婚姻习俗，新娘回门时，早上要来这里挑水，为本家族支系每一户挑一担水，以示感恩。

这旗布依寨四面环山，峰林呈翠，蓝天白云，空气清新，中有田坝，青苗翠绿，生长旺盛，又流水潺潺，鸟语花香，好一派田园风光，简直是世外桃源。这旗布依寨以种养殖业为主，近年利用多彩的民族风情和靠近城区的地理优势，发展乡村旅游，开办布依农家乐，推动了美丽乡村建设，贯彻落实了乡村振兴战略。

二 "六月六"节日活动

（一）准备工作

2019年7月7日至8日，贞丰县在珉谷街道办事处这旗布依古寨和城区丰茂广场开展主题为"传承布依文化·助推脱贫攻坚"的"中国·贞丰六月六布依族风情节"系列活动。其中，节日活动的一个重头戏——祭田仪式于7月8日（农历六月初六）在这旗布依古寨开展。我们于当天清晨赶到这旗布依古寨。热情好客的布依人清早打扫庭院，笑迎四方嘉宾。他们很早就在做节日的准备，各家各户男女老少陆陆续续走出家门，聚集到坝子中间水田边的祭祀场地。他们身着布依族传统服饰，提着一个装有一块刀头、一瓶米酒、三碗花糯米饭、三双筷子、三个酒杯、三炷香、一沓纸钱等物品的小竹篮，还拎着一只大公鸡，拿着数根系有纸马的芭茅草。纸马是白色的，由各家按照传统习惯自行制作。据当地布依族介绍，祭祀田神，是为了祈求水源丰富、农业丰收。粮食丰收，就会有很多谷子。人们就用白马来驮谷子。由此可见，布依族用纸马祭祀田神的用意是为了祈祷农业丰收。贞丰县一带布依族传统服饰与黔西南布依族苗族自治州望谟县、册亨县、兴义市和晴隆县、安顺市镇宁县和关岭县、贵阳市花溪区、黔南布依族苗族自治州龙里县等地的不一样，头帕为灰白颜色的圆盘形式，具有明显的地方特色。

祭祀场地中，几名布依族村民在忙着摆放祭祀用品。祭祀用的八仙桌5张，其中1张最高大，置于中间，其余4张略小，两边各2张。供桌面向坝子大片水田方向。中间的大桌子上，以木质米斗为坛，盛大半斗稻谷，以两根芭茅草支持神位，祭品有猪头、刀头、米酒、饼干、水果、香蜡纸钱等。其他供桌上各有一个小的木斗，内置大米若干，以及刀头、饼干、水果、香蜡纸钱等祭品。

"六月六"节日活动还没有正式开始，三位布依族老年男子就在田坝中用布依语唱起了古歌。据介绍，他们唱的是关于"六月六"节日的迎客、送客古歌。

（二）迎接嘉宾仪式

上午九点，迎宾仪式开始。在村寨进口处，人们以松柏枝条及竹子制成一个简易的迎宾门，对联：祭田祈福盼丰年，迎客联欢兴盛典，横批为

"六月六"。对联上的字墨书于方正红纸上，贴于竹质圆盘中，一个竹盘贴一个字。二十余名布依族妇女身着民族盛装，每人手中端着一个盛满布依米酒的小土碗，拿着几个香包，笑意盈盈，迎接来自省内外的嘉宾、游客。他们在迎宾门下一字排开，在此设下"拦路酒"，以一根长长的红布条连接迎宾门左右，挡住道路，以酒敬客，以歌迎宾，表达热情好客及深情厚意。嘉宾到此，要与布依族妇女对歌、喝酒后，才能进寨。在迎宾门前方五十米处的道路两侧，众多布依族人民手持长号、唢呐、勒尤等乐器，还有两组舞龙队。这是迎宾的安排。众嘉宾、贵客下车，缓缓步行至迎宾门前。顿时，长号、唢呐、勒尤等乐器齐奏，悦耳的布依族迎宾乐曲响彻小小的布依古寨上空，表达布依族热情大方、淳朴善良之气质。客人们穿过长号、唢呐等乐器演奏的欢迎场合，来到迎宾门前。迎宾的布依族妇女端着酒碗，笑容满面，唱起了动听的布依族迎客调、敬酒歌。客人们十分开心，与布依族妇女对歌，随即喝下一碗米酒。客人喝酒时，手不能碰酒碗。一名布依族妇女将香包挂在客人颈部。客人进寨。有的客人歌唱得好，与当地布依族对歌来劲，于是不由自主多唱几曲，但米酒肯定也要多喝几碗。客人过了迎宾门，又有当地布依族迎上前来，将热气腾腾、香气扑鼻的花糯米饭敬给客人吃。客人既喝得布依美酒，又品尝了布依特色糯米饭，个个喜上眉梢，无比欢乐。

（三）"祭田"仪式

嘉宾、游客及当地布依族聚拢到祭祀场地。此时，"祭田"仪式正式开始。一位布摩主持祭祀仪式，另有寨老十一名，以为助手。布摩与寨老各手持一根系有白色纸马的芭茅草。各户主均着民族服饰，分别手提竹篮、公鸡、纸马、芭茅草等物品。全寨男女老少沿场地围成一个大圆圈。众多嘉宾、游客在外围观看，不得进入场地之中。人很多，上千人。祭祀场面庄重、严肃。布摩与寨老列成一排，均着布依族传统服饰蓝色或青色长衫，头缠黑色头帕，立于供桌之前，面向田坝。布摩上前几步，燃香点烛，对着大供桌作揖、鞠躬。大供桌处于主祭地位，上有神位，以为神坛。众寨老跟着布摩作揖、鞠躬。布摩左手持一根系有白色纸马的芭茅草，右手甩师刀，于大供桌前念诵摩经，不时挥动芭茅草。众寨老附和着，也不时挥动芭茅草。布摩念诵摩经之后，率众寨老向供桌再作揖、鞠躬。一名寨老怀抱一只公鸡，进至大供桌前。此时，布摩退至一侧。寨老抱鸡向大供桌作揖三次。布摩继续念诵摩经,在此过程中,寨老手持鸡向上、下、左、右及背后作抛撒状。摩经诵念完毕,布摩与寨老一起向供桌作揖,再率众户主在场地中转数圈。鞭炮响起来。众户主离开场地,到自家水田去祭田。而布摩、寨老继续留在场地开展诵念摩经、烧纸钱等活动。听到鞭炮声后,神树处的人们开始宰猪。众户主到达自家水田,在水口处停下来,放下竹篮及公鸡,将刀头、花糯米饭、米酒、酒杯、香、纸钱等物品拿出来,摆在地上。祭品有刀头一块,花糯米饭三碗,米酒三杯、带纸马的芭茅草等。人们将带纸马的芭茅草插在水口处,烧纸钱,点上三支香,宰鸡,将鸡血洒在纸马之上。户主说几句祈求田神保护的吉利话,叩头三次。布依族在"六月六"节日里,以白色纸马插于稻田的做法,反映了白马神崇拜。"祭时,将宰杀的鸡血涂点小纸马;祭毕,把小纸马和小三角旗插到本村各处稻田中,以厌虫灾。"[1] 各户祭祀田神后,可以在田间地头喝酒、吃饭。回到家中,人们以鸡、刀头、花糯米饭、米酒等为祭品祭祀家神,祭拜祖宗。下午,本地布依族以户为单位,派代表到神树那里聚餐。"六月六"祭祀仪式简单,但庄重,体现了传统农耕社会背景下布依族的信仰民俗。

(四)文化娱乐活动

"祭田"仪式开展前后,布依族男女聚集在神树附近或田间地头、树荫处对唱布依民歌,增添了节日喜庆气氛。对歌时,男、女各一边,你来我往,兴致高者可连着对唱数小时,甚至一整天,以增进了解,加深情谊。布依族爱唱民歌,热爱民歌文化。民歌是布依族特色艺术文化,反映了人们良好的精神面貌。

"祭田"仪式在这旗布依寨开展,而其他相关活动则在城区举行。因为相关活动同样是贞丰布依族"六月六"节庆活动的主要内容,故在此叙述。

当天下午,布依族唢呐大赛、布依族文艺展演、布依族民风民俗图片展、布依族美食展示、布依族风情长桌宴会在县城丰茂广场等地举行。广场上人山人海。台上,布依族演员尽情展示。台下,观众云集,水泄不

---

[1] 谷因:《祭祀大禹:布依族"六月六"节探源》,《贵州民族学院学报》(社会科学版)1996年第1期。

通，不时对演员的精彩表演报以掌声。布依族民风民俗图片展由县布依学会举办，将贞丰县布依族风土人情以精美的图片展示出来，特写镜头之下，布依族传统文化精髓完美呈现。观众对布依族"三月三""六月六"节日、八音坐唱、布依族勒尤、铜鼓十二则、小打音乐、布依族婚俗、布依族服饰、布依族摩经、高台狮灯、花灯、布依族棍术、布依族枕头粑、布依族古歌、布依族鸟笼制作技艺等印象深刻。参加活动的布依族都穿着民族盛装，为展示布依族传统服饰提供了平台。布依族花糯米饭、枕头粑等布依族美食的展示，让人们有亲自体验民族特色风味食品的机会。长桌宴上，布依美食一应俱全，嘉宾、游客的味蕾瞬间释放，对之赞不绝口。这样的节日，十分美好，令人难忘。

随着时代的变化，布依族"六月六"在保持传统习俗的基础上，发生了一定变化。各地布依族"六月六"节日内容稍有区别。平塘县、惠水县一带布依族祭祀"天王"。龙里县、贵定县一带布依族祭祀"虫王"。望谟县、册亨县一带布依族祭祀龙王。安顺市一带布依族祭祀盘古或大禹。有的地方除祭祀田神外，还要祭祀水神、社神等神灵。兴义市一带布依族"六月六"时，在田中插龙猫竹（即芦苇）。镇宁县等地布依族，在过节时包三角粽。关于"六月六"节日来源，各地有着相同或不同的民间传说与故事。但无论如何，"六月六"是布依族全民族传承至今的传统节日，是布依族传统文化的象征性符号。

"从文化名片必备的独特性、普遍性和知名度、认可度来看，布依族六月六作为布依族的文化名片的认识是成立的，布依族六月六足可胜任布依族的文化名片。"① 布依族"六月六"节日是贞丰县着力打造的一张地方民族文化名片，经过多年努力打造，在社会各界已经形成较大影响。贞丰县等布依族地区通过"六月六"等节庆活动的举办，传播了民族文化，达到了宣传教育的效果，为包括节日文化在内的布依族传统文化的保护及传承发展打下了坚实基础。同时，布依族节日文化融入区域经济社会发展之中，将文化资源转化为现实生产力，与山地旅游、乡村旅游、脱贫攻坚、乡村振兴战略密切结合起来，促进了地方经济社会快速发展。

---

① 周国茂：《民族文化名片视域下的布依族六月六节日研究》，《贵州社会科学》2010年第11期。

第三节　查白歌节文化活动之历史民族志书写

　　查白歌节，布依族传统节日，每年农历六月二十一至二十三日在贵州省黔西南布依族苗族自治州顶效镇查白村查白场（原名"虎场坝"）开展节日活动。查白歌节自古以来流传至今，基本上年年举办，吸引了滇黔桂三省（区）数万布依族同胞和汉族、苗族等其他民族人民参加。查白歌节是布依族的年度盛会，成为布依族节日文化的典型代表，是布依族优秀传统文化的象征性符号。"符号活动中的时间一直都是历史。"① 查白歌节的历史发展过程，是历史民族志所关注的研究对象。1979 年地方政府拨款修道路、建歌台。1982 年地方政府将"赶查白"定为"布依族查白歌节"。2001 年，查白村被公布为民族文化村，地方政府重视对查白歌节非物质文化遗产的文化内涵挖掘及节庆品牌打造。2006 年，查白歌节被列入第一批国家级非物质文化遗产代表性项目名录。2010 年查白歌节入选《中国节日志》，从而为其保护及传承发展带来了前所未有的大好机遇。近年，州、市有关单位与兴义民族师范学院艺术学院等部门联合编排布依族歌舞剧《查郎与白妹》，演出多场，获得成功。查白村先后被列为贵州省少数民族特色村寨、贵州省乡村旅游重点村。这些称号是党和政府重视查白歌节的表现，是对少数民族传统文化保护、传承的措施，为查白歌节传承发展创造了条件，为区域社会发展打下了基础。

一　文化生境

　　查白歌节举办地点在查白村的查白场（原名"虎场坝"），自其形成之日起，基本上年年在此开展节日活动。查白村是一个布依族、汉族杂居的村寨，以布依族居多，约占全村总人口的 65%。查白村辖查白、冬瓜林、岩脚、海子边等八个自然村寨，人口 3900 多人，其中布依族人口 2500 余人。村因节名，节因村显。人们习惯于将查白歌节称为"赶查白"。这里森林植被良好，空气新鲜，民风淳朴，是一个适于居住的美丽

---

① ［英］罗伯特·霍奇（Robert Hodge）、冈瑟·克雷斯（Gunther Kress）：《社会符号学》，周劲松、张碧译，四川教育出版社 2012 年版，第 165 页。

乡村。

　　查白村距离顶效集镇 12 公里，距离兴义市城区 25 公里，附近有关兴高等级公路、查白大道、纳兴高速公路、汕昆高速公路，距纳兴高速公路万屯收费站、南昆铁路顶效火车站均很近，交通方便。现在的查白村与几年之前的查白村大有不同。现在，村寨基础设施、发展机遇、发展速度等比以前更好了。记得以前入村的道路狭窄，而查白歌节期间人员很多，往往达到数万人。尤其是农历六月二十一日，查白村最为热闹。为安全起见，有关部门不得不在当时关兴公路的路口进行交通管制，组织公交车来回接送人员，不让小车、摩托车等社会车辆进寨。大多数参加歌节的人们只好将车辆停留在关兴公路上，这容易造成交通阻塞。现在的交通基础设施得到了大力加强，无论是村外的道路还是村内道路，均大幅拓宽，交通状况比以前大为改观。原来歌节活动的主要地点在虎场坝，现在改名为"查白场"，当地有关部门拓宽了场所范围，新建了歌台，以便布依族文化展演，还对查白井等处进行了整修、改造，在松林坡一带建设文化广场，接引泉水形成小小湖泊，创设出一个有山有水、生机勃勃的少数民族特色村寨，从而避免了以前歌节时在一个比较狭小的环境中开展活动而造成人员拥挤的状况。"赶查白"的人很多，地方太小是不行的。参加查白歌节的人们以民歌的形式唱出了场地的前后变化之大。"过去查白场太窄，虎背难容八方客，欢乐久场场地小，来赶查白怨查白。……查白河水浪滔天，查白客人撵不完，新场老场连结起，查白旧貌展新颜。"[①] 现在，歌节的自然环境、人文环境比以前好了很多。党和政府部门一直重视查白歌节，千方百计保护、传承、发展这一国家级非物质文化遗产代表性项目，效果良好。有关部门投入资金在查白村村口建起高大的牌坊式寨门，改造村道，以查白歌节为龙头打造旅游文化产业项目，引进外资加强水晶葡萄、核桃、蜜桃等产业建设，从而将查白村经济社会推进到快速发展的轨道。

　　查白村是典型的喀斯特地貌，海拔 1290 米，群山环抱，溪水长流，自然环境优美，森林覆盖率较高，风光秀美，是天然氧吧。这里的布依族传统文化保存良好。查白歌节的持续举办，八音坐唱、民歌艺术的日常表

[①] 尚土搜集整理：《查白新景》，载贵州省兴义地区民族事务委员会编《布依族古歌选》，1981 年，第 172 页。

演，与查白歌节有关的《查郎与白妹》民间传说与民间故事至今流传，虎场坝、查白坟、查白井、查白桥、松林坡、查白洞等历史古迹保留完好，都为查白歌节的形成与发展创造了条件。当地人民群众热爱布依族文化，热爱查白歌节，每年在固定的日期，以热情大方、淳朴善良的姿态展现布依族传统文化，以特色的歌节文化迎接广大嘉宾、游客。

二 历史书写

（一）歌节由来

查白歌节因纪念古代一对为民除害、抗暴殉情的布依族青年男女查郎、白妹而得名。关于查白歌节始于何时，没有明确的历史记载。"存在两种说法：一是很久很久以前的'古代'；二是明朝洪武年间。由于无文字史料稽考，二者并存。"[①] 另有一种说法，但语焉不详。"还有人认为故事源于清嘉庆二年（1797年）左右。"[②] 查白歌节的由来及始于何时的问题，我们只能从当地民间传说、民间故事等口述史材料中去分析，至今难有定论。

关于查郎与白妹之间凄美的爱情故事，主要有《查白场》《查白歌节的来历》《查白》三个版本，其中《查白场》《查白歌节的来历》两者在基本内容上差不多，而《查白》则与两者在内容、情节及人物名称等方面有所区别。《查白》是神话叙事长歌，《查白场》是民间故事，《查白歌节的来历》为民间传说，三者都属于布依族民间文学作品，其中《查白场》的叙述较为简单，而《查白歌节的来历》最完整、最全面，可以说是迄今被学术界认同的、最权威的关于查白歌节由来的民间故事。

1955年至1980年，在采访严金益、吴又邦、余廷斌、何子宽、吴成良等老人后，兴义布依族黄寿昌历经25年搜集整理出布依族神话叙事长歌《查白》[③]，首次叙述了查白歌节由来的神话故事。叙事长歌正文之前

[①] 冯景林：《查白歌节的形成与传承》，载兴义市文化体育旅游和广播电影电视局编《兴义非物质文化遗产》，贵州科技出版社2011年版，第39页。

[②] 杨军昌、周梅编著：《贵州省非物质文化遗产田野调查丛书·黔西南布依族苗族自治州卷》，知识产权出版社2018年版，第164页。

[③] 黄寿昌搜集整理：《查白》，载中国民间文艺研究会贵州分会编印《民间文学资料》（第六十三集 布依族酒歌、叙事歌），1983年，第205—248页。

交代了"查白"是一个存在于摩经中的神灵。该叙事长歌1331行,描述了精明能干的布依族姑娘查白与勇敢威猛的男友阿厄之间的爱情故事。阿厄先后解救查白于蛇、虎之难,两人由此生情。但两人的爱情遭到了封建旧势力的强烈反对。为了美好的爱情,查白、阿厄在查母及姐妹查兰的帮助下,私奔出走,但两人还是被恶势力抓获。在善良人们的共同支持下,查白、阿厄终于打败恶势力,烧死了恶人。后来,众人追随查白而离开居住地,历经磨难,终于来到查白祖先故居之地浪更山(查白村云盘山古名)、浪绕坝(即查白坝子),亲人团圆,从此落脚于此,过上了幸福美好的生活。查白、阿厄一家人幸福甜蜜,在农业生产方面带领乡亲们共同致富,是领头羊。他们善于调处邻里家事,得到了当地人的拥护。五只恶虎危害乡里,给人们带来灾难。阿厄、查白挺身而出,率众乡亲与恶虎搏斗。老虎终被消灭,查白与阿厄却牺牲了,飞身上天而成神。人们怀念查白,感恩查白,于是将"浪绕"改名"查白",每年六月纪念她,以五色花糯米饭敬供她。此处将查白歌节称为"花米节"。这应该是经整理而成型的关于查白歌节由来的最初的民间文学材料。后来,该文本被辑入中国民间文艺研究会贵州分会编印《民间文学资料》(第六十三集 布依族酒歌、叙事歌)一书。叙事长歌《查白》讲述了查白歌节由来的基本情节。布依族女英雄查白与丈夫阿厄都是敢于冲破封建藩篱、向往自由、嫉恶如仇、不怕牺牲、为民除害的神话人物,两人又都是打虎英雄。这个神话故事为查白歌节由来的最终成型奠定了基础。

1980年5月,由查玉方等人讲述、罗光汉等人搜集整理的布依族民间故事《查白场》被辑入贵州省民族事务委员会、黔南布依族苗族自治州文艺研究室、中国民间文艺研究会贵州分会编印的《民间文学资料》(第四十四集 布依族神话传说故事童话寓言)一书。这应该是最早关于查白歌节由来的故事化呈现,在文本的故事情节构造上较《查白》更加生动、鲜明。它以查郎、白妹之间凄美的爱情故事为中心,人心向善,爱憎分明,歌颂正义、勇敢与坚贞,抨击强权、卑鄙和无耻,情节简单明了。其故事情节书写,把查白歌节的由来基本上说清楚了。1982年,该文以同名被选入贵州省社会科学院文学研究所、黔南布依族苗族自治州文研室合编的《布依族民间故事》一书。之后,该文本基本内容被改编为《查白场》,先后被选入贵州省社会科学院文学研究所编《布依族文学史》

以及田兵、罗汛河、黄世贤、陈立浩主编《布依族文学史》两书中，成为了著名的布依族民间文学作品。

　　《南风》杂志1983年第6期发表了黄世贤、罗光汉、雪荷、黄正书搜集整理的民间传说《查白歌节的来历》，应该是目前为止最为完整的关于查白歌节由来的文本材料。它汲取并综合了《查白》《查白场》两个故事版本材料的积极元素，在此基础上深化情节构思，从而使查郎与白妹之间凄美的爱情故事最终定型。《查白歌节的来历》详细描述了布依族青年男女"浪哨"生情，订下终身，而遭恶霸"野山猫"李沾高刁难，打死老虎、为民除害的查郎与勇敢的白妹一起，不畏强权，与"野山猫"作坚决斗争，最后查郎被害，白妹火烧"野山猫"家房屋，与之同归于尽。凄美的爱情故事令人心生悲伤，同时人们感念并钦佩查郎、白妹为民除害、不畏强暴的英雄气概，就把查郎、白妹殉情的这一天——农历六月二十一作为一年一度的查白歌节，后来形成了为期三天的节日活动。"每年到了这一天，四、五万布依族和各族青年男女，穿着节日盛装，邀邀约约，牵层打浪，弹起月琴，吹着木叶和洞箫，奏着芦笙，唱起山歌，汇集到查白场上，一来纪念查郎和白妹，学习他们勤劳勇敢、舍己为人，纯朴忠贞的品德；二来歌颂这对英雄夫妻互敬互爱，坚贞不屈的爱情；三来进行对歌浪哨，选择心爱的情侣。盛况赛过过大年，热闹非凡。久而久之，就成了方圆几百里有名的查白歌节。"① 上述关于查白歌节由来的民间传说文本是搜集整理者于1982年采访查白村查云芳、兴化乡王桂堂、马别大寨白德舟等布依族干部、群众而形成的。《查白歌节的来历》比叙事长诗《查白》更具故事性，比《查白场》更重细节深化，在跌宕的故事情节构建上，始终能扣人心弦，引人入胜，发人深思，可读性强。其融民族性、故事性、教育性于一体的写作特色，毫无疑问地成为了布依族民间文学的经典之作。该文本资料以同名全文收录入1989年兴义市民族事务委员会编《中国民间故事集成·贵州省黔西南布依族苗族自治州兴义市卷》，后经适当删减而被选入韦兴儒编《贵州布依族民间故事选》（1989年中国民间文艺出版社出版）、兴义市政协文史委编《兴义民间传奇》（2008年作家出版社出版）、中共黔西南州委宣传部编《万峰趣谈——黔

---

① 黄世贤等搜集整理：《查白歌节的来历》，《南风》1983年第6期。

西南故事》（2015年贵州民族出版社出版）等书籍中。关于查白歌节由来的民间传说的成型，与有关部门及黄正书、罗光汉、黄寿昌、黄世贤、白德舟等人的努力挖掘是分不开的。《查白歌节的来历》对歌节的起源问题进行了详细描述，对节庆活动内容以及纪念意义等情形予以书写，使人们对查白歌节的文化内涵有所了解，从而扩大了歌节的社会影响力，对查白歌节的保护与传承发展极为有利。

（二）民歌文化

查白歌节是布依族民歌的海洋。"情歌是节日的重要元素，它营造了浓郁的节日氛围。"[1] 关于查白歌节民歌，黄世贤、白德舟、朱德海等人开展了一定的搜集、整理工作。黄世贤搜集、整理了"赶查白"两首民歌，一为《敬酒歌》，一为《查白情歌》。《敬酒歌》描写了查白歌节时布依族以传统糯米酒迎宾，唱起优美动听的敬酒歌，劝贵客喝下甘甜美酒。贵客喝下米酒，往往礼节性地对歌，气氛热烈而融洽。米酒飘香，友谊巩固。和谐氛围，民族团结。"民族团结笑颜开，一碗米酒捧起来。……布依儿女爱唱歌，手捧米酒笑呵呵。友谊花开春常在，年年查白来汇合。"[2]《查白情歌》反映了查白歌节布依族青年男女对歌传情的情况，"赶查白"如同赶场。"金鸡拍翅闹洋洋，查白今年开歌场；开起歌场请哥唱，先唱白妹和查郎。"[3] 查白场是布依族民歌之场，是人们纪念查郎、白妹而展示自我、交流感情的场所。"想起查郎才赶街呀友，想起白妹年年来。要把查白赶到老哟唉，要将小路修成街罗呵。"[4] 如今的查白寨，马路宽又宽，查白场已成街，民居统一规划而成集市。这是村寨城镇化发展的表现，是脱贫攻坚战略、乡村振兴战略贯彻落实的关键步骤。

当地布依族人白德舟通过对查白歌节民歌文化的调研，创作了《查白场上送情人》《查白情歌》等民歌作品。《查白场上送情人》发表于《南风》1983年第6期，对布依族"浪哨"对歌情况进行了重点叙述，以情歌的形式，将布依族青年男女以歌传情的情景予以恰当描述，从侧面

---

[1] 余未人：《查白歌节，传统与现代的交汇》，《当代贵州》2010年第13期。
[2] 黄世贤：《赶"查白"》，《南风》1983年第2期。
[3] 朱德海搜集整理：《查白情歌对唱》，载黄世贤、毛鹰编《浪哨歌（黔西南民歌选）》，贵州人民出版社1987年版，第244页。
[4] 黄世贤：《赶"查白"》，《南风》1983年第2期。

反映了查白歌节的历史发展情况。歌词中的"花山",是布依族青年男女对唱情歌的场所,也是他们年年相约的"老地方"。布依族青年男女在对歌活动中增进了解,从相识到相知再到相爱,有一个过程,往往需要数年时间。开头几句道出了布依族青年男女彼此思念、难舍难分的真挚之情。"去年分别到今年,望得天垮河水干,今年查白又来会,哥妹相送唱几天。"① 查白歌节在人们心目中的地位较高,是一个布依族,尤其是布依族青年男女的较为重要的社交平台,"赶查白"成为人们参加查白歌节节日活动的关键词。查白场、查白井、松林坡等处留下了人们深深的足迹与美好的回忆。"我俩相识三年半,查白场上定终身。查白场上唱三春,查郎白妹亲又亲,唱来唱去唱成对,分去分来永不分,爹妈看到心欢喜,请个穿针引线人。"② 这几句歌词反映了查白歌节连年举办而未间断的历史情况,同时表现了布依族传统婚姻习俗。布依族青年男女在查白场上对歌生情,对上了眼,经多次接触,已经相互了解,于是互送手圈、绣花鞋等定情信物,谓之"丢聘",定下终身。而传统的婚姻习俗,布依族青年男女通过"浪哨"对歌之后,即使两厢情愿,也要请媒人说媒,以撮合美好姻缘。《查白情歌》由白德舟在查白歌节活动中搜集整理而成,歌词63行,采取男女对唱及合唱的形式,描述了布依族青年男女赴会查白而产生感情的情形。其中既有见面甚喜、难舍难分的喜悦,又有别后思念难以遣怀的惆怅;既有手巾及鞋"丢聘"的情形表现,又有对未来美好婚姻家庭生活的憧憬。"年年六月查白街,青天唱到黄天开,哥妹相送三十里,郎送手巾妹送鞋,眼泪犹如山水淌,妹拿手巾给哥揩,郎不丢来妹不舍,今年分别明年来。……哥想妹呀妹想郎,同盼今年查白场,想得半夜去挑水,想得五更去插秧,哥呀!天地山河为我想,星晨③日月为我忙,盼我和你成双对,情投意合百年长。"④ 情歌对唱是查白歌节的主要特点。布依族青年男女"赶查白"时所唱之歌,既有传统古歌,又有新式民歌。现在,人们演唱的多为新式民歌,其中大部分即兴演唱,是人们真实情感

---

① 白德舟搜集整理:《查白场上送情人》,《南风》1983年第6期。
② 白德舟搜集整理:《查白场上送情人》,《南风》1983年第6期。
③ 晨:应为"辰"。
④ 白德舟搜集整理:《查白情歌》,《南风》1986年第4期。

之流露与表达，具有明显的民间性特点。"送歌送到五台坡，相约明年来汇合。相约明年来相见，查白场上会情哥。"①"赶查白"成为人们心目中的年度盛典，相约歌节的情形在民间相当普遍。每逢歌节来临之际，布依族人民便从四面八方会聚到查白场，有的从几十上百里外的地方，相互邀约而来，为的是一睹节日盛况，同时寻机自我展示，表现民歌对唱之基本功。"在布依山寨不会唱山歌玩表，不是憨也是傻子。男孩女孩从记事起就和大哥大姐们学唱歌，从此山歌就陪伴他们一生。"②"玩表"即布依族"浪哨"对歌的俗称。布依族民间艺术文化的活态传承就这样自然表现于人们的日常生活之中，不带一丝矫揉造作。

王桂堂搜集整理古歌《同冤树》，讲述了查白场"同冤树"的民间故事。该古歌以罗、杭、唐三姓少女"寻找亡亲"为主线，透露其悲情人生，表达了对历史时期土司残害百姓的无比愤恨。三位少女遭遇相似，同病相怜，遂"同心合力报仇冤"，于是在查白场边化为三棵种类不同却同根同生的"同冤树"。此树，树异而同根，表达了人们对旧社会恶势力的同仇敌忾，团结起来与之作坚决斗争的精神。

查白歌节的民歌文化内容十分丰富，无论古歌还是现代民歌，大多以即兴演唱的方式存在于人们的节日生活之中，因此很多民歌难以用文字资料的形式记录、保存下来。目前，我们只能对少部分文本形式的查白歌节民歌做适当分析。将来，每一年查白歌节的民歌记录与保存，都是我们用心用力的一个方向。这些民歌与查白歌节有着十分密切的关系，虽然是口述史性质的民间文学、民间艺术素材，但同样属于布依族传统节日文化遗产的重要组成部分。

（三）歌节内容

查白歌节为期三天，自农历六月二十一至二十三日，主要开展祭祀查白坟、祭祀山神、赛歌、"浪哨"、八音坐唱、吹唢呐、打铜鼓、喝圣泉、吹木叶、打花包、品狗肉汤锅、尝花糯米饭、走亲访友等活动。其中赛

---

① 安龙县民族宗教事务局、安龙县布依族学术研究会编：《安龙布依文化：山歌专辑》，2014 年，第 25 页。

② 莫苍知：《后记》，载安龙县民族宗教事务局、安龙县布依族学术研究会编《安龙布依文化：山歌专辑》，2014 年，第 193 页。

歌、"浪哨"是重点文化娱乐活动。"赶街要赶查白街，云南广西老表来，千里迢迢为那样，查郎白妹记心怀。云南老表唱起歌，广西老表唱来合，贵州老表齐声唱，同唱查郎白妹歌。"[①] 每年的查白歌节都会吸引滇黔桂三省（区）布依族、壮族、苗族、汉族等各族人民前来参加。以前的赛歌与"浪哨"一样在没有舞台的虎场坝举行，各路布依族民间歌手纷纷一展歌喉，好不热闹。现在的赛歌主要以民歌大赛形式，在现代化的舞台上表演，引得无数观众前来观赏。"浪哨"以更加民间化的方式自由进行，在松林坡、查白桥等处，布依族青年男女三五成群，你几句我几句地对歌，情感交流，兴致盎然，难舍难分。"浪哨"方式随意，自由表达情感，深受布依族人民喜爱。祭祀活动是查白歌节的一个重点。农历六月二十一日，当地要祭祀查白坟，以纪念查郎、白妹，同时祭祀山神等神灵。祭祀仪式由布摩、寨老主持。当地查氏布依族则祭祀先祖查朝奉，前往其墓地开展相关活动。查白井的泉水清冽甘甜。参加歌节的人们常常喝一口被称为"圣泉"的泉水，以祛邪求吉。"赶查白"时，狗肉汤锅是必须要品尝的布依族美食。走亲访友在节日期间很重要。众多客人涌进查白村，到当地布依族家中做客，对歌，喝美酒，开心过节。

（四）歌节功能

1. 文化传承

节日民俗是人们对文化记忆的追寻与重建。查白歌节自形成至今，在长期的历史发展过程中，传统的元素在慢慢消逝。对查白歌节的保护与传承发展问题，有识之士表达了担忧，有关部门据此采取了较为有力的措施，以抢救这一宝贵的民族文化遗产。"节日期间的各种文化艺术活动发挥着民族传统中沿袭社会教育的重要职能，并对民族成员的社会化和民族认同起着渗透教育的作用，早已超出一般意义上的祭祀、娱乐和集会活动。布依族历史传承下来的道德规范、礼俗礼仪、文化艺术以及禁忌、祈福、纪念、尊崇等，许多好的传统都会在民族节庆活动中得到充分的展现。"[②] 查白歌节不但是布依族的一个节日符号，而且集中了布依族传统

[①] 白德舟：《赶查白》，载贵州省兴义地区民族事务委员会编《布依族古歌选》，1981年，第171页。

[②] 谢彬如主编：《中国节日志·查白歌节》，光明日报出版社2014年版，第26—27页。

文化的多层面内容，是具有鲜明民族特色的中国节日。布依族现代化语境下，查白歌节在每年定期的节日活动中延续传统，巩固传统。在民族文化传承发展的过程中，现代化的元素渗透进来。这是不可避免的。"只有让现代元素更多地与传统文化结合，查白歌节才更有特色，更有生命力。"[①] 如何在新时代背景下更好地传承与发展查白歌节文化，值得我们持续思考。

2. 大众娱乐

查白歌节以歌为特点，"赛歌"成为重要环节，参与者众，活动精彩，内容丰富，给人们留下了深刻印象。"你听，查白节上，迎宾有歌，谈情有歌，座谈有歌，联欢有歌，祝酒有歌，敬酒有歌，歌、歌、歌。诗一般的生活，海洋般的歌。"[②] 这是一位云南嘉宾在参加1983年查白歌节之后的感慨。确实，布依族民歌是查白歌节的显著特征。节日期间的查白场，到处是飞扬的歌声，悦耳动听，引人入胜。布依族人民自由自在一展歌喉，每一个人都有充分展示自己才艺的舞台，徜徉于歌海之中，乐此不疲，给自己带来甜蜜幸福的同时，也熏陶了其他人，给人们带来了无限快乐。开心、快乐、幸福、甜蜜是查白歌节重要的关键词。

3. 民族团结

民族团结是历史发展的必然要求。东南西北、神州大地、五湖四海皆中华民族自古以来的地理结构、生存空间。"中华大地得天独厚、特点鲜明的地理环境，是中华民族具有特殊的结构、创造了独具特点的历史文化所依托的自然条件。"[③] 以自然地理环境为基础，中华民族特有的社会文化生境在历史过程中形成。中华各民族你中有我、我中有你，民族融合不断加强，民族认同持续巩固，为中华民族多元一体格局的形成与发展创造了条件。民族团结与民族和谐、社会和谐紧密相连，与民族进步、民族发展密切相关。

查白歌节是以布依族为主体的民族大联欢、大团结活动。"查白场，已不为一个民族所专有，而成为各族人民向往的地方，各族人民团结友好

---

① 余未人：《查白歌节，传统与现代的交汇》，《当代贵州》2010年第13期。
② 吕品：《诗的生活、歌的节日——写在赶查白之后》，《南风》1983年第5期。
③ 费孝通主编：《中华民族多元一体格局》，中央民族大学出版社2018年版，第106页。

的象征!"① 节日活动的开展，不但增进了滇黔桂三省（区）布依族人民之间的文化交流和深厚情谊，而且增强了民族文化自信，促进了民族团结与社会和谐，对布依族传统文化的保护和传承发展有利，同时周边地区苗族、彝族、回族、汉族等其他民族人民的参与，促进了边远民族地区民族团结与社会和谐局面的形成及发展。"这一天，来自盘江八县的四、五万布依族以及苗、彝、回、汉等各兄弟民族的男女青年，在布依族传说中的名人查郎、白妹的家乡兴义县查白寨聚会，欢度传统的节日。……是党的民族政策照耀着民族文化在不断发展和繁荣的又一例证!"② 一年一度的查白歌节，吸引了众多布依族同胞及周边地区其他民族的人民参加，在节日活动中，民族团结与和谐的局面得以形成、巩固并发展。

第四节 历史人类学视域下的毛杉树歌节文化

一 毛杉树村概况

每年农历三月第一个巳日，毛杉树歌节在滇黔桂三省（区）结合部的黔西南布依族苗族自治州德卧镇毛杉树村举办。该村位于德卧镇西部南盘江边，与广西壮族自治区百色市隆林县交界。截至2019年上半年数据统计，该村辖田坝、杉树林、阿油槽等20个村民小组，1589户5100人，其中农业人口4871人，非农业人口229人。全村国土面积34.2平方公里，耕地面积4587亩。毛杉树村以种养殖业为主。这里是远近闻名的毛杉树坝子，土地肥沃，农业生产条件良好，盛产水稻。该村属于贫困村，贫困人口占有一定比例。近年，该村积极推进脱贫攻坚战略，深入实施乡村振兴战略，创新思路，精心谋划，结合实际和现有资源，通过共商共识，努力探索产业发展模式，拓宽产业发展道路。一是根据民族特色文化，进一步提高毛杉树歌节这一省级非物质文化遗产的影响，利用天然奇特大溶洞和美丽田园，发展乡村旅游产业和观光农业，实现农文旅一体化发展；二是大力发展中草药，重点发展金银花、铁皮石斛等特种中草药的种植规模和产品深加工、精加工，提高产品特色及质量，提升农业产品附

---

① 黄正书：《贵州龙的故乡》，台海出版社1999年版，第114页。
② 黄世贤、黄正书：《欢乐的查白歌节》，《南风》1983年第5期。

加值；三是改变传统养殖结构，发展特色养殖业如土鸡、山羊、肉牛等。四是积极争取扶贫项目资金，搞好基础设施建设。实施种草养牛项目，帮助贫困户尽早脱贫。通过多方努力，毛杉树村已取得村寨整体脱贫的工作成绩。

村寨总人口中有三分之一是布依族。当地布依族有王、韦、查、罗等姓，以王姓为主，主要聚居于田坝村民小组。毛杉树歌场于1988年被列为安龙县重点文物保护单位。2005年"赶毛杉树"被列入省级非物质文化遗产代表性项目名录。毛杉树村布依族生态文化保存良好，为歌节文化的保护与传承发展创造了条件。

二 歌节由来说法

我们通过文献资料查阅、分析及田野调查工作，发现目前毛杉树歌节的由来存在七种说法。

（一）第一种说法，毛杉树歌节源于纪念为民除害而牺牲的杉郎（或称"阿杉"）与树妹（或称"阿树"）夫妻

《南风》1985年第1期发表了吴朝元讲述、汛河搜集整理的布依族民间传说《三月三毛杉树歌仙节的来历》，首次谈到了"赶毛杉树"的由来问题。文章记述了阿杉与阿树之间的爱情故事，认为歌节的产生是人们为了纪念心地善良、嫉恶如仇、为民除害、因驱除"麻抓"[①] 而累死的阿杉与阿树夫妻。人们为了缅怀他们的恩德，便在每年农历三月第一个巳日"赶毛杉树"，同时开展对歌等活动。[②] 之后1987年汛河编著的《布依族风俗志》一书，将男女主人公的名字分别改为"杉郎""树妹"，并对毛杉树歌节由来以及活动开展情况等进行了叙述。他认为毛杉树歌节的由来是为了纪念为民除害的杉郎与树妹夫妻。这个民间故事涉及蝗虫之灾。人们开展歌节，是纪念杉郎、树妹，同时祈求驱除害虫，获得农业丰收。"也向往向布依族金嗓歌仙树妹讨金嗓子，以便在插秧和薅秧时节，用歌声驱赶麻抓和一切害虫，保护庄稼。从此，三月三赶毛杉树就成了布依族

---

① 麻抓：即蝗虫，当地俗称。
② 参见吴朝元讲述、汛河搜集整理《三月三毛杉树歌仙节的来历》，载《南风》1985年第1期。

和各族青年男女的传统歌仙节。三天的毛杉树歌节,每天都有三、四万人参加,各族姑娘的盛装像满山遍野盛开的映山红一样美丽,歌声笑语如海如潮。"[1] 相同的民间故事在情节上大为拓展后,以题名《"毛杉树"歌仙节》被辑入中国人民政治协商会议黔西南州委员会编《黔西南布依族文史资料专辑》(上)一书。此处关于毛杉树歌节由来的民间故事与查白歌节在情节上类似。

(二)第二种说法,毛杉树歌节源于纪念镇压当地恶霸乃支的东汉名将岑、彭、马、武四位将军

该说法在1989年安龙县民族事务委员会编《中国民间文学三套集成·黔西南州安龙县卷》一书中有详细描述,属于民间传说。据说东汉时期,恶人乃支到毛杉树一带横行霸道,烧杀抢掠,无恶不作,百姓不得安宁。这时,岑、彭、马、武四位将军驻扎在广西地区,带领人马打死乃支,赶走了其人马。人们安居乐业了,却有三位将军战死。人们在寨中为三名战死的汉将建庙以示纪念,每年农历三月初三开展祭祀活动,同时举行歌会,由此形成毛杉树歌节,也称"赶毛杉树"。[2] 当地流传的岑彭马武为汉代四位将军之说,并不确切。岑彭、马武在历史上确有其人,乃东汉名将,正史中有传。关于岑彭、马武,黔西南布依族苗族自治州安龙县、兴仁市、兴义市、贞丰县等地一些布依族村寨至今奉之为寨神。因此,我们认为,这一种关于毛杉树歌节由来的说法,应该是岑彭、马武两位将军,而不应是四位将军。

(三)第三种说法,毛杉树歌节源于纪念镇压当地恶霸乃支的东汉名将岑彭、马武两位将军

《贵州旅游文化集萃·黔西南卷》一书认为,毛杉树歌节与东汉名将岑彭、马武有关。据传,东汉时期,今德卧一带有一个叫乃支的恶霸,仗势欺人,横行乡里,当地布依族苦不堪言。此时,奉命镇守广西隆林的汉将岑彭、马武率兵前来征讨乃支,为民除害。双方在德卧坝子激战七天七夜,终于消灭了乃支武装势力,但岑彭、马武两名大将却在战斗中牺牲

---

[1] 汛河编著:《布依族风俗志》,中央民族学院出版社1987年版,第76页。
[2] 参见汛河搜集《赶毛杉树》,载安龙县民族事务委员会编《中国民间文学三套集成·黔西南州安龙县卷》,1989年,第55—59页。

了。当地群众将他们安葬在坝子西面山脚下。为了防止坏人破坏，没有垒墓，只在埋葬之处栽了两棵杉树做记号。杉树栽下后，长势神奇，三个月后树高已九丈，枝叶繁茂，针叶细如毛发，当地人称之为毛杉树，后逐渐长成一大片茂盛的杉树林。传说岑彭、马武牺牲的时间是农历三月的第一个巳日，当地布依族视他们为寨神，每年于此日祭祀之。祭祀之日，当地布依族宰猪、鸡敬供寨神岑彭、马武，并且"闲三"。周边民众云集该处，日夜歌舞，以缅怀英雄。[1] 该说法在介绍毛杉树歌节来源时，内容上与第二种说法有相似之处，但还是有一些差别。此处将四位将军表述为岑彭、马武两位将军，都在战斗中牺牲了。当地人以之为寨神，建庙祭祀之，形成歌节。

（四）第四种说法，同样与岑彭、马武有关，但不是与恶人作斗争，而是帮助当地人消灭蝗虫，使庄稼获得丰收

据说，很古老的时候，毛杉树村一带经常发生蝗虫灾害。那蝗虫啊，个头大又很凶狠，一大片一大片的，遮住了大半边天。它们非常可恶，粘在禾苗、苞谷秆以及蔬菜瓜果之上，咧开小嘴使劲地啃，顿时就把这些庄稼的果实吃个精光，只剩下光秃秃的秆子。眼看今年的粮食就这样被糟蹋了，老百姓心中那个苦啊，无法言说。大家齐心协力驱赶蝗虫，但刚赶走一批，马上又飞来一批。蝗虫越来越多，当地布依族精疲力尽，感到无能为力了。真是老天有眼，命不该绝。正当他们绝望之际，救星来了。领兵驻扎在黔桂边一带的岑彭、马武管辖着毛杉树村这一片地方，听说布依族老百姓遭受这样的苦难后，爱民如子的两位将军心急如焚，赶紧率领万千将士来到此地。他们来到此地时，正好是农历三月的第一个巳日。这时，可恶的蝗虫还是非常多。岑彭、马武见此情形，马上命令手下将士与蝗虫展开战斗。将士们想方设法，或网捕，或火烧，与蝗虫搏斗。蝗虫集群向将士们进攻，有的叮得将士们鼻青眼肿，有的钻进将士们盔甲之中，使得将士们痛痒难耐。但这些艰难困苦并没有使英勇的将士们屈服。经过一段时间的抗蝗战斗，最终岑彭、马武所率领的军队取得了完全胜利，把蝗虫一只只都消灭了，当年庄稼即获丰收。当地布依族欣喜若狂，唱起动听的

---

[1] 参见《贵州旅游文化集萃》编委会、《贵州旅游文化集萃·黔西南卷》编委会编《贵州旅游文化集萃·黔西南卷》，中国旅游出版社2009年版，第186页。

民歌，好酒好菜犒劳将士们，感谢他们的大恩大德。后来，军队撤离时，当地布依族自发组织起来，敲锣打鼓，为他们送行，与岑彭、马武等将士依依惜别。当地布依族对岑彭、马武的恩德念念不忘，教育后代要铭记两位将军的恩德。为了表示对岑彭、马武的尊敬，布依族视他们为寨神，每年农历三月第一个巳日开展隆重的祭祀活动，以纪念两位将军。此后，岑彭、马武征战各地。他们去世之后，毛杉树村寨一带布依族十分悲伤，特地在村寨中为他们各自建造了一座土坟，年年祭祀。后来，岑彭、马武的坟墓不知何故被毁坏，但当地人仍视他们为寨神，祭祀文化传统得以保留，直到今天。当地人认为，这就是毛杉树村寨神岑彭、马武民间故事的由来，也是毛杉树歌节的由来。

（五）第五种说法，毛杉树歌节是为了纪念几名东汉时候为民除害而战死的将军

这种说法在1989年安龙县民族事务委员会所编《安龙县民族志》一书中有记载。此种说法与第二、三、四种说法类似，肯定歌节的产生源于古代历史人物传说故事。[①] 该说法对歌节活动情况进行了描述。虽然认为歌节的产生是为了纪念几名东汉时期为民除害而战死的将军，但没有指出各位将军之名姓。通过对比分析，我们判断，此种说法所指"东汉时期几员汉将"或与第二、三、四种说法类似。

（六）第六种说法，毛杉树歌节的产生是为了纪念古代时期当地两位抗击盗匪的王姓布依族英雄

我们在田野调查中，发现了这个关于当地布依族英雄人物的民间故事。据当地布依族老人介绍，古代时候，南盘江一带盗匪猖獗，常常渡过南盘江来骚扰这里的百姓，烧杀抢掠，胡作非为，弄得毛杉树这一带鸡犬不宁，民不聊生。怎么办？布依族人民决心保卫好自己美好的家园。于是，大家聚在一起，商量对付盗匪的办法。看到人们所遭受的苦难，当地两位王姓布依族男青年坐不住了。两人决定领导当地百姓抗击来犯的土匪，于是率领百姓练习武艺，修筑堡垒，坚壁清野。民众斗争的决心及信心空前高涨。一天夜晚，下着大雨，上百名土匪趁着夜色偷袭村寨。负责放哨的人见此情景，赶紧敲锣，并大声呼喊："强盗来了！强盗来了！大

---

① 参见安龙县民族事务委员会编《安龙县民族志》，1989年，第42页。

家快来啊!"两位王姓青年听到消息,立即召集寨中数百人马,拿着刀、矛、剑、棍棒等武器前往拦截土匪。仇人相见,分外眼红,他们与土匪在田坝中蚂蚱树一带遭遇,便与来犯之敌展开激烈搏斗。顿时,刀光剑影,杀声震天。战斗持续到第二天天亮,土匪败退,渡过南盘江而去。毛杉树布依族取得了胜利,但两位布依族青年却牺牲了。人们十分悲痛,收拾其尸骨,披麻戴孝,敲击铜鼓,在布摩的主持下,为他们操办了隆重的葬礼。他们将两位英雄葬在蚂蚱树下。这两位布依族青年非常年轻,牺牲的时候还没有成家。但是,全寨子的人们都记得他们的英勇事迹。此后,每年农历三月第一个巳日,当地布依族都会自发地带着公鸡、刀头、花糯米饭等祭品,来到蚂蚱树下祭祀两位英雄。布依族青年男女在附近对歌,以缅怀英雄,同时表达自己的感情。由此相沿成俗,形成毛杉树歌节,俗称"赶毛杉树"或"赶蚂蚱"。

(七) 第七种说法,毛杉树歌节源于纪念一棵在蝗灾时为抗灾作出贡献的、俗称为"蚂蚱树"的古槐花树

"蚂蚱",与"麻抓"一样,是当地人对蝗虫的俗称。这种说法是我们在近年田野调查工作中,从本地村民口中获得的。"赶毛杉树",原来叫"赶蚂蚱",所以,"毛杉树歌节"以前叫"蚂蚱树歌节"。古代时期,今毛杉树村一带布依族深受蝗虫之害,庄稼颗粒无收,生活十分困苦。蝗虫喜欢聚集在当地一棵蚂蚱树上,上上下下爬满了整棵大树。而在布依族"祭山"之后,蚂蚱就从蚂蚱树上飞走了,于是庄稼获得了丰收。人们为了纪念"蚂蚱树"的灭蝗之功,就在"蚂蚱树"这里开展祭祀仪式、对歌等活动。据当地布依族介绍,数十年前,寨中有一棵古槐花树,但20世纪70年代不存在了。古槐花树的遗迹,我们现在还可以找得到,在坝子中公路边的一个被称作"月亮田"的地方。我们在当地布依族带领下前往"蚂蚱树"遗址及"月亮田"考察。"蚂蚱树"遗址在田坝中,靠近村道的一丘农田边上。而"月亮田"就是其对面的一丘农田。原来的歌场就设在这里,现在移到了杉树林那边,叫"赶毛杉树"。

"蚂蚱树"遗址所属农田大约一亩有余。"蚂蚱树"实际上是槐花树,一棵上百年的古树,树干粗壮,四五人才能合抱,高二十多米。每到花开季节,树上开满了乳白色花朵,十分漂亮。在这个坝子中,只有这棵树最高大。后来,不知何故,来了很多"蚂蚱"。"蚂蚱"危害庄稼。槐花树

上也满是这些讨厌的蝗虫。因此，当地布依族就把槐花树叫作"蚂蚱树"了。过了一段时间，人们发现，村寨中所有的蝗虫都跑到槐花树上去了。此时，正当农历三月第一个巳日，当地王氏、韦氏等姓布依族祭祀山神。祭祀仪式后，槐花树上的蝗虫就全部飞走了。这里恢复了往日的宁静，庄稼丰收，人民安居乐业。从此，当地布依族为保证庄稼丰收，每年农历三月第一个巳日必须"祭山"，同时"祭祠""祭社"，至今犹然。祭山时，周边地区很多布依族人民自发聚集在"蚂蚱树"下，青年男女对歌，表达爱慕之情。老人们摆谈故事。小孩子游戏追逐。节日期间很热闹，人们走亲访友，开展各项社交活动。久而久之，民间自发形成了毛杉树歌节，俗称"赶蚂蚱"或"赶毛杉树"。一年一度的毛杉树歌节，吸引了黔桂边地区成千上万人参加，尤其在布依族中影响较大。后来，即使"蚂蚱树"枯死了，布依族仍然过这个节日，年年如此，传承至今。当地布依族将粗壮的槐花树打制成长130厘米左右、宽40厘米左右的长方形桌面。寨神庙及各户均分得一张，很多桌面至今保存完好。后来我们在寨神庙中见到了用那棵古老的"蚂蚱树"制作而成的长条形桌面。该桌面为长方形，长130厘米，宽42厘米，厚10厘米，很结实耐用。每年三月在寨神庙开展祭祀活动时，桌面上就可以摆放物品。

近年编纂的《安龙县志》提及毛杉树歌节的来历，认为"是一个崇拜和纪念古代英雄人物的传统节日，在三月的第一个巳日举行。"[1] 该书将毛杉树歌节纳入布依族"三月三"传统节日范畴，在前文提出，布依族"'三月三'祭祀汉族将官岑彭和马武等"[2]。该《安龙县志》版本认为毛杉树歌节的由来与人们崇拜与纪念东汉名将岑彭、马武有关。这与第三种说法接近，也多少涉及第二、四、五种说法。第一、四、七种说法，与蝗灾有关。蝗灾泛滥时，人们寄托树木以神奇力量而消灾的说法，从历史唯物主义角度看，不可思议。它只不过是反映了人们在面对自然灾害所带来的恐惧时所产生的心理安慰而已。第六、七种说法，只是出于部分群

---

[1] 贵州省安龙县地方志编纂委员会编：《安龙县志（1989—2012）》（上册），方志出版社2019年版，第168页。

[2] 贵州省安龙县地方志编纂委员会编：《安龙县志（1989—2012）》（上册），方志出版社2019年版，第167页。

众之口述历史。关于毛杉树歌节的由来问题，说法多种而不一。根据当地布依族的看法，我们以当年申报省级非物质文化遗产代表性项目时的说法为准，那就是第三种说法。2005年"赶毛杉树"申报省级非物质文化遗产代表性项目名录时，对歌节的主要内容祭祀活动、"浪哨"对歌等情况进行了简要描述。当地布依族介绍，古代时期，这里蝗虫肆虐。岑彭、马武派人来消灭了害虫。村寨中原有岑彭、马武墓。现在毛杉树一带布依族仍然祭祀岑彭、马武。农历三月祭祀仪式时，寨老在供饭时提及岑彭、马武的名字。毛杉树歌节至少存在数百年了。当地王姓布依族人较多，现有98户400多人。按照古训，祭祀活动自古以来由王姓布依族寨老主持。

毛杉树歌节与人们纪念古代历史人物岑彭、马武有关，反映了一定历史背景下人们的信仰文化心理。岑彭、马武是东汉名将。《后汉书》均为两人列传。岑彭，光武帝麾下虎将，"云台二十八将"之一，东汉开国元勋，《后汉书》卷十七有传，南阳棘阳（今河南新野）人，东汉初被封为廷尉、征南大将军、归德侯、舞阳侯等官职及爵位，武功盖世，位高权重，曾击荆州，伐蜀汉，于西南边地治理厥功奇伟。岑彭在征南过程中，与交趾牧邓让、江夏太守侯登、武陵太守王登、长沙相韩福、桂阳太守张隆、零陵太守田翕、苍梧太守杜穆、交趾太守锡光等地方豪强相友善。这些地方豪强"相率遣使贡献，悉封为列侯，或遣子将兵助彭征伐。于是江南之珍始流通焉"①。由此可见，岑彭在东汉初的南方地区威望甚高，又得帝王信任，官民咸服之，深得人心。后岑彭受光武帝派遣，入蜀击公孙述，不幸遇刺身亡。因岑彭治蜀期间威德兼服，深得民众爱戴。其亡后，"蜀人怜之，为立庙武阳，岁时祠焉"②。奉岑彭为神灵的做法，在东汉朝廷为之立祠及子孙后辈崇拜礼敬的历史背景下得以树立神威，并相沿成俗，直至今日仍在西南地区民间社会中延续。也许，岑彭、马武根本就没到过德卧毛杉树村这里，其部下势力可能及于此处，因而人们对岑彭、马武敬仰有加，也是可以理解的。毛杉树村寨神之处原有古墓两座，肯定

---

① （南朝宋）范晔：《后汉书》卷17《岑彭传》，（唐）李贤等注，中华书局1965年版，第659页。

② （南朝宋）范晔：《后汉书》卷17《岑彭传》，（唐）李贤等注，中华书局1965年版，第662页。

不是岑彭、马武的坟墓。岑彭遇刺身亡后，于蜀地而葬。而今河南邓州市小杨营乡安众村北有岑彭墓，1957 年被公布为县级重点文物保护单位。另外，据河南新野县人民政府网站公布的"新野名人"，岑彭之事迹见载。其坟墓在今河南省新野县下庙村。2008 年 6 月，岑彭后人将其骨骸由四川双流县万安镇东林运回新野县下庙村安葬。故河南境内今有 2 处岑彭墓，均是其后人纪念先祖之孝行。

马武，东汉名将，与邓禹、岑彭等位列"云台二十八将"，《后汉书》卷二十二有传。东汉初，马武任侍中、骑都尉、捕虏将军等职，封杨虚侯。他曾于建武 25 年（49 年）平定武陵蛮。"二十五年，武以中郎将兵击武陵蛮夷，还，上印绶。"① 其忠心耿耿、武功显赫至此。帝之爱将，威名远播，实时势之英雄耳。其墓在今河南省尉氏县十八镇凡家村，2008 年被公布为河南省重点文物保护单位。

古代社会，下层人民深受政治、经济等多种压迫、剥削，苦不堪言，由此民不聊生。于是，古代布依族对英雄人物予以崇拜，意在依靠其力量战胜邪恶，以实现自己对美好生活的向往。这是可以理解的。

三 歌节田野叙述

毛杉树歌节每年农历三月第一个巳日在德卧镇毛杉树村开展节日活动，为期三天，主要内容有祭祀、对歌、赶场等。歌节期间，黔桂边地区各族人民纷纷赴会，感受节日的热烈。一年一度的布依族"赶毛杉树"，实际上是以布依族为主体的，各民族共同的节日。我们从 2018 年 7 月至 2019 年 8 月对毛杉树村及歌节活动开展了九次田野调查，重点对 2019 年度毛杉树歌节活动开展情况进行了实地调研。

（一）歌节内容

1. 祭祀

毛杉树歌节第一天在寨神庙等处开展祭祀寨神岑彭、马武和山王、土地神等活动，当地俗称"祭山"。祭祀仪式由寨老主持，主要祭祀场地是位于田坝组的寨神庙，祭品有猪、刀头、公鸡等。当地布依族以户为单

---

① （南朝宋）范晔：《后汉书》卷 22《马武传》，（唐）李贤等注，中华书局 1965 年版，第 786 页。

位，共同出资，祭祀仪式之后聚餐。

祭祀寨神岑彭、马武的仪式活动在村寨中的寨神庙开展。祭祀土地神也在寨神庙内。祭祀山王（即"山神"）则在田坝中的一处小路上。寨神庙与田坝相连，围墙之内，形成院落，面积半亩左右。围墙内有一简易砖瓦房，是为庙。房子两间，一设神灵之位，无神像，设供台，中间墙壁上沾着数十根鸡毛。寨神庙中古树两棵，一为金丝榔树，一为山楝子树，均为百年以上古树。据介绍，祭寨神时，要宰一头黑毛猪，祭品有猪肉、猪头及内脏，六只公鸡，毛色必须为黄色，其他颜色的不行，有杂色的也不行。祭祀寨神等神灵的费用由各家平摊，每户15—20元。每户派1人参加祭祀活动。男性参加祭祀活动，女的不能进庙中。以前，外地人不得进庙。现在，外人说明情况后可以进入庙中。当地布依族说，时代变化了，必须顺应形势发展。庙分两间，一间供神位，另一间有一块木板挂于墙上，其上墨书各户主姓名，共80余户。每年由8户组织，轮流开展祭祀活动。祭寨神时，只有田坝组、杉树林组这里八九十户布依族参加。这里，既是祭寨神之处，也是祭山神之地，合二为一，乃毛杉树村寨神圣之所。祭祀活动是歌节的一项重要内容。

农历三月的第一个巳日，当地布依族主要在寨神庙开展祭祀活动。庙内古树高耸，庄严肃穆，幽静别致。当地人除祭山神、祭寨神、祭社神（土地神）等神灵时来这里外，其他时间基本上不去庙中。所以，之前我们在当地布依族带领下进入寨神庙考察时，落叶满地，蚊虫乱飞。祭祀的当天，我们到达寨神庙时，这里已有人在做祭祀前的准备工作。在征得同意后，我们进入庙中，发现里面原来遍地的落叶已不见踪迹，原来乱飞乱窜的大蚊虫也了无踪影，地面及桌子都干干净净，十分整洁。神庙内十余人，均系成年男子，年老的有六七十岁，年轻的二三十岁。神庙为院落形式，石墙围住，分两部分，里面部分有平房两小间，石木结构，其中一间供奉神灵，无神像，设供台，非常简单，姑且称之为"神殿"；另一间房为贮藏室。神殿外靠南墙专设土地神神位，以石砖为简易供台，遗存香火燃烧之后的痕迹。外面为群众聚餐之所。神殿与聚餐处的中间砌建一堵石围墙，将两者隔开。聚餐处有简易的桌子八张，以一米长、宽的正方形瓷片为桌面。神殿为神灵所居，除寨老、助祭等少数人可入内开展活动外，其他人，包括参加聚餐之人一律不得入内。聚餐时，寨老及助祭之人数名在石墙内神殿前与神灵共同进餐,其他人在外面聚餐。大家必须严守这些规矩。以前祭山、祭祠的时候,外人一律不得进入本寨,更不能入此神庙内,否则将受处罚。现在时代变化了,外来的男性可进入神庙内,甚至可在神殿前的空地上与当地布依族一起聚餐,但不能进围墙里面与寨老及助祭之人共餐。祭祀之时,外来之人一般不会进入神庙。现在,媒体记者以及关注该文化活动的考察人员等成年男子,在征得寨老同意的情况下,可以进入神庙内采访、调查。无论是古代还是现代,女性和未成年人一律不得进入神庙内。否则,同样会被处罚。所以,我们当日所见,参与祭山、祭祠的人均为清一色的成年男子。

"祭山"是为了祈求农业丰收。"祭祠"是为了祈祷村寨平安。祭祀两种神灵的功能不同。据说,"祭山"后就没有虫灾了,所以为保丰收,年年必须举行祭祀活动。"祭祠"则是祭祀祖先。"祠"为祠堂,即家族共有祭祖之所。但也有人称神庙这儿为"社坛"。"社"即土地神。在神庙里面有专设的土地神之位,但未在神殿内,而是在神殿之外。山神之神位,也不在神庙之内,用当地人话说即是"在野外",是村寨中另一个固定的祭祀地点。这说明神庙中的主神并非山神,也不是土地神,而应该是包括岑彭、马武及本地布依族历代先祖在内的寨神。当地布依族说,"祭祠"即是"祭老人"。这说明历史人物岑彭、马武被当地人视为寨神来恭敬、崇拜。该信仰在当地始于何时,无从考证。当地布依族说是老一辈传下来的,有几百年了。

当天清晨,寨中成年男子代表数人将寨神庙打扫得很干净。大家各司其职,分工干活。有人生火烧水,有人忙其他事情。之前,清晨之时,在寨老主持下,开展祭祀寨神的活动,分"生祭""熟祭"两个程序,与其他布依族村寨的祭祀活动在程序上差不多。上午八点左右,寨老主持"领生"仪式。下午三四点钟的时候,寨老主持"回熟"仪式。祭祀寨神时,人们要将煮熟的祭品摆于神位前,寨老主持仪式,祈求寨神保佑全寨清洁平安、五谷丰登。祭品为无杂色的红冠公鸡一只,猪头一个,猪尾一根,猪脚四只及香蜡纸钱等。寨老率助祭之人在庙中里面一间房子即神殿前叩头行礼,其余众人在神庙内聚餐之处随寨老行叩头之礼。每年农历三月,毛杉树田坝一带"祭山",实则祭祀山神、寨神、社神等,合而为一。祭神费用由各户自愿捐献,户均15元。我们看了"祭山"捐资名单。2019年参与"祭山"活动的有95户，列有户主姓名及捐资金额。95户中，王姓布依族有75户，占总户数的79%，韦姓布依族有11户，占总户数的12%。另有查、罗、梁、左等姓居民。王、韦、查、罗氏均为当地布依族。现在，本地非布依族群众也可自愿参加，如梁、左姓居民就不是布依族。用当地布依族的话说，都是一家人嘛，有利于民族团结。自古及今，王姓布依族在祭祀活动中明显居于主导地位，韦氏次之。至今，王氏仍为主持祭祀活动的布摩，也是"赶毛杉树"祭祀方面的传承人。韦氏为助祭，亦是寨老。我们问，何人主持祭祀仪式？他们说，两位寨老主持。现在的寨老，一位是王氏家族的WJJ，今年已八十岁，另一位是韦氏家族的WYZ，今年七十三岁。两位老人身体尚好。此处祭祀活动不念摩经，只由主持仪式的寨老说几句请求寨神、山神保佑之类的吉利话，以表达诉求。关于毛杉树歌节的故事，当地年轻人不大懂得，只有少数六七十岁以上的老人知晓一些历史掌故。

我们与正在寨神庙里忙活的布依族交流，了解毛杉树歌节"祭山"情况。他们热情地告诉我们一些所知道的故事。他们说，以前"祭山"，外人不可进来。即使在20世纪50年代，也是如此。否则，由擅闯寨子的外人掏钱购买祭品，必须重新祭祀。这是"祭山"的禁忌。其实很多布依族寨子都是这样的。但这个毛杉树歌节很有名，周边群众尤其布依族都想来"赶毛杉树"。怎么办？云南罗平、广西隆林、贵州册亨等地的布依族、壮族等各民族同胞提前好几天就来了，住在毛杉树一带老百姓家，更多的是住本地亲戚家。这样提前几天来是可以的，没有违反"祭山"禁忌。"祭山"仪式开始到第三天之内，外人不得进入毛杉树村寨。"赶毛杉树"节日文化中的"祭山"环节充满神秘色彩，引人好奇，但大多数人只能望洋兴叹，因为没有权利去参与、了解，由此越发显得神秘。

寨神庙内，人们继续忙活。他们拿来液化气瓶，用喷火枪烧猪头、猪尾、猪脚，做"回熟"前的准备工作。他们说，关于这个歌节的故事，两位寨老最清楚。我们正说话间，两名身着布依族传统服饰青色长衫、头缠青帕的老年人走进庙里来。他们说，这两个人就是寨老。我们忙上前与两位寨老打招呼，与他们摆谈起来。一位寨老说，"赶毛杉树"以前叫"赶蚂蚱"，是省级非物质文化遗产项目。歌节为期三天，分别开展祭祀、对歌、赶场等活动。整个活动，因为要祭祀山神，所以当地布依族习惯称节日为"祭山"。毛杉树歌节的三个环节缺一不可,一是祭祀山神、寨神、社神,在第一天举行。这是民间祭祀活动;二是"浪哨"对歌。节日的三天里可以开展对歌活动;三是赶场。赶场就是开展商贸活动,三天之中都可以赶场。祭祀活动主要在寨神庙开展,当地人称"寨神"为祖神,即祖先之神。寨神庙中设有社坛,祭土地神。祭山神在另一个地方,等会儿就要开展了。这时,他站起来,与另一名30多岁的助祭各自拿着一口铝锅、一只红冠公鸡,准备往外走。我们紧紧跟随,今天终于可以考察毛杉树村"祭山"详情了。百闻不如一见,眼见为实,说的就是民族学田野调查工作中的"参与观察"。

祭祀山神的地方没有什么特别之处,就是在村寨中一块田地边的小路上,当地人称之为"浪坎习"的地方祭山,没有任何设施及标志,完全是露天,但祭山的地点是固定的。寨老说,这是老祖宗一代一代传承下来的。为什么选在农历三月的第一个巳日祭山呢?寨老说,蛇可除害虫,专吃老鼠,可以保证粮食丰收。

祭祀山神的仪式比较简单,分"领生""回熟"两个环节。"领生"时,两名助祭将刀头、公鸡、酒等祭品摆在路上,一位寨老祈祷。助祭宰鸡,将鸡血滴在一些被称作"青"的白色纸条(当地为亡人清明扫墓"挂青"时用的一种祭祀之物)之上。寨老将"青"分别绑在3根带竹叶的竹子上,分别插在祭祀地方及寨子两头的岔路上。按照古俗,祭山时,外人不能进入。插这个带"青"的竹竿的意思是告诉大家,这里在祭山,外人不得进入。

"回熟"时,寨老率领两名助祭共同祭祀山神。首先,摆上祭品,寨老说几句希望山神保佑丰收、人畜平安之类的祈祷话语,而后率助祭对山神行跪拜之礼,叩三个头。随后,他们在祭祀之地聚餐,表示与山神共进餐食,可得其佑护,但不吃太多,等会儿还要到寨神庙内与众人大聚餐。中午时分,祭山神的"回熟"仪式开始,由寨老主持。助祭摆上鸡肉、刀头、豆腐、米饭及酒。寨老点香,说几句求山神佑护全寨、五谷丰登、清洁平安之类的吉利话,然后带领两名助祭向着山神供台处叩三个头。之后,他们就在此地聚餐。

下午三点多钟,"回熟"仪式在寨老的主持下开展,祭祀寨神及社神。助祭将煮熟的猪肉、鸡肉等祭品置于一个大菜盆中,在寨神面前的供台点燃香烛、香，摆上数个倒满白酒的酒杯。据说，以前祭祀仪式用的酒很有特色，当地人称之为"蚂蚱树酒"。现在的祭祀活动中，虽然不用这种酒了，但酿酒技术保存下来了。两名寨老在寨神神位前烧纸钱，说几句话，祈求寨神、土地神等神灵保佑，以保全寨平安。然后，寨老率领众人在神殿外对寨神行叩头之礼。之后，众人在庙内聚餐。

2. 对歌

据当地村民介绍，以前对歌等表演活动在寨中"月亮田"那儿，1985年后才转移到杉树林开展节日活动。

"月亮田"就是"蚂蚱树"对面、紧挨着它的一丘农田。据了解，这块地大约六亩，以前的"赶蚂蚱"节日活动就在"蚂蚱树"下开展。后来，"蚂蚱树"枯死了，人们还是来这儿参加歌节，开展对唱民歌等活动，以缅怀它为布依族作出的贡献。"赶蚂蚱"的人多了，场地位置自然扩大，于是，"月亮田"就成了赶歌节的重要地点。"赶蚂蚱"自古以来没有中断过。即使在20世纪六七十年代，地方上不让"赶蚂蚱"，但一到赶歌节的时间，当地布依族及滇黔桂边其他民族的人们还是会来这儿过节。因为在田坝中开展活动，践踏了庄稼及其他一些原因，当时不让"赶蚂蚱"，有人来驱赶"赶蚂蚱"的人们，但驱赶不了。赶歌节的人们各自分散，三五成群，从"月亮田"向后山今杉树林这边聚集。这边是山上，宽广得很，没有农田。人们在这儿可以自由开展"浪哨"，对唱布依族民歌，好不热闹。这样，歌场就慢慢向杉树林这边转移了。20世纪八九十年代的时候，人们"赶蚂蚱"就以杉树林这一块为主要活动场所了。后来有关部门在此又建造了歌台，于是，赶歌节就固定在此处了。由于这儿生长着许多茂盛的杉树，尽管生长的时间只有几十年，但生态环境好，地方又宽。当地布依族及其他赶歌节的人们也就习惯在这里开展活动了。歌节的名称发生了变化，由"赶蚂蚱"变成了"赶毛杉"，即"毛杉树歌节"，用当地布依语来讲，实际上只是音异而已。

现在的毛杉树歌节中对歌活动主要在毛杉树歌场举行。歌场位于杉树林边上，于1988年被公布为县级重点文物保护单位。2004年安龙县文化部门以"赶毛杉树"来申报贵州省非物质文化遗产代表性项目，2005年，毛杉树歌节被正式列入贵州省非物质文化遗产代表性项目名录。

杉树林有数百棵笔直、高大的杉树。毛杉树林碧绿一片，任凭风吹雨打。杉树林边建有歌台，这是人们在毛杉树歌节时对歌、文艺会演的舞台。这里属毛杉树村所属杉树林村民小组。歌台背靠大山，面临千亩良田。毛杉树河从坝子中流过。我们发现不少杉树的树干上刻着人名或一个字。后来，我们从村委会了解到，这儿的杉树林是落实了保护措施的。杉树林的存在是歌节的象征，因此是一种文化的象征，必须保护，任何人不得乱砍滥伐。杉树林是上山下乡时知青所栽，有四五十亩，现在分给田坝、杉树林两个村民小组的居民，每家分得几棵，由各户自行管理，但不得乱砍滥伐。我们问当地村民，他们都知道不能随便砍伐这里的杉树。

据了解，每年农历三月第一个巳日"赶毛杉树"，节目精彩，热闹非凡，办得很好。以前，有砖做的梯子式台阶，人们在中间空地上唱民歌，而观众站在台阶上看。现在有了舞台，人们在台上对歌，表演节目，观众在台下看。节日活动参加者中，既有本地布依族，又有兴义市、贵阳市以及云南省、广西壮族自治区等地的布依族、苗族、汉族各族人民，成千上万人，十分热闹。

布依族群众参加毛杉树歌节，"浪哨"对歌，青年男女交流感情，谈情说爱。历史上，一年一度的节日活动，是民歌的海洋，大多即兴表演，极少被记录下来。"赶毛杉树"时所唱情歌《思念》：自从赶了毛杉树，煮饭不知生和熟。白日三餐无滋味，黑夜睁眼盼日出。面容憔悴人消瘦，自言自语胡乱诌。上坡割草伤着手，走路摔进小沟沟。① 这首民歌是1985年5月搜集整理出来的，通过朴实的语言文字，表达了布依族"赶毛杉树"之后情侣思恋的情感。又有《每年三月赶毛杉树》《不赶毛杉心不平》等与毛杉树歌节有关的民歌被搜集、整理出来，保护、传承了布依族民歌文化。"每年三月赶毛杉，各族青年都来啦！岑彭马伍②是古将，唱首山歌纪念他！……每年三月赶毛杉，各族青年来玩耍，情哥有心妹有意，邀约明年坐一家。"③ 这首流传于德卧镇一带的布依族民歌表明，歌节是纪念岑彭、马武，是各族人民参与的佳节；"赶毛杉树"，青年男女

---

① 参见胡贞明搜集《思念》，载安龙县民族事务委员会编印《中国民间文学三套集成·黔西南州安龙县卷》，1989年，第340页。

② 岑彭马伍：应为"岑彭马武"，指东汉名将岑彭、马武。下同。

③ 罗友华采集：《每年三月赶毛杉树》，载安龙县民族事务委员会编印《中国民间文学三套集成·黔西南州安龙县卷》，1989年，第378页。

因对歌而结识，产生感情，成就美好婚姻。再有布依民歌《不赶毛杉心不平》，"山歌越唱越好听，唱起山歌想前人。岑彭马伍不怕死，打败乃支民安宁。不赶毛杉心不平，赶起毛杉有原因。从前四将真英勇，芳名流传到如今"①。这首民歌流传于距毛杉树村30公里左右的安龙县新安镇一带，意境与上一首民歌差不多，表达了纪念古人的情义，同时表露了人们赴会一年一度歌节的期盼心理。毛杉树歌节是布依族传统文化延续的表现。现在的歌节，基本上年年举办，由此丰富了"赶毛杉树"的文化内涵，使之在布依族人民生活中活态传承。"送妹送到五里坡，相约明年来汇合。毛杉树场来相会，等妹喜讯给哥说。"② 这首歌表达了布依族青年男女在一次对歌相会之后，期待在下一次毛杉树歌节时能够重逢的真实心情，自然贴切。这从另一个角度充分说明"赶毛杉树"在人们心中，尤其是布依族人心中，是一个不容错过的盛大歌会，是青年男女"浪哨"对歌的大舞台。

"赶毛杉树"期间，人们三五成群聚集到杉树林一带，男女各站一边，一二人或多人为一组，对唱民歌，均即兴而为，表达真实情感，真正的原生态。在对歌时间上，有的组合对唱一个小时左右，有的可以对上数小时。据说，有的"浪哨"厉害人物者，可以对歌三天三夜，是真的遇到了知心之人的缘故。关于对歌，除了看双方基本功，还得估量彼此性格是否合得来，语言上、感情上能否交流、合拍。否则，人们对唱不了几句，就草草收场。对歌时间长短，不会影响人们的节日心情，本来这种对歌就是自由自在的，自由交往，自由对唱，高兴、开心即可。从我们田野调查中所见情况看，对歌者，青年人有之，中年人有之，老年人有之。现在，年轻人大多不会唱布依族民歌，中老年人却成为对歌文化等民族民间艺术保护及传承发展的主力军。这是令人忧虑的。

布依族大多穿着民族盛装参加节日活动。节日的快乐真实体现在人们的"浪哨"对歌活动中。围观者也乐在其中。2019年4月，我们在毛杉

---

① 罗友华采集：《不赶毛杉心不平》，载安龙县民族事务委员会编印《中国民间文学三套集成·黔西南州安龙县卷》，1989年，第379页。
② 安龙县民族宗教事务局、安龙县布依族学术研究会编：《安龙布依文化：山歌专辑》，2014年，第25页。

树歌节活动现场搜集到少部分布依族民歌。四位来自龙广镇的布依族老奶奶唱起自编的现代民歌《唱首山歌感党恩》：

龙广纳桃好地方，欢迎贵宾来游玩。颜色显示十九大，几句山歌感党恩。

不以福利来唱歌，祝贺家乡好生活。昂首走进新时代，放开嗓子唱新歌。

新思想来新精神，十九大后吉祥新。精神面貌生变化，真抓实干添豪情。

美丽乡村几十栋，只为乡村提气神。乡村建设走新路，道路越走越宽阔。

喝酒饭后去相亲，登台唱歌好开心。满怀深情留人累，唱首山歌感党恩。

登台唱歌好开心，老来越活越年轻。老来放飞中国梦，风流耍帅看罗锦。

十九大后开先河，老来风流多更多。山歌改革春江水，处处唱出新生活。

你歌哪有我歌多，唱满田野唱满坡。指引走进新时代，幺妹唱起时代歌。

阳雀飞到要回我，个个唱歌要歇脚。唱首山歌答谢你，下次相逢再来过。

这次唱完下次来，感谢主人搭舞台。大家共言中国梦，满园春色百花开。

诸如此类的即兴民歌很多，难以全部记录。歌是节日里的重要符号。"赶毛杉树"的日子里，布依民歌飞扬，到处是喜悦的心情。"浪哨"时，人们可以在杉树林中对歌，可以在歌台对歌，可以在田间地头对歌，也可以在某户人家家里对歌，地点不一，由对歌者自由选择，但大多是在杉树林中对歌。毛杉树下对歌韵味十足，十分地道。毛杉树下，歌节活动现场，一位来自顶效镇的布依族妇女与一位毛杉树村的布依族男子即兴对歌《三月三"赶毛杉树"》：

男：年年有个三月三，和你七妹唱歌玩。别人唱得成双对，给我唱得好心酸。

女：年年有个三月三，你到毛杉找个人。今日终于找到你呀，我一起跟你去好玩。

男：我旧年①约你到今年，我今日毛杉就把歌编。要是唱得一家着，日子过得像神仙。

女：三月毛杉来约我，又来毛杉唱山歌。今天和你把歌唱，唱得岁月年年好。

男：毛杉树是个好地方，你呢山清水秀好宽广。哪天把你唱到手，日子过得好宽广。

女：毛杉树处处长着郎，我看你山歌好玩哟。你山歌唱得那么好，我清白给你回旧草②。

男：我年年约你赶毛杉，妹，我只盼赶着做一家。你们成双过得好，给我流浪眼睛花。

女：我既想和你做一家，既没发聘真尚早。既想和你一起来，又怕真到你的家。

男：你说和我做一家，妹，可是我家条件差。要是真能在一起，怕你来了想回家。

女：只要你家说得真，我自会跟你过光阴。起码会和你一起走，跟你走到北京城。

男：我三十年前把你逗，妹，我为何逗你不上钩。要是你当年跟着我，一辈到老多风流。

女：你三十年前把妹逗，你为何一人在异州。为何不得在一起，我每想起也泪流。

男：我十七十八那两年，我下定决心找你的。可是小郎去晚了，有了别人跑在前。

女：你十七十八那两年，你为何把我妹子先。七妹也想跟你走，又无好人来上前。

男：我自从认识你那天，手拉手来肩靠肩。人人说我俩感情好，可是也是短时间。

---

① 旧年：即"去年"之意，当地方言。
② 回旧草：即"回头草"之意，当地方言。

女：自从得你来认识，我没笑你你不知。七妹天天想到你咯，还想煮饭给哥吃。

男：十七十八那俩走嘛，妹，你爹妈留妹在屋头。你好比那箩边红桃子，小郎渴了不敢偷。

女：十七十八那俩走啊，你为何要把妹子丢。七妹时时在想你，你家好比在屋头。

男：十七十八那两年，你说跟我一万年。和我修得两年半，你就抓我把脚垫。

女：七妹正想和你久，你家好得正屋头。一心一意跟哥走，跟你走到九重楼。

男：不是预言不是妻，妹来预言配成金。不是先生算得了，我命中不带，你没骂人。

女：不是女儿不是家，是我路人无年华。要是我俩有缘分，我们已经会成家。

男：不是我俩不得缘，妹你当我家莫得钱。别人奔入你家去，我家无钱站旁边。

女：只有儿成有一年，你不关有钱是无钱。只要路人有缘分，有缘有分把你连。

歌台上的对歌同样精彩。"今天约妹去赶场，妹说很忙不赶场。赶场去啊好热闹，回来之后哥帮忙。"围观者甚众，其中有很多身穿布依族服饰的人们。对歌内容由对唱者即兴编唱，具有民间性。对歌者有一男一女或二男二女或数男数女。对唱者一般自带音箱及无线话筒。你方唱罢，我方接唱。一般各唱四句，原来讲究字节对仗，但多数歌词比较随意。动听的歌声飘荡在毛杉树上空，增添了节日气氛。每场对歌一般半小时，也可长达数小时，视对唱者对布依民歌的掌握程度及兴趣而定。如彼此情投意合，则对唱时间比较长，以增进了解。如果一方掌握的民歌不太多而感觉难以接唱时或不太愿意继续时，对唱者就会找台阶下去。对唱民歌，需要注重礼节，彼此都要给足对方面子。于是另一对歌手粉墨登场，兴高采烈地唱起那美妙的布依族民歌。对歌的人们，有本村的布依族，也有不少周边地区的布依族。围观者大都笑容满面，不时报以热烈的掌声。现场气氛真正好！我们录了两段布依族对歌视频，其中一段近半个小时，内容丰富，信息量大，待有空时好好整理。这些视频，是喜爱民歌的布依族人民即兴演唱的，表达了爱慕、友谊等感情，是典型的民间文献。以毛杉树歌节为代表的布依族口述史民间文化资料，具有一定的历史文化、艺术文化价值。

"浪哨"对歌，是毛杉树歌节活动中最精彩的部分，吸引了成千上万人参加，好不热闹。毛杉树歌节从未中断过，具有历史延续性。20世纪50年代到70年代，当地不让"赶毛杉树"，但本地布依族及周边的各族人民还是来赶歌节。有人驱赶参加歌节的歌手，歌手们就往山上走，到现在的杉树林这里继续对歌。毛杉树歌节是节日民俗，是布依族群众文化生活中至今存在的民族特色节日。改革开放后，党和政府重视少数民族优秀传统文化的传承与发展，将毛杉树歌节作为非物质文化代表性项目进行保护、传承，当地政府部门及村寨一直积极支持毛杉树歌节活动的举办，多次出面组织活动，产生了良好的社会影响。

3. 赶场

赶场活动是毛杉树歌节的一个主要内容。"赶场"，当地布依族称之为"好嗬"。至今在田坝组存留着赶场遗址。赶场遗址在村中小河边一个叫"大桥"的地方。小河清澈，静静流淌，注入南盘江。现在的大桥是一座水泥桥，因比上游三十米处的一座桥要大许多而得名。当地布依族介绍，大桥以前是石板桥。原来赶场的地方现在是农田了，两亩左右，以前叫"老庙田"，当地布依族称之为"黄嗬"，意即"塘子边上的场坝"。这里是从前的商品贸易之地，每隔六天赶一次场。现在，赶场的地方移到杉树林歌场那边去了。

以前，"赶毛杉树"的人很多。广西、云南等地来的人要在这里停留数天，从而带动了当地经济的发展。田坝组至今存在客栈、粮仓等遗址。一名王姓布依族人家屋后存留一段石质围墙，这是古代客栈遗迹。石墙由大小不一的整块长方形麻石砌成。每块麻石表面都有较为精致的花纹式刻槽，显然是经过了精心的人工打造，应当有特别的作用。在麻石表面刻一些浅槽有什么作用呢？我们认为，应该是堆砌石墙时，设计凹槽利于石块之间的紧密耦合，从而起到巩固屋基之作用。每块麻石的长度在20—40厘米，厚26厘米左右，高34厘米左右，十分齐整而坚固。古代客栈现存三层麻石。石墙高102厘米，长694厘米。据介绍，古代时期，赶毛杉树歌节的人很多，其中有许多外地来的客人。为了解决外来客人的食宿问题，客栈就应运而生了。客栈紧挨着粮仓，坐北朝南，在村寨中道路一侧，原有三间木结构的大房子，很气派，来住宿的客人很多。至于古时客栈的具体运营情况，则不甚了解。该客栈遗址具有一定历史文化价值，与毛杉树歌节有着密切关系，为考察布依族地区古代经济发展提供了实物资料。

现在的毛杉树歌节除祭祀活动、对歌外，商贸活动也是很重要的。在村道两边以及杉树林一带，售卖食品、玩具、服装等各类商品的摊贩很多，生意红火。有好几家卖狗肉汤锅、牛肉汤锅以及花糯米饭等食物的临时性店铺。还有几个摊贩将红鸡蛋用网袋串起来挂在树枝上，很有特色。据介绍，"赶毛杉树"时要吃红鸡蛋，吃了可以保平安，带来好运气。从精神文化层面看，吃红鸡蛋表达了辟邪、祈福的民间信仰意义。

（二）文化传承

毛杉树歌节文化是布依族优秀传统文化。歌节的保护与传承发展，在一年一度的节庆活动中得到了落实，但纯粹举办歌节，显然不够，需要运用多种手段或措施来促进"赶毛杉树"的保护及传承发展。现在歌节在文化传承方面，存在一些问题。一是传承人培养问题。据了解，毛杉树歌节传承人原来有三人，其中一人已经去世，而目前的两人，一位90多岁，一位80多岁，年纪都很大了。年轻人不愿意或者没有机会去接受歌节文化培训，很多人不会唱布依民歌，有的连布依话都不会说，也听不懂。相对而言，中老年人对布依族传统文化的热心程度比年轻人要高，但毕竟年纪大了。这就导致了歌节传承人出现传承断层情况。二是民族文化进校园的力度需要加强。当地布依民歌、布依语、金钱棍、八音坐唱等布依族传统文化可以在德卧镇中小学校实施特色课程教学。民族文化传承发展，要从娃娃抓起。三是歌节可以持续不断举办，办出水平，体现特色，与毛杉树村脱贫攻坚、民族旅游、乡村振兴战略密切结合起来。布依族人民对毛杉树歌节保护及传承发展的认可度、期望值较高。这是歌节文化存在与发展的内在动因。目前，如何化解毛杉树歌节在保护与传承发展方面存在的困难或问题，值得我们进一步探讨。

第五节　独坡布依族古寨"祭山"活动民族志

一　布依族祭山文化之概貌

布依族祭山文化是以祭祀山神为主要内容的祭祀活动，是布依族自然崇拜的历史遗存，在布依族精神文化生活中占据着一定地位。"布依族山神信仰具有一个较为完整的信仰文化系统，有一套较为严格的祭祀礼仪，是一种长期以来形成的、具有历史延续性的原始自然崇拜。"[①] 布依族祭山活动是布依族群众将外化于形的行为仪式向内化于心的精神信仰转变的历史过程。祭山活动表现了布依族传统村落社会对自然、人类、社会的融合式认同态度，体现三者之间的和谐共生关系，在一定程度上反映了历史时期布依族群众的社会认知水平和原始信仰意识。

由于各布依族聚居地区文化生境的差异，祭山时间及内容等有所区别，但要表达的原始信仰祈求意愿却是大同小异，都是为了求得山神之佑护。"三月三"是布依族祭祀山神的传统节日。部分布依族村寨在农历六月二十二、六月二十四等时间祭祀山神，举行以祭山为主题的节庆活动。

祭山仪式一般由布摩或寨老（有的地方称之为"榔头"）主持。祭山前夕，活动筹备组派代表到各家各户筹措活动经费，购买牛、羊、猪、鸡、狗、香蜡纸钱等祭祀用品。以牛、羊、猪、鸡、狗为主要祭品的情况视各寨传统祭祀文化而定，没有统一要求，但刀头、鸡、香蜡纸钱等祭祀用品则是必须准备的。

祭祀山神当天，在寨老或布摩的带领下，每户人家派出一名成年男子参与祭祀仪式活动。祭祀山神过程中，从开始到结束，要派专人在村寨出入路口挂上纸马或木刀等物，并蹲点值守，禁止外寨人进入寨中，否则要求闯寨人"补祭"。

祭山仪式开展的地点，一般是世代流传下来的、特别指定的祭祀场所。此处是当地人都知道的神圣空间，在村寨中占有较为重要的地位。祭祀仪式流程由布摩掌握，一般有"生祭""熟祭"两道程序，并诵念摩

[①] 彭建兵：《历史人类学视野中的布依族山神信仰习俗》，《兴义民族师范学院学报》2013年第1期。

经，议榔规，有的地方还要开展"扫寨"仪式，以驱邪求吉。祭祀山神的日子，本地人俗称为"祭山"，现在逐步形成为以祭山为主体的节庆文化活动。"祭山"节庆活动期间"闲三"，人们三天之内不得干农活，但可开展八音坐唱、"浪哨"对歌、走亲访友等活动。

二 独坡布依古寨祭山活动

独坡布依族古寨位于贵州省黔西南布依族苗族自治州万屯镇阿红村，主要居住着布依族、苗族、汉族等民族，其中布依族人口占全村总人口的72.6%，是一个较为典型的布依族传统村落。传统布依族村落中，聚族而居的情况较为普遍。该村寨整体上为山地环境，依山傍水，风光秀美，加上民俗风情浓郁，越发增添了几分神秘之感。"坡"在布依语中是"小山丘"之意。独坡布依古寨位于喀斯特地貌的小石山之中，寨中有田坝，适宜农作物耕种。当地布依族介绍，独坡古寨有一座山峰较为独特，名为"营盘山"。这座山在一片宽阔的平地上突兀而起，一枝独秀，所以人们将此地称为"独坡"。独坡布依族古寨在每年农历二月的第一个卯日、三月的第一个巳日和农历六月二十二日祭祀山神。其祭山文化保存良好。

独坡的祭祀仪式由布摩、榔头（即寨老，必须是德高望重、配偶健在且年满六十岁的老年男子）主持。祭祀流程包括河边祭桥、山神庙祭山以及议榔规等。

祭山当天清晨，人们到河边祭桥。在布摩和榔头（即寨老）带领下，牵水牛的老人、吹芦笙和敲锣打鼓的青壮年男子与小男孩儿们组成长龙一般的队伍，浩浩荡荡地向村口的风雨桥进发。参与祭祀活动的人们均身着民族服饰。当地布依族男子多穿青色或黑色的民族服饰，对襟装束。布摩和榔头均着深色长袍，头缠青色头帕。其他参与人虽着民族服饰，但不缠头帕。芦笙是当地苗族的一种传统乐器。独坡古寨除布依族居民外，还有部分汉族、苗族居民，是一个多民族聚居的村寨。苗族文化元素参与布依族祭祀山神活动中，反映了民族文化交融的现实。

风雨桥是一座石墩桥，横跨于溪流之上，连接村寨两岸。风雨桥旁有一块大约八平方米的平地。平地中生长着一棵高大的山楂树。祭桥仪式在山楂树下开展。布依族青年把带来的花羽大公鸡、自酿米酒、苹果和糖果、红色大蜡烛等祭祀物品摆在树下的供台上，焚香化纸。榔头将花羽大公鸡抱在怀中，向风雨桥东南方向鞠躬三次，手中的牛角形小刀指向西北方向的营盘山。然后，榔头将大公鸡宰杀，把鸡血往河中洒去，直至公鸡的血滴尽。布摩则默念祭词。负责吹芦笙的青壮年男子，以水牛为中心，围成一个圆圈，吹奏芦笙，跳起芦笙舞。祭祀舞蹈结束之后，布摩指挥部分年轻人举起用茅草扎成的龙船，围绕风雨桥转一圈，边转圈，边敲击铜鼓。其他参与祭祀活动的年轻人则用柳条蘸水向龙船抛洒。众人齐声欢呼，"下雨啦！下雨啦！"寓意：希望龙王给大地及时降下甘露雨水，保佑村寨风调雨顺、庄稼丰收。布摩在一旁用布依话念诵摩经。龙船绕桥完毕，人们将其就地焚烧。所有参与祭桥的人员在山楂树下磕头三次。据当地人介绍，独坡的祭山活动，只要是本寨之人，不分民族，不分姓氏，不论亲疏，就共同供奉一个山神，都可以参加祭祀活动。这反映了民族团结、和谐的现象。从祭祀情况看，尽管有苗族文化因素的参与，但参与人员主体依然是布依族，祭祀仪式仍然是较为传统的布依族民间信仰文化活动。

祭桥后，部分男性寨民在布摩与榔头的率领下，前往营盘山上的山神庙开展祭祀活动。祭祀仪式是独坡祭山节庆活动中的重点。山神庙位于营盘山的山腰，从山脚到庙中有九十九级青石板台阶。山神庙以石头为墙，屋顶覆盖青色瓦片，宽400厘米，高270厘米。庙中以一块巨石为山神，高120厘米，宽80厘米，上披红布条数段。神石下设供台，香蜡纸钱等祭祀痕迹尚存。庙檐贴对联一副：保一方风调雨顺，佑四序老幼平安，横批为：风调雨顺。从对联中可以看出，布依族群众在祭祀时，不但向山神表达个体的诉求，而且关注村寨的集体利益。抵达祭祀场所后，榔头及寨民将刀头、水果、米酒等祭品摆放在供台上，烧纸钱，燃香，点蜡烛。布摩在山神前将一只高冠、花羽大公鸡宰杀，拔取公鸡喉咙处的几根鸡毛，沾上鸡血，贴在山神之上。布摩手持三炷香，默念祭词，将米酒往东、南、西、北四个方向抛洒，寓意"四季平安、八方来财"。榔头鸣放鞭炮，告诫全寨寨民禁止喧哗打闹，带领众人向山神行三跪九叩之礼，以祈求四季平安、诸事顺遂。此时，布摩于山神前焚香化纸，并念诵祭词。这是布依族祭祀神灵仪式中的"生祭"程序。紧接着，众人将鸡肉、猪肉、糯米饭等煮熟之后开展"熟祭"仪式。无论是"生祭"还是"熟祭"，布依族祭祀山神仪式中一般都需要布摩念诵摩经。摩经是布依族民间古籍，主要运用于丧葬、神灵祭祀、驱邪祈福等场合。摩经广泛分布于布依族聚居地区民间社会，卷帙浩繁，囊括了布依族起源、伦理道德、宗教信仰、衣食住行等多方面文化因素，具有较高的民族历史文化价值。周国茂、伍文义等先生对布依族摩经开展了较为系统的整理与研究，但目前的研究空间还是很大，需要我们不断探索。现在，民间社会到底存在多少布依族摩经，恐怕没有一个人能了解完全。独坡古寨祭山"熟祭"仪式中，布摩念诵摩经"祭山咒"。布依族群众认为，山神祭祀仪式是人与山神之间的沟通方式，必须由布摩来主持，将人的心声、愿望传达给神灵，以促成彼此之间的精神交流。祭祀仪式的开展，是为了求得神灵的庇护。这是民间信仰的功利性所在。布依族群众相信万物有灵，认为人的一生，不管贫苦富贵、吉凶福祸，多由神灵掌握。古代时期，科学技术不发达、生产力水平以及人类认知能力低下，在这样的历史背景下，原始信仰由此产生。人们将遭受到的生产、生活困难，与大自然密切结合起来，认为其超自然的神秘力量可以使他们的苦难消除，而祭祀仪式是沟通人神的重要手段，于是与山神信仰等自然崇拜有关联的祭祀仪式就成为了人们驱邪祈福的传统习俗。摩经是说给鬼神听的，一般人不得随便诵读摩经，只能由具有专门技能而且受到祖师爷报陆夺保护的布摩诵读。[①] 摩经是布依族民间祭司布摩与神灵沟通的民间信仰文本资料。独坡布依族摩经"祭山咒"表达了人们希冀五谷丰登、人丁兴旺、平安富足的美好愿景，使人心理上获得一定精神安慰，客观上有利于民心安宁以及社会和谐稳定。

祭山仪式之后，众人在山神庙聚餐。此时，由榔头主持"议榔"仪式，宣布"议榔规"，要求独坡古寨男女老少自觉遵守，并且人人有权监督。

独坡古寨祭山活动是千百年来布依族原始信仰文化历史遗存，是在一定历史时期形成的、较为固定的神灵祭祀模式。民族文化认同是独坡布依族祭祀山神仪式流传至今的重要原因。当地人认可祭山文化活动，接受并以此规范集体及个人的行为举止，在此基础上加强了民族团结，实现了村寨和谐发展。

[①] 参见周国茂《一种特殊的文化典籍：布依族摩经研究》，贵州人民出版社2006年版，第15页。

三 布依族"祭山"文化传承发展

布依族认为，山峰是神灵的安身之地，为人类提供生活之源，蕴藏着神秘性。"布依族山神信仰是一种原生态文化。而这种原生态文化直接受布依族所居自然生活环境的影响。"① 布依族村寨一般依山傍水。祭山活动与人们平时所接触的大部分社会活动相似，具有目的性、聚集性等特征。祭山活动作为布依族群众维系本民族文化系统的社会性活动，其祭祀的场所、流程、人员等具有不可替代性。祭祀山神的意义不仅是为了表达人们对神灵的虔诚态度，更在于能将全寨民众联合起来，获取认同感，做到调整社会秩序的目的。祭山活动中参与成员的共同情感体验，由布依族群众个体参与的情感体验汇聚而生成。布依族群众情感体验的加强，表示个体与所信仰的山神之间联系的加强，同时表示个体与所从属的社会之间联系的加强。这使得布依族群体性的祭山活动在历史变迁中得以延续，且能使一定区域范围内的布依族在民族认同、民族团结等方面的凝聚力量，促进地方社会稳定和谐。

自古以来布依族地区自身地域的相对封闭性及经济条件的相对落后性，限制了当地社会文化的进步与发展。而随着交通的变革、科技的创新、传播媒体的覆盖，使得当代社会飞速向前发展。面对新时代社会发展潮流，布依族传统文化面临着传承发展的危机。如今的独坡布依古寨，能说布依语的人们寥寥无几，只有花甲以上的老人们偶尔念叨几句。民族语言的消逝使得部分布依族人民真正失去了解布依族传统文化的能力，导致民族文化自然遗传率呈现直线下降趋势。摩经是布依族传统文化中的重要部分，内容庞杂，涉及面广。除布摩、寨老等少数人懂得摩经外，大多数布依族人不懂摩经，也不感兴趣。这一方面是由于摩经民间文化应用的客观限制；另一方面是由于民族语言文字逐渐消逝的影响。现在，绝大多数年轻人已经不清楚摩经为何物，更谈不上学习与研究了。此外，摩经古籍多是用白棉纸线装而成，不易保存，搜集、整理难度很大。

加强对布依族摩经文化的保护、整理与研究刻不容缓。第一，有关部

---

① 彭建兵：《历史人类学视野中的布依族山神信仰习俗》，《兴义民族师范学院学报》2013年第1期。

门可以组织开展摩经文献搜集工作，派出专门人员深入布依族民间社会搜集摩经文本及说唱腔调等相关资料。第二，按照民间文献档案化管理模式，建立专门管理制度，采取纸质文本与数字化相结合的方式，对古老摩经文献进行归类整理。第三，关注摩经应用场合丧葬、祭祀等活动，运用摄像机等现代设备对有关活动进行数字化保存，以记录摩经应用的生态文化情况。第四，对摩经文献代表性传承人布摩或寨老开展口述式采访，录制有关视频、音频，以保存日渐稀少的摩经文献历史记忆。第五，对布依族地区中小学持续深入开展"双语"教学工作，落实"民族文化进校园"的具体措施，使布依族青少年接受系统的民族语言文字教育，从而营造良好的民族文化传承发展生态环境。第六，进一步发挥各级布依学研究机构的学术研究作用，重点整理、研究摩经文献，深入挖掘摩经的文化价值。

除对摩经文献关注外，民间祭祀仪式也是一个关注的重点。为了保证传统的山神祭祀仪式活动能够流传下去，祭祀形态保存完整的布依族村寨需要在布摩、寨老的继承人培养方面采取相应的措施，落实祭祀人员队伍建设。

布依族有着悠久的历史和独特的民族文化，蕴含着丰富的旅游文化资源。民间祭祀活动作为布依族"三月三""六月六"等节庆活动的重要部分，日益受到人们的重视和关注。独坡古寨祭山活动具有民族特色、地域特色，又具有神秘性，是可开发的民族文化旅游资源。近年，独坡古寨连续举办四届布依族苗族"祈顺"民俗文化节，开展原生态祭祀、民族文化会演、打粑粑、长桌宴等节日活动，产生了一定社会影响，形成了一定旅游知名度。"祈顺"民俗文化节活动中的原生态祭祀就是采用布依族传统的祭山仪式，其他活动也体现了布依族文化特色，同时突出了布依族与苗族之间的文化交融特点，促进了村寨民族团结进步。

自然环境的优美是旅游者所关注的一个重点。迷人的山水景致，秀美的田园风光，是良好的旅游地理条件。独坡布依古寨的祭山活动在农闲时节的农历二月、三月、六月开展。祭山之时，正值油菜花开、稻禾葱绿的季节。该村寨临水而建，有众多的奇山怪石、千年古树，自然景观瑰丽多彩，是不可多得的休闲憩息之地。

充分利用祭山活动等民族文化元素是打造少数民族特色村寨、发展乡村旅游的合理途径。把布依族祭山活动运作于旅游项目之中，服务于打造民族特色村寨旅游目的地，需要树立布依族村寨个性鲜明的旅游文化品牌。游客的体验性参与是民族旅游村寨所要思考的话题。要使独坡古寨祭山活动成为布依族地域文化旅游品牌，应当强调民族文化的原生态性质，充分挖掘祭山活动的文化价值，突出祭山活动的文化特点，以增强民族文化的吸引力。要把布依族祭山仪式的神秘性与民族文化展现的生动性紧密结合起来，突出八音坐唱、民歌文化等布依族优秀传统文化的魅力呈现，引导人们正确认识布依族传统文化的绚丽多姿。

民族文化与自然景观交相辉映，可以形成独坡布依古寨的乡村旅游产业特色。但如何结合新时代背景下的山地旅游事业、乡村振兴战略，具体落实农业产业革命，促进地方经济社会快速发展，布依古寨乡村旅游产业发展的路子还比较长，需要我们不断探索、持续用力。

第六节　布依古寨"祭山"节庆文化活动考察

布依族传统节日较多，主要有"三月三""六月六""查白歌节""牛王节""吃新节"等。节日活动遗留的布依族传统民俗风情，是具有特色的少数民族生态文化。古朴、浓郁而具有民族性和区域性特点的布依族传统节庆活动是一种旅游文化资源，是一股可以推动布依族地区经济社会发展的文化力量。

一　坡落布依族古寨"祭山"节庆活动民族志

坡落布依古寨的"祭山"节庆活动以祭祀山神为主题和核心内容，同时表现民歌对唱、吃狗肉汤锅等布依族民俗文化活动。由于它与"查白歌节"在时间上的相近性、内容上的相似性以及地域上的相邻性，所以被当地人称为"小查白歌节"。认真开展坡落布依古寨"祭山"节庆活动，加强坡落布依古寨"祭山"节庆文化研究，对于传承布依族传统文化，建设美丽布依村寨，推动西部边远民族地区经济社会发展具有重要的现实意义。

2013年7月29日（农历六月二十二日），我们应邀参加"第二届坡落古寨祭山暨民俗风情歌舞节"。此活动是由坡落布依古寨组织开展、精心打造的节庆文化活动。2012年，坡落布依古寨开展了首届布依族风情节活动，效果较好。2013年节日活动的标语有"发掘布依历史，弘扬布依文化，传承布依风情"等，旨在弘扬布依族民族文化，推进坡落古寨经济社会健康、持续、快速发展，建设一个美丽的布依村寨，使布依族人民过上幸福美好的生活。

（一）坡落布依古寨的历史与现状

坡落布依古寨位于贵州省黔西南布依族苗族自治州万屯镇下坝村，距万屯集镇3公里，距兴义市区30公里，从县级柏油公路旁的新桥小学附近左拐入一条新修而平坦的村级水泥公路，前进1公里即到美丽的坡落布依古寨。

坡落布依古寨中尚存通往贵阳、兴义的古驿道，见证了古寨当年地理位置的重要性。古寨依山傍水，土地肥沃，古木参天，环境优美，宁静和谐，更有浓郁的布依族民俗风情，是一个历史悠久、具有自然生态之美的典型布依族村落。

坡落布依古寨是休闲避暑、野外垂钓、徒步旅游的好去处。在这里，游客可以观赏美丽的布依风光，品味特别的布依美食，观看优美的布依舞蹈，聆听动人的布依民歌。

村中良田数十顷，奔腾不息的张屯河从寨中田坝中穿过，把水田从中间分成两边。河水清澈，泛起阵阵凉意，是古寨有史以来蓬勃发展的生命线。我们从黔西南日报、优酷网等媒体了解到，原来的坡落村寨，交通不便，连接村寨的是一条泥巴土路，村民进出村寨非常不便。后来，在兴义市、万屯镇等上级党委和政府的关心和支持下，村中三百多名村民及社会各界爱心人士自发捐款，一条长达两公里有余、总投资约五十万元的水泥公路终于在2011年6月修成了。原来狭窄的、无栏杆的老石桥旁边修了一座横跨张屯河的宽宽的新石桥——坡落桥，从而大大改善了村寨的道路交通条件。

有一段时间，张屯河受到了污染，清澈小河中布满了生活垃圾，村民用水遇到了困难，生产和生活受到了严重影响。经乡、村、组逐级向上汇报及网友在互联网公布相关视频之后，州、市党委和政府非常重视，有关领导现场办公，迅速而有效地解决了张屯河的环境污染问题，还给了布依族村民一个美丽的生产、生活环境。

我们一行分乘两部小汽车，早上九点从兴义市区出发，十点到达坡落布依古寨，受到了时任全国人大代表、布依族知名企业家王菁女士及村寨干部等人的热情迎接，感受到了热烈的节日氛围。走进坡落古寨，只见彩旗飘飘，游人如织，锣鼓喧天，民歌飘扬，节日的热闹气氛已经创设出来了。这里阡陌纵横，碧绿的水稻禾苗长势喜人，有的已经抽出了稻穗，预示着丰收即将到来。玉米苗高约两米，苞谷胀大了身子，在放肆猛长。张屯河流水潺潺，清可见底，时而可见鱼儿成群结队在水中休闲游弋。几位老妇人在桥边的拦河坝上搓洗着衣裳，三五个小孩在坝上戏水玩耍。

坡落古寨的布依族民居具有一定特色，与其他布依族地区的石板房、干栏式房屋不同。它们一般是四合院式的，建有朝门，修建围墙，各家各户自成院落；主体部分有一层平房的，也有两、三层楼房的，片石为围墙，把住房的东、西厢于前方连接起来，中间开一朝门。房屋四周栽种了一些郁郁葱葱的树木，人居环境很好。这里的布依族民居一般为三间平房，中间为堂屋，是神龛及宴请宾客的地方，左、右分别是卧室；东边为厨房，西边是牲畜圈养之所、厕所及杂屋。村寨生态环境优美，瓜果飘香，梨树、石榴树等果树上结满了果子，南瓜斜躺在地里，佛手瓜挂满了搭建的竹架。还有很多的蔬菜、瓜果在田地中，长势喜人。山林中的树木枝繁叶茂，郁郁葱葱。惬意的绿色是古寨的主基调。这里有别样的原生态布依族传统文化，是何等的田园风光！

尽管坡落布依古寨的道路交通设施得到了改善，但由于是传统农业乡村，所以经济发展水平并不高。为了推动发展、促进跨越，建设"美丽布依村寨"，政府有关部门及民间热心人士和当地村民比较重视媒体的宣传作用，将村寨事务等有关坡落古寨的信息在报纸、网络等媒体上公开。这种积极的宣传态度自然获得了越来越多的社会关注。

中央、贵州省及黔西南布依族苗族自治州地方媒体对在这里成长的布依族优秀儿女王菁女士等成功人士的先进事迹进行了多次报道，其中中央电视台、贵州省电视台、黔西南州电视台、《贵州日报》《黔西南日报》等电视媒体、报纸和新华网、搜狐网、亮点黔西南等网站就王菁女士的先进事迹报道了数百次。

黔西南州电视台"金州新视线"等栏目多次对坡落古寨张屯河水质污染和村中公路维修等情况进行了报道。2012年的"祭山"暨布依族民俗文化表演活动及2013年的祭山暨民俗风情文艺表演活动均在报纸、网络等媒体上进行了宣传报道。本地布依族利用个人微信及公众号"西南草根传媒"、新浪微博、秒拍等自媒体平台大力宣传坡落古寨特色民族文化。另外有一些热心的网友如"外星网客"等对坡落古寨的美丽风景和发展状况表示了关注和宣传。这样做的目的，是要把"藏在深闺"的美丽坡落布依古寨推向社会，推向旅游市场，推向建设"美丽乡村"的前线，推向经济社会发展的最前沿。

我们可以在我乐网（56网）、新浪网、优酷网、酷6网、土豆网、中国黔西南新闻网、亮点黔西南网站等知名网站找到数百个关于坡落布依族民俗风情的视频或者微博、新闻报道。这些网站或以完美的布依族风土人情、田园风光视频，或以图文并茂的文字推介坡落布依古寨美丽而古朴的民俗风情、恬静休闲的自然风光、热情好客的布依族人民。其中以新浪网、我乐网（56网）、中国黔西南新闻网等关于坡落古寨的介绍最为详细，以新闻报道、光影视频、游记、微博等多种形式的写意手法表现出了坡落布依古寨的美丽、美好与魅力。此举极大地提高了坡落古寨及其布依族传统文化的社会知名度、美誉度。

坡落布依古寨今后的努力方向是，加强布依族传统文化的保护与传承，继续扩大坡落古寨的社会影响力，不断提高坡落古寨的社会知名度，将村寨打造成具有布依族特色的旅游文化村寨，以促进乡村社会经济发展水平的不断提高。不单是本地人要知道坡落古寨，黔西南人要知道坡落古寨，贵州人也要了解坡落古寨，省外的中国专家学者和游客也要了解坡落古寨，尽量让境外、国外的游客知道美丽的坡落布依古寨，从而使更多的人们关注坡落古寨，关注布依族传统文化，关注当地的布依族人民；使越来越多的各级领导和专家学者到坡落古寨考察指导，推动布依族文化研究工作的不断深入；使越来越多的国内外游客来坡落古寨旅游观光，推动当地布依族文化传承力度，从而带动当地民族旅游经济发展，真正做到使当地布依族人民受益，让老百姓感受到实惠和幸福；使社会各界和当地党委、政府高度重视坡落古寨，投入越来越多的资金加强坡落的农业基础建设和道路交通建设，从而带动坡落古寨政治文明、物质文明、精神文明和生态文明建设同步发展，建设美丽乡村。这将极大激发当地布依族热爱生活、热爱家乡、热爱祖国的美好情感，营造一种积极向上、奋发有为的民族生态生活气氛，增强布依人民的民族认同感和幸福指数。

（二）精彩生态的布依族歌舞展演

我们到达"祭山林"文艺表演场地时，山脚及山上聚集了许多布依族及其他各族群众。演员们在进行最后的彩排。祭山林处，古树高大，生机勃勃，凉爽宜人。祭山林上方的山神，已经被披上一条崭新的、长达三米左右的红绸子，有三四个人在山神下面的岩石旁开展祭祀活动，就地架锅，生火烹煮狗肉。文艺演出还没有开始，有的布依族群众就已经开始对歌了。

上午十一点，文艺演出正式开始。节目共十八个，其中布依族传统文化节目占大多数，有十四个之多，充分体现了布依族传统节庆活动的民族特色。巴结代表队表演了《八音坐唱》《布依族打夯包舞》，坡落代表队表演了《六月有个祭山节》《军港之夜》《爱在吊脚楼》《布依姑娘纺棉花》《渔舟唱晚》以及小品《生男生女都是宝》、独唱《好花红》，鲁屯代表队表演了《党的政策真是好》，坡岗代表队表演了《唢呐演奏》，布谷鸟民族实业有限公司表演了《民族服装走秀》，快乐舞友健身队表演了开场舞《健身舞》《板凳舞》，马岭打邦代表队表演了《哥妹赶表》，满沟代表队表演了《布依民乐表演》，顶效代表队表演了《好日子》。整台文艺表演精彩连连，以传统的布依族民俗展演为主体，兼及少数现代歌曲；不但有对歌，还有四人交手唢呐等布依族乐器演奏，也有时装秀等现代表演；内容既有古代布依族民族特色方面，也有现代社会的一些内容。总之，这是一场融布依族传统文化与现代元素为一体的文艺演出，代表了布依族传统文化的发展方向，传统文化与现代元素并存，相互影响，相互吸纳。

（三）坡落布依族祭祀山神活动

坡落布依古寨的祭祀山神活动每年开展三次，分别在每年农历二月的第一个卯日、三月的第一个巳日和六月二十二日举行，以农历六月二十二的节庆活动最为盛大。祭祀山神在村寨后山坡脚举行。山神是一块呈突出状、奇形怪状的巨石。在其前后左右，有数十棵高大的古树。这是神树，枝叶繁茂，生长旺盛。山神及其周围的地域，被当地布依族称为"祭山林"。祭山林的树木不得随意砍伐，即使树枝落到地上，也不能捡回家去当柴烧，否则会受到山神的惩罚。据说，如果有人这样做了，就会惹怒山神，就会风不调雨不顺，村民的生产和生活都会受到严重影响。山神信仰属于布依族自然崇拜内容。祭祀山神的仪式由村中的寨老或布摩主持。每户派一名男性参加。祭祀时，宰狗。祭祀之后，在祭祀场地以土灶煮食狗肉，喝酒聚餐。人们吃黄色、紫色花糯米饭。布依族是一个能歌善舞、热情好客、淳朴大方的南方少数民族。开展祭祀仪式后，除聚餐吃狗肉汤锅外，布依族青年男女还穿着漂亮的民族服装，在祭山林的古树下开展"玩表"①、拉二胡、吹木叶等文化娱乐活动。周边地区数千布依族人民和其他各族人民慕名前来参加活动。祭祀山神期间，当地布依族要休息三天，不干农活，特别是不得动土，也不得到张屯河中游泳，称为"闲三"。"闲三"期间，人们开展对歌、走亲访友等活动。

在持续两个多小时的文艺演出过程中，不间断地下起了小雨，继而中雨。人们开始撑起雨伞坚持观看。演员们继续表演。后来，下起了瓢泼大雨，虽然只剩下最后2个节目，也不得不中断演出。人们说，这是敬山神的结果，每年在这一天都会下雨。真的有这么灵验吗？这只是人们信仰文化心理作用的结果。有的人趁着大雨之际纷纷跑回家中，有的人到地摊凉棚、大石头、大树下面去躲雨。笔者撑着雨伞向山神位置进发，想看看山神的"庐山真面目"。作为邀请嘉宾，我们一直在看文艺演出，不能离开现场，但我比较关注山神祭祀，因为这是笔者感兴趣的研究内容之一。山脚的岩石已经被雨水冲刷，泥土被冲了出来，通往祭祀场地的路面泥泞，湿滑得很。参加祭祀活动的几位老人已经躲到石头下避雨。在征得他们的同意后，笔者穿过他们拉起的警戒线，进入了山神之处。又继续走了一段距离，笔者终于来到了山神面前。山神是一块呈突出状的巨石，其形状与其他石头迥然不同，周围没有哪一块石头比它巨大。其上部已经被围了一条约三米长的红色绸带。这是当地布依村民敬献给山神的祭物。笔者给山神拍了几张照片，雨实在太大，落在身上冷冷的，于是就下山了。刚刚还在岩石下躲雨的几位老人已经走了，雨又大，他们没有雨具，只好下山躲雨。

据了解，坡落布依古寨的"祭山"活动是历史上由祖先传承下来的。"祭山"仪式之后，还有"浪哨"、吹木叶、吃狗肉汤锅等活动。这与离此不远的查白歌节在时间上相近，在祭祀内容、活动形式上具有一定的相

---

① 玩表：布依族称对唱情歌的社交活动，也称"浪哨"或"赶表"。

似性,都开展布依族民歌对唱、吃狗肉汤锅等活动,都是布依族的节庆民俗活动。据当地布依族介绍,他们寨子在这天祭祀山神,是查白歌节的延续,是为了纪念查郎与白妹。查郎与白妹的爱情故事感动了一代又一代布依族人。坡落古寨距离查白村不远,其文化活动具有一定的相似性是可以理解的,更由于民族认同的原因,其说法不是没有道理。坡落布依古寨的"祭山"节庆活动,尽管不是很典型,但具有自身的特色,第一,在祭祀时间上是独特的,与其他地区布依族的祭祀时间不同;第二,一年之中以自然村寨为单位集体祭祀山神三次,也是少有的;第三,山神的形象是一块奇形怪状的巨石,具有布依族原始自然崇拜特点。

（四）布依族民歌对唱及聚餐活动

尽管下起了大雨,文艺表演现场还是有一些布依族及其他各族群众撑着雨具在雨中站立着,任凭雨水淋湿衣服和鞋子,可见人们对民族文化的关注度是相当之高的。笔者本想往村中走,但是低洼处,水都往下流,怕被雨淋着了,只好冒雨向山边另外一条水泥路进发,准备找一户布依人家躲雨。此时,笔者的衣服已经被淋湿了少部分,凉皮鞋也进水了。还未走进一户人家,笔者就听到了质朴的布依族对歌声音。笔者进屋一看,原来是十多位布依族中年男女趁着躲雨的机会在堂屋对歌,你一句,我一句,唱得十分投机、愉快。他们的对歌持续了个把小时,很原生态,很精彩,但没有一个青年人参与。几位二十岁左右的布依族青年男女则躲在另外一间房间里聊天、看电视,看来他们对布依族民歌文化兴趣不大。笔者问他们会对歌吗?他们都说"不会"。布依族传统民歌文化呈现出逐渐消逝的状况,值得我们思考。

雨停之后,笔者还得回到表演现场,因为与同来的黔西南布依族苗族自治州布依学会的领导和专家、学者已经走散,得去找他们。尽管笔者有他们的联系电话,但大家都在躲雨,没有联系的必要。实在有点饿了,笔者在地摊上吃了一碗凉面。回到演出场地时,笔者正好碰到了王菁女士,她说演出不用看了,去家里吃饭吧,大家都在等你呢。以前祭祀山神后的聚餐活动在"祭山林"那里开展,随着时代的变化,加上节日期间外来宾客较多,于是就把节日聚餐的活动分散到各家了。于是笔者与她一起来到一户有朝门、高台阶的布依族四合院中。这里已经有很多人了,很热闹。黔西南布依族苗族自治州布依学会的几位专家、学者正坐在八仙桌旁边的板凳上聊天。据介绍，与我们同坐一桌的，还有黔西南州农委领导等人，都是受邀参加活动的嘉宾。巴结代表队的中老年演员们余兴未尽，在继续表演，有对民歌的，有拉二胡的，有吹唢呐的，有吹木叶的，场面非常热烈，充满了节日欢乐气氛。观众不时报以热烈掌声。我们品尝了布依族有名的狗肉汤锅、花糯米饭，非常可口，地地道道的布依风味。

饭毕，王菁女士邀请我们到其老屋小坐。她家老屋在新修的公路边，距坡落桥不远，典型的四合院，片石为围墙，房子是木质结构的。堂屋后壁正中为神龛，一张大红纸上书写各神灵之位，有"天地君亲师"和制衣轩辕大帝、教稼神农大帝、至圣先师孔子、仁勇关圣帝君、南海观音大士、东厨司命灶君及王氏历代宗亲等名称。堂屋左侧墙上悬挂着王菁女士受到党和国家领导人接见并亲切握手的几张装裱过的相片。她说，家人现在都已搬到兴义市城区，到兴义市里面发展去了，但根基还是在这里。这里有浓郁的乡情民俗，逢年过节还是要回家看看，优秀的民族文化传统应该传承下去。朴实的语话充分流露了她对布依族传统文化的深厚感情。尽管我们刚吃过饭，她及家人仍客气地拉我们再吃一些狗肉，喝一点白酒。她说，在坡落布依古寨，布依人家在这一天家家户户要吃狗肉汤锅，或者自家宰狗，或者到市场上购买。宰狗祭祀山神，是当地布依族"祭山"仪式活动的一项重要内容。吃狗肉汤锅是当地布依族热情接待贵宾的一种礼仪方式，表现了布依族的淳朴、直爽、热情、好客。临走时，她家还送给我们每人一包花糯米饭。布依人的热情好客、真诚待人是远近闻名的。

坡落布依古寨"祭山"节庆活动办得很精彩，自2012年开始，至今连续举办八届，年年有特色，升华了坡落古寨"祭山"节庆活动的文化品牌价值。其中2017年第六届、2018年第七届"祭山"节庆活动，举办方邀请"内地摇滚励志歌王"岑天勇、眼皮拉汽车而创造吉尼斯世界纪录的"中华奇人""苗族绝技王子"杨光合和知名歌手彭显丹等人以及多彩贵州苗岭绝技艺术团等艺术团体现场表演，促进了坡落布依族"祭山"节庆文化知名度、影响力的提升。

坡落布依古寨"祭山"活动以祭祀山神为主题和核心内容，以民歌对唱等布依族民俗风情的展演为主线，具有鲜明的民族特色，是原生态的布依族文化的呈现。这对于布依族文化日渐生疏的布依族青少年而言，是一堂生动精彩的民族文化教育课，是一次耳濡目染的民族文艺情景熏陶，能进一步培养其民族认同感和民族自豪感，对于传承和发展布依族优秀传统文化具有重要作用。通过田野调查，我们得到的对于布依族文化的直观感受，将与我们的理性思考一起，成为推进布依族传统文化研究的学术成果，同样对传承与发展布依族传统文化有利。"祭山"节庆活动的开展，扩大了坡落布依古寨的社会知名度、美誉度，让社会大众更了解坡落布依古寨，使更多的人们关注这个具有原生态文化魅力的布依族村寨，从而将推动坡落古寨经济社会发展，达到建设社会主义新农村，建设美丽坡落布依古寨的目标。坡落布依古寨"祭山"节庆活动的做法，为布依族村寨经济社会发展提供了范例。诸多布依村寨结合本地节日特色和自身发展条件，开展丰富多彩的布依族传统节日庆祝活动，对于建设美丽布依村寨、美丽乡村大有裨益。

二 布依族"祭山"节庆活动与美丽乡村建设

传统布依族村寨自古以来就存在"祭山"活动，在此基础上，将之打造成别具特色的"祭山"节庆文化活动，未尝不可。布依族"祭山"节庆活动对于布依族传统文化的保护与传承发展发挥了较为重要的作用。节日活动是一种综合性行动，它可以调动节日相关文化活动，全面发挥促进区域经济社会发展的重要作用。节庆文化活动开展期间，民族艺术、民族服饰、民族语言、民族文学、民族饮食、民间信仰、民族经济、山地旅游、乡村建设等多方面的因素参与进来，有的是民族传统文化的积极参与，有的是实践应用的层级操作，均能有所收获。

（一）将传统的布依族"祭山"进行连续性的节庆化活动运作

布依族"祭山"活动节庆化运作由政府部门及有关布依族村寨共同推动。政府发挥节庆文化发展的战略指导作用，具体活动开展则主要由布依村寨进行民间化操作。因为"祭山"活动是布依族的民间文化活动，民间性是其主要特征。可以办成"祭山节"，一些布依族村寨已经做了许多有意义的实践探索，扩大了布依村寨的社会影响，收到了良好的社会效果，为建设美丽布依村寨创造了条件。坡落等布依古寨将布依族"祭山"民俗文化持续传承下去，活动效果良好，既可激发本村寨布依族人民主动传承发展民族文化的积极性、创造性，又可对其他布依村寨如何传承发展民族传统文化起到示范作用，从而促使各民族村寨结合自身民族文化特色在建设美丽村寨方面深入挖掘可利用的民族文化资源，为布依村寨的联合发展、协同发展和共同发展创造良好条件。

(二) 实现布依族"祭山"活动与美丽布依村寨联合协同发展

这是对布依族"祭山"活动资源的整合及发展的联动行为。一般在邻近的布依村寨之间开展联合发展与协同发展行动，主要由布依村寨进行民间推动。同样是祭祀山神的民俗文化活动，可以结合本地特点，打造吸引人们眼球的特色民族文化内涵。笔者通过查阅文献资料及对多个布依村寨祭祀山神的情况开展田野调查后发现，同属村级行政区域的布依村寨在祭祀山神活动方面具有普遍性。兴义市万峰林街道办事处上纳灰村各布依村寨的祭祀山神活动，其祭祀情况与此处差不多。不同村级行政区域的祭祀山神活动具有明显差异性。兴义市马岭镇平寨村营上布依古寨与黔西南布依族苗族自治州万屯镇坡落布依古寨的祭祀山神活动就具有较为显著的差异，各有内涵，各有特点。为此，布依村寨在"祭山"活动的节庆化运作方面需要精心设计、细致策划。2013 年，坡落祭山节庆活动的主题是"对布依民歌，品布依美食"。而营上布依古寨"祭山"节庆活动主要围绕"祭山"活动开展，表现布依族祭祀山神的原生态民俗文化内涵。如何联合发展、协同发展？可以首先由村寨负责人进行友好协商，各自召开村民大会，征求全体村民的意见及建议，以统一思想，增进认识；然后围绕祭祀山神节庆化运作方面进行深入探讨，做到各自特色明显，活动主题明确，发展思路清晰，优势互补，相得益彰，联合发展目标明确，协同发展目的鲜明。

(三) 布依族"祭山"与美丽乡村建设协同发展及全面小康

共同富裕是建设中国特色社会主义的根本原则。要实现共同富裕，必须强调共同发展，避免贫富两极分化和城乡两极分化。全面小康是建设中国特色社会主义的主要目标之一。要全面小康，必须同步小康。有了同步小康，才会有全面小康。贵州省是欠发达、欠开发的地区，要与全国实现全面同步小康的目标，要做更多的工作。而美丽乡村建设是落实共同发展、同步全面小康的具体措施，是对建设新时代中国特色社会主义新农村的精准呼应。当前，贵州已经如期打赢脱贫攻坚战，66 个贫困县顺利摘帽，923 万贫困人口全部脱贫，但巩固拓展脱贫攻坚成果的任务仍十分艰巨。布依族"祭山"节庆活动为美丽布依村寨建设集聚发展的资金，汇聚发展的干劲，凝聚发展的力量。因此，布依族村寨结合实际开展"祭山"节庆活动，赋予布依族传统节日以发展的内涵，能收到"醉翁之意不在酒，在乎山水之间也"的预期效果。

利用布依族祭祀山神活动推动布依古寨与全国共同发展及巩固拓展脱贫攻坚成果，需要政府有关部门的大力支持。在这个环节上，政府部门的作用是主动服务美丽布依村寨发展，在政策导向、资金支持及招商引资等方面为美丽布依村寨建设提供尽可能多的便利，使布依族人民切实共享改革发展的红利，增强其共同发展、共同富裕的动能与信心，激发其发展的潜力和才能。

政府部门对美丽布依村寨的建设要尽量做到覆盖面广，避免重点支持为数较少的几个布依村寨，只做样板工程、政绩工程，而使大多数布依村寨游离于共同发展与共同富裕的目标之外而得不到应有的科学发展。政府部门制定美丽布依村寨建设规划及实施方案，有目的、有计划地开展美丽布依村寨建设活动。政府部门结合各布依村寨特色资源开展针对性的支持，在村寨自来水工程、道路交通建设、文化教育项目、经济开发项目等方面直接指导、直接支持。资金短缺是制约美丽布依村寨建设的瓶颈问题，需要政府部门、社会各界及布依村寨共同想办法，一起谋发展。在美丽布依村寨的建设上，重点而关键的是资金，可运用政府部门适当出资、企业或社会个体项目投资、村民自主筹资等方式解决美丽布依村寨建设在资金短缺方面存在的困难和问题。

政府部门适当出资是建设美丽布依村寨的先锋。政府部门所出资金无论多少，表现出的都是党和政府对布依族人民良好发展与美好生活的真诚关心、诚挚支持，表现出的是新时代背景下全体中国人民共享中国特色社会主义发展红利的真实体验，表现出的是布依族与其他民族人民一起共享改革发展成果的愉悦感受。政府部门的每一次出资，都能激发布依村寨自主建设美好家园的十足信心和十二分的自身努力。在田野调查中，当笔者与当地布依族谈及道路、桥梁等交通建设和文化活动开展、学校建设、农田水利建设等政府出资项目时，布依族人民都会脱口而出"感谢党和政府的关怀"等话语。这是布依族人民发自内心的对党和政府感激的肺腑之言，情真意切。部分村民表现出对政府出资过少的无奈，是可以理解的。这些都是布依族人民对政府加大力度建设美丽布依村寨的心理期待，是建设美好家园的迫切希望。由此可见政府部门出资在建设美丽布依村寨活动中的重要地位与主要作用。

企业或者社会个体项目投资在建设美丽布依村寨活动中发挥着举足轻重的作用。要说明的是，不是每一个布依村寨都适用于这一点。吸引企业或者社会个体来投资，必须具有可供其开发利用的资源，并且还能使其预见可能获得的实实在在的经济利益，否则，招商引资是无法实现的。在以盈利为目的的社会主义市场经济环境中，没有哪一家企业或者个人想做赔本的生意。即使其开展的是社会公益活动，也是在无形中扩大他们的社会影响。通过提高企业或者个人在社会责任感等方面的曝光度、知名度和美誉度，间接为其经济利益和社会效益的盈利目标的实现创造有利条件，为其深入发展、规模发展、创新发展夯实稳如泰山之基础。招商引资具有针对性和个别性特点。因此，此处的美丽布依村寨建设是重点村寨重点建设，而不是遍地开花、全面结果。

村民自主筹资是建设美丽布依村寨的有生力量。一般情况下，由于各村寨之间及布依族村民之间在社会主义收入分配方面存在一定差异，所以布依村寨自主筹资时，存在个体上的差异。自主筹资的差异，一定程度上表现出布依族村寨及布依族人民在建设美丽布依村寨方面的自主性、积极性和自觉性，遵循结合自身情况下的自愿原则。谁不爱自己的家乡？谁不想把自己的家园建设好？即使是游子，身处千万里之外，又何尝不对生养于兹、成长于兹的家乡时刻牵挂？只因家乡是人们的精神家园，对家乡的回忆是一如既往的美好。如果能为家乡的更加美好做一些力所能及的事情，他们就会义不容辞地去做。布依村寨居民自主筹资可以召开村民大会，充分征求村民的意见与建议，遵从村民个人意愿，按照有钱多出钱、有力多出力、量力而行的原则开展美丽布依村寨建设工作。关于自筹资金，首先可以确定村寨中的个人或者每户需要承担的资金数额。捐资数目等问题要反复酝酿，充分讨论，由布依村寨全体村民集体决定，而不是由村寨负责人或者少数几个村民决定，要充分体现民主。在统一分担资金的情况下，针对经济收入相对较低和生活较为困难的村民，以减免方式区别对待。这样，大家都能感受到共同的社会责任感与主人翁精神，于美丽布依村寨建设大有裨益。另外，还有必要对捐资数目不设上限，可以游说经济条件较好、生活较为富裕的部分布依族人民自愿多捐献美丽布依村寨发展所需的资金。

布依族特色村寨可开发资源可以分为布依族民族文化旅游资源、矿产资源、农业资源、林业资源、水产资源、畜牧资源及其他资源等。这些资源都可以激发企业或社会个体的投资兴趣。如果布依族民俗风情文化保存完好，可以建成布依文化旅游村寨，或者民族文化旅游创新区。如果富于某一种或多种矿产资源，则可在政府指导下，根据村寨中布依族人民的意愿，吸引企业或者社会个体前来投资兴业。

项目引资要注意生态环境保护与可持续发展问题，可以"适度开发"，而不可过度开发。保住青山绿水，于政府而言，也是政绩；于村寨布依族人民而言，是一笔惠及子孙后代的生态财富，是他们代代永续发展的基本前提。引进的投资项目是推动美丽布依村寨建设的有效途径。项目建设及投资，不但能让智慧投资者获得理想的投资收益，而且能为当地布依族人民提供较多的就业平台与就业机会，从而发挥劳动致富、资本致富等多方面的示范引领作用。通过投资企业与当地布依族人民之间的利益联动，在建设美丽布依村寨的战略方向上统一思想，达成共识，加强沟通，加强联系，增进了解，增强理解，以项目带动及推动的方式建设美丽布依村寨，就会收到良好的效果。招商引资能带动当地布依村寨和布依族人民各自发展、人人发展、户户发展、协同发展、共同发展，从而为布依族聚居地区人民幸福美好的生活创造良好条件。

要指出的是，引进的项目要能促进美丽布依村寨健康发展，要具有生态环境保护意义上的持续性，要以不破坏布依村寨生态环境为基本战略，以不影响布依族人民正常生产、生活为基本前提，以循序渐进推进美丽布依村寨发展为基本途径，以不断提高布依族民族凝聚力和向心力为基本视点，以不断提高布依族人民生活水平为基本条件，以努力提高布依族人民幸福指数为基本目标，通过政府出资、企业或者社会个体投资和村民自主筹资的美丽布依村寨建设资金运营模式，以实现互利互惠、多方共赢的良好发展局面。

早日建成美丽布依村寨是一件值得期待的大好事。坡落布依古寨有识之士在强烈的社会责任感的支配下，一方面通过"祭山"节庆民俗活动保护与传承发展布依族优秀传统文化，扩大古寨的社会影响；另一方面积极引进农业产业化项目，成立黔西南州好花红生态种植农民专业合作社，注册资金数百万元，建设精品水果基地，深入实施农村产业革命，结合实际调整农村产业结构，带领当地人民种植水晶葡萄、五星枇杷等无公害生态精品水果上千亩，解决了部分群众的就业问题，经济效益较为可观，从而在实现企业自身盈利的同时，为当地百姓找到了一条增加经济收入、致富同奔小康的康庄大道，为乡村振兴战略的深入实施准备了条件。对于众多处于边远脆弱地区的布依族村寨而言，在解决基本温饱问题的基础上，能快速、健康、持续地获得发展，是他们梦寐以求的理想。美丽布依村寨建设能促进村寨经济社会发展，改善布依族人民的生活水平，提高其政治、经济、文化地位，促进民族团结，维护地区稳定。从这个层面上看，开发利用好传统"祭山"节庆民俗文化，对于新时代背景下的美丽布依村寨建设，不但具有明显的文化意义、经济意义，而且具有重大的政治意义。

第 四 章

布依族传统节日与原始信仰文化

布依族传统节日是在长期的历史发展过程中形成的、具有民族特色的民俗文化，涵盖布依族传统文化的诸多方面，可以说布依族传统节日是整个布依族民俗文化的一个缩影。"在节日民俗中，节日活动或仪式中的各种行为建立并展示了一个民族文化的整体系统，因此节日习俗本身就成为民族的文化载体，人们对民族文化的认同可以转向传统节日本身，民俗节日于是成了某种文化的代表。"[①] 布依族节日文化活动体现的不只是原生态的歌舞表演、绚丽多彩的服饰展示，还表现了布依族民间信仰、哲学思想等精神层面的文化观念。布依族传统节日文化较为丰富，这种丰富性不仅包括其作为节日个体在时间安排上的规律性，也包括节日形式、内容、过程等方面的多元化。一年之中，几乎每个月都有布依族的传统节日，如正月年节、农历二月"二月二"、农历三月"三月三"、农历四月"四月八"、农历五月"端午节"、农历六月"六月六"等。布依族传统年节、"三月三""六月六""四月八"具有普遍性，很多布依族都过这些节日。但有些节日只是在一定区域范围内举行，因此带来了布依族传统节日在地理分布方面的独特性。因地理环境、风俗习惯等的差异，布依族部分节日的时间、形式、内容等方面在不同地方也不尽相同。黔西南布依族苗族自治州望谟县、贞丰县、册亨县等地布依族每年都过"三月三"节日，而安顺市西秀区黄腊村一带布依族却不过"三月三"。贵阳市花溪区一带布依族有"四月八"这个节日，而望谟县、册亨县一带部分布依族却不过

---

① 孟慧英：《传统节日的性质、作用及其发展》，载何星亮主编《宗教信仰与民族文化》（第一辑），社会科学文献出版社 2007 年版，第 104—105 页。

"四月八"节日。这体现了布依族传统节日文化的地域差异性。

第一节 布依族原始信仰文化概述

一 多神信仰形态

布依族信仰多神。历史时期，布依族在原始信仰文化的基础上，吸纳了佛教、道教等宗教信仰的文化因素，其原始信仰形态主要表现为民间性。万物有灵观念存在于古人头脑中。在人类知识水平、思维水平处于较低阶段的古代时期，人们在看待并处理所谓的神秘现象时，无法用科学技术知识去认知与解决，就求助于所谓的"神灵"，通过一定的祭祀活动，以获得所遭遇问题的解决。"如果表象世界出了问题那一定是神灵操纵支配的结果，既然如此，解决的办法当然只有举行仪式、敬献牺牲，通过祭祀神灵与神灵沟通，祈求神灵按自己的要求改变不利于自己的现状。"[1]布依族原始信仰主要表现为山神、土地神、树神、石神、田神、天神、雷神、水神、铜鼓崇拜、牛王崇拜、龙崇拜、谷魂信仰、寨神信仰以及图腾崇拜、祖先崇拜等方面，涉及面比较庞杂，但根本的一点就是万物有灵观念作用下的唯心主义思想意识。布依族聚居地区，无论山石岩洞，还是草木虫兽，但凡具有突出的形象特点，就有可能成为人们自然崇拜的对象。这个特点就是"有灵"，即布依族传统的万物有灵观念。在人们的心目中，那些特别之物具有灵性，多以"神"名称呼之，认为它们能佑人以福，指导人们趋吉避凶，因而供奉、祭祀之。

二 自然崇拜为主

布依族原始信仰以自然崇拜为主。原始社会时期，在万物有灵观念影响下，人们对自然界的认识极其有限，认为自然之物均具有某种超自然力量，从而以之为崇拜对象。在人类科学技术与文化知识和生产力水平低下的历史背景下，直观性思维模式促使布依族以自然崇拜为主体的原始信仰文化产生。"布依人直观地感知外在事物的表象，而且这些表象是在家族

---

[1] 周国茂：《自然与生命的意义世界——贵州少数民族原始崇拜与民俗》，贵州教育出版社2004年版，第5页。

血缘集体中世代相传,制约着每个成员的思维,使人们把有关对象如祖先、自然物等神秘化,并十分尊敬、恐惧和崇拜这些对象,体现了人们对家族群体的依赖和对集体情感的需要。"① 历史时期,天地宇宙、风云雷电、山石树木等自然之物在人们的观念中均具有灵性、神性,原始信仰由此产生,并在一定范围内长期存在。

山神是布依族普遍信仰的自然神灵。古代布依族社会由于科学技术落后,人们对自然界的认知能力受到了很大限制。很多森林密布的山体,因其气势恢宏且神秘莫测,于是被人们潜意识地赋予"神性",进而将其神化,而为"山神"。在一些布依族民众的观念当中,这些山神的具体物象具有相应的神力,其神力能遍及全寨,佑护每家每户平安。山神的存在也与农业生产有着密切的联系。每年农历三月开始插秧,也正是在这一个月,许多布依村寨举行祭祀山神的仪式活动,以祈求风调雨顺、庄稼免遭虫害袭扰。山神作为神祇,一般有属于自己的"住所",也就是山神庙。有的地方砌一座小石屋,有的地方搭建一个简易祭台。这里除了作为山神的安身之地外,同时也是"祭山"的特定场所。山神庙的选址及建造,是传统布依族村寨的一件大事,一般要请布摩选择一处风水极佳之地,通常选在一座山的山脚或者半山腰,个别地方则选在山顶,然后由村民筹集资金修建,定期修缮,维护好山神庙。山神庙中一般安放山神神像。山神只是人们意识化的产物,因而在神像形式上呈现多元化特点。"布依族的山神,或以粗象的神树、神石指代,或为拟人化的人神形象,前者为布依族原始自然崇拜的表现,后者则是布依族原始自然崇拜发展的结果。"②贞丰县必克、萝卜寨等布依族村寨山神庙中供奉的山神均以巨石为代表。兴义市万峰林鱼龙、马岭瓦戛等布依族村寨供奉的山神是用石头雕琢而成的人神形象。山神在人们心目中是神圣的。在山神庙中安放山神神像并不是随意而为的,而是有一定程序:首先按照布摩要求,在取材之处选择合适的石头;之后举行一定仪式,布摩念诵摩经,人们将象征山神的神石抬

---

① 韦启光:《布依族传统思维方式浅论》,载杨明、刘德仁主编《中国南方少数民族思想哲学研究》,四川大学出版社1992年版,第71页。
② 彭建兵:《历史人类学视野中的布依族山神信仰习俗》,《兴义民族师范学院学报》2013年第1期。

到庙中；再由布摩举行仪式，虔请山神安坐此处，佑护寨民。无论是以哪一种神像形式存在，山神在布依族人心目中均具有崇高地位，为人所恭敬。

树神，是以树木为崇拜对象所衍生的神灵。布依族所居之地，村前寨后多山石林木与小河溪流，生态环境良好，树木生长繁茂，且其中不乏百年以上的古树，更有甚者，有的树龄达数百上千年。"布依族村寨大多把大树、古树视为神树，以榕树居多，还有香樟树等其他树种。神树大多生长在村头寨尾，为一村一寨所共有。人们认为，大树、古树是神灵，具有神秘的力量，它们能佑护寨中百姓安居乐业、吉祥如意。"[1] 据布依族老人介绍，古树见证了整个村寨的形成和发展，渐渐地便产生了灵性，加上其日积月累的神力，能帮助寨子化解危难，后来就成为村寨的守护神，护佑寨民。人们祭拜的神树并不特指某一棵古树。神树，有的地方是一棵古老之树，有的地方是一棵形态奇异的大树，有的地方是几棵树，有的地方则是一片树林。据说，虽然古树可作为神树，但是需要布摩确定哪一棵或哪几棵是神树。神树确定之后，布摩或寨老开展祭祀活动，算是对神树名分的认定。此后，人们就可以选择良辰吉日，带上香蜡纸钱和供品前往祭祀，在神树的主干或树枝上，挂上红绸缎或红布条，向树神祈愿。如果"愿望"实现，过一段时间之后，人们还要以相同方式再次前来敬供，俗称"还愿"。如此这般，人们下一次祈愿才灵验，树神才能帮助他们实现"愿望"。

布依族有一种小孩拜"保爷"（干爹）的习俗。一般人家拜的"保爷"是人，而一些生辰八字特殊的孩子需要找古树或石头作为其保爷，以保护孩子逢凶化吉，平平安安，健康成长。拜"保爷"，需要布摩作为指引者，一是寻找合适的大树做"保爷"；二是因为布摩是神的使者，具有沟通人神的本领。当布摩寻找到合适对象之后，向大树说明来意，请求大树把这个孩子收作干儿子或者干女儿，保佑小孩健康成长。在往后的日子里，每当孩子生日或逢人生大事或有小病小灾之时，父母都要带上孩子，携香蜡纸钱和糖果、饼干等供品，前往树保爷处祭拜，以表示感谢之

---

[1] 彭建兵、谢建辉：《布依族树神信仰与神树崇拜》，《兴义民族师范学院学报》2018 年第 1 期。

意或祈求树保爷为小儿祛病消灾。

树神信仰的存在对布依族生态保护、人与自然和谐共处观念的产生和发展产生了一定影响。诸多布依族村寨良好的生态环境，与布依族树神信仰具有一定联系。被确定为神树或祭山林的地方，布依族予以特别保护，视之为神圣之地，任何人不得随意砍伐这里的树木。人们认为，这里是整个村寨的风水，关乎村寨居民的运势、平安、吉祥。安龙县中坛、关岭县上甲、兴仁市铜鼓村、兴义市车榔等布依古寨所存在的众多古树皆位于村寨祭祀场所，故千百年来得以良好保存，对布依族村寨生态环境的保护产生了一定积极作用。

雷神是普遍存在于布依族神话传说与民间故事中的神灵。布依族雷神信仰源于自然界中的雷电气象。在古代布依族心目中，夏天在下雨之前总会有电闪雷鸣的前兆，民间俗称"扯火闪"。下大雨的过程中往往伴随雷电。雷电可能会击毁树木，损坏房屋，甚至伤害人类。对雷电这种自然现象的产生，古人无法理解，认为雷是上天派来惩罚人类的，渐渐对雷电产生了一种自然而然的恐惧感。雷、雨相伴而生的情况已经成为人们的一种思维定式，而雨水在布依族农耕生产中占据着重要的地位。"在布依族的心目中，雷神与龙王都是天上主宰雨水的神灵。"[①] 人们通常认为是雷电带来的雨水灌溉了庄稼，使农业能够获得丰收。雷神可以为人们驱邪除灾。布依族村寨"扫寨"仪式活动中涉及祭祀雷神。一些布依族村寨中，部分人家房屋的前、后门上贴有"天雷符"。另外，在布依族民间文学作品中也存在关于雷神的传说或者故事。以上都是雷神信仰在布依族文化生活中存留的表现。

布依族原始信仰除动物、植物等自然物体崇拜之外，还包括风、雨、雷、电、日、月、星辰、彩虹等宇宙天象崇拜，以及祖先崇拜、鬼魂信仰等，以自然崇拜为主。"自然崇拜的对象是神灵化的自然现象、自然力和自然物，即神灵化的天、地、日、月、星、雷、雨、风、云、虹、山、石、水、火等。"[②] 以自然崇拜为主体的原始信仰文化的产生，与万物有灵观念密切相关。由于历史文化的影响以及风俗习惯的熏陶，世界上很多

---

① 彭建兵：《论布依族雷神信仰》，《黔南民族师范学院学报》2016年第4期。
② 何星亮：《中国自然崇拜》，江苏人民出版社2008年版，第5页。

民族至今存在原始信仰文化。这是在一定民族或地域范围内的民间信仰状态，是古代时期较为重要的文化符号。在崇尚科学、推崇文明的今天，也许有人会将这种包含有民族文化特征与内涵的原始信仰笼统划为封建迷信类别。事实上，原始信仰与封建迷信不能完全画等号。封建迷信是骗人钱财、谋财害命的行骗者经常使用的伎俩，包括占卜、巫医、风水、算命、抽签、测字等，具有一定的社会危害性。原始信仰虽然带有一定神秘色彩，但是主要表现为民族民间风俗习惯，大多与传统农业社会的历史背景密切相关，祈求风调雨顺、农业丰收、平安吉祥是其主要的目标，是民俗文化的重要内容。需要指出的是，原始信仰文化中的驱邪赶鬼等仪式，确实是落后因素，与封建迷信具有高度相似性，但基本上没有什么社会危害性，只不过是表达了人们驱邪求吉的心理诉求罢了。

第二节　布依族传统节日中的原始信仰文化表现

传统节日是布依族传统文化的典型代表与综合表现。布依族传统节日活动包含的内容很广泛，是诸多文化的综合体。"民族传统节日作为民族文化的重要载体，具有很强的包容性和涵盖性，是许多文化活动的集合体。和其他民族节日一样，布依族节日文化的活动内容，很少是单项的，而绝大多数都是多项活动同时进行的。"[1] 布依族传统节日活动异彩纷呈，具有浓厚的民族特色。在布依族传统节日活动中，包括语言文字、歌舞艺术、祭祀文化、民族服饰、特色饮食等在内的多种文化在一定的节日时间与空间内充分展现。"布依族的节日文化，是其传统文化的重要组成部分，内容丰富多彩，折射了布依族的政治、经济、生活、宗教信仰、文学艺术等方面，是布依族传统文化的缩影。"[2] 布依族传统节日活动中，原始信仰文化得到了充分的表现。"布依族先民对天上自然物的幻想和崇拜，也

---

[1] 杨昌儒:《布依族节日民俗浅论》，载白明政、樊敏主编《布依族节日文化研究》，贵州民族出版社2017年版，第15页。

[2] 王云奎、李辉海:《浅议金沙江中下游布依族节庆文化的传承与保护》，载白明政、樊敏主编《布依族节日文化研究》，贵州民族出版社2017年版，第33页。

与其他民族一样,有的是因畏惧它的神威而崇拜,有的是受到某一自然物的恩赐而崇拜。"① 从诸多节日的祭祀性来源考虑,原始信仰在节日活动中占有较为重要的地位。"布依族的农业信仰尽管表现丰富,但内容却很有限。不外乎对水、旱、虫灾、丰收的关心和祈祷。"② 布依族是勤劳、朴实的农耕民族,重视农业生产以及农业生产技术的改进。与稻作文化有关的原始信仰文化——自然崇拜长期存在于布依族社会生活之中。布依族"一年每个节日都包含有宗教的意义"③。我们在田野调查中发现,布依族的每一个传统节日,都或多或少包含有原始信仰文化元素,如正月祭祀祖宗、土地、寨神等神灵,"二月二"祭祀寨神、官厅等,"三月三"祭祀山神、土地等神灵,"六月六"祭祀田神、龙神、水神等神灵,农历六月二十四"祭山"时祭祀山神等神灵。

一 "二月二"祭祀神灵

农历二月初二,各地布依族开展形式多样的节庆活动,在祭祀方面,表现为祭祀不同的神灵。"二月二"节日里,罗平县多依河一带布依族祭祀"老人房",兴仁市铜鼓村一带布依族祭祀官厅,马关县、镇宁县高荡村等地布依族"扫寨",贞丰县纳格寨布依族祭祀土地神。

云南省罗平县多依河一带布依族"二月二"祭祀"老人房",实为祭祀寨神,具有祖先崇拜内涵。"老人房"为专设的神圣之所,全寨共祭。农历二月的第一个卯日,多依村布依族祭祀"老人房",是当地布依族最隆重的祭祀节日。祭祀仪式由布摩、寨老主持,奉献公鸡、鸡蛋、香蜡纸钱等祭品。三天的祭祀活动期间,外人不得入寨,本村寨的人不能回寨,也不准本地人外出。④ 云南省河口县一带布依族"二月二"祭祀龙树,实为祭祀龙神,同时祭祀山神。"祭龙后忌工三天,二月二去祭山神,全村每户去一男子掌家人,有的拿猪肉,有的拿鸡肉到山神那里去煮,祭山神

---

① 黄义仁:《布依族宗教信仰与文化》,中央民族大学出版社2002年版,第17页。
② 孟慧英:《布依族的神话与宗教》,《贵州民族研究》1987年第4期。
③ 黄义仁:《布依族宗教信仰与文化》,中央民族大学出版社2002年版,第75页。
④ 参见杨南丽主编《云南民族村寨调查 布依族——罗平鲁布革乡多依村》,云南大学出版社2001年版,第137—140页。

后聚餐。"① 贵州省贞丰县双乳峰景区附近顶肖等布依族村寨农历二月初二举行祭祀土地神的"白龙会"。各家各户凑钱买猪肉、鸡、刀头、豆腐等祭品，当天下午在布摩主持下祭祀土地神、白龙等神灵。兴仁市铜鼓村一带布依族"二月二"祭祀官厅。

二 "三月三"祭祀山神

"三月三"是布依族最为隆重的传统节日之一。布依族"三月三"节日的来源与农耕经济有着密切关系。农历三月正是春耕时节，秧苗生长，需要雨水的滋润。作为古老稻作民族的布依族，在生产力水平低下的历史时期，依靠自然条件开展农业生产活动是一种常态，农业收成情况主要看气候条件的好坏。人们无法左右气候、天象，只能将希望寄托于某种祭祀仪式之上。高山密林具有蓄水之功能，山泉、洞泉就是从其中源源不断流淌出来的，由此形成小溪以及江河湖泊。古人认为大山与风云雷电一样具有司雨神力，于是奉之为神，由此而产生祭祀山神的仪式活动，以祈求风调雨顺。

"三月三"在布依族观念中是祭祀山神为主的节日。"这一天，多数布依族地区要进行'扫寨'、祭山神、祭灶神等活动，驱邪扫鬼，禳灾祈福，以保村寨平安，五谷丰登。"② 云南省罗平县八达河一带布依族"三月三"祭祀山神、冰雹、龙潭（水神）等神灵。③ 布依族"三月三"祭祀的神灵主要是山神，还祭祀土地、龙神等神灵。

兴义市万峰林街道办事处鱼龙布依寨农历三月第一个申日（如果农历三月有三个申日，则选择中间的那个申日）举行"三月三"节日活动，其中一项便是祭祀山神。该村寨祭祀山神有专门的地方，是一座由当地村民自行集资修建的山神庙。庙中立有山神像一尊和土地神像两尊。山神居于神龛正中，土地神则立其侧。前来参加"三月三"节日活动的人们会

---

① 云南民族学会布依学研究委员会、河口瑶族自治县民族事务局编著：《云南河口布依族文化》，云南民族出版社2007年版，第22页。

② 白明政：《布依族节日文化浅析》，载白明政、樊敏主编《布依族节日文化研究》，贵州民族出版社2017年版，第19页。

③ 参见《中国少数民族社会历史调查资料丛刊》修订编辑委员会云南省编辑组编《云南少数民族社会历史调查资料汇编》（一），民族出版社2009年版，第33页。

去祭拜山神、土地，上香，叩头，以求保佑。紧挨着山神庙的右边有一座观音庙，与山神庙连在一起，中奉观音像。当天，来祭山神的人们可以前去祭拜观音菩萨，但是特别规定，前来祭拜观音的人，若是当天吃过荤，就不能到观音庙祭拜。此外，还要开展一项最重要的活动——"祭山"。鱼龙古寨"祭山"时宰牛，习俗至今依然。祭祀费用分担问题，该村寨古有祭祀公田，故古代时期的"祭山"部分费用由公家负担一部分，剩下的部分由各户集资。现在，没有祭祀公田了，则祭祀活动的全部费用由各户均摊。"三月三"的山神祭祀活动，由寨老主持，开展"生祭""熟祭"两种祭祀仪式。祭祀活动之后，各户代表在山神庙聚餐。各户分得一些牛肉，煮熟，置于家神之前，供奉祖宗之后，全家共食。依古训，"祭山"期间，需要"封寨"，必须"闲三"。"封寨"，就是外人不得进入寨中，否则受罚，需要重新开展"祭山"仪式。"闲三"就是"祭山"期间各户不得动土，要休息三天，可以开展八音坐唱、"浪哨"对歌、喝酒聚会等文化娱乐活动。"祭山"当天，女人和小孩不能去山神庙，尤其是怀孕的女人，更不能去参加祭祀活动；男子也不可以穿花衣服前去参加祭祀。现在，随着时代的发展、进步，人们的思想、观念有所转变，这些禁忌就逐渐被淡化了。

地处万峰林景区核心地带的下纳灰布依古寨"三月三"节日同样开展祭祀山神的仪式活动。下纳灰"祭山"日期是农历三月第一个巳日，以黑毛猪、公鸡、刀头等为祭品，分别在村寨文化广场旁的一棵古榕树和纳灰河古天定桥边的一棵古榕树下开展"生祭""熟祭"两种仪式活动，祭祀抱木山大神、五谷大神、树神等神灵。抱木山大神是兴义市万峰林一带最大的山神，自古以来在当地布依族心目中占有重要的地位。"布依族山神信仰，反映了布依族农业祭祀文化内涵，是长期以来形成的、具有历史延续性的原始自然崇拜。"[1] 布依族"三月三"主要祭祀山神，兼及土地神等其他自然神灵，反映了传统节日文化活动中的原始信仰文化。

---

[1] 彭建兵：《历史人类学视野中的布依族山神信仰习俗》，《兴义民族师范学院学报》2013年第1期。

三 "四月八"祭祀牛王

农历四月初八，布依族祭祀牛王，因此被称为"牛王节"。布依族在这一天用植物染料将糯米染成五色花糯米饭，做"牛王粑"，以之喂耕牛，敬供牛王菩萨。云南省河口县老汪山村布依族"四月八"祭牛王。"节日这一天，家家户户都染五色糯饭和红绿鸡蛋，杀鸡宰鸭，煮猪脚，将牛身洗净，祭祖、祭牛王，并用一束青草包五色糯饭喂牛，让牛休息一天，表示对牛的慰劳。"[1] 在这一天，贵州省贵阳市与安顺市相邻的一些布依族村寨，家中大人备好五色糯米饭，分为八小份，然后带上小孩到山坡上玩，有祈求天地、为孩子祈福之意。其他地区很多布依族在"四月八"节日里，采集枫树叶，为家中的耕牛擦拭身体，准备新鲜的草料和糯米饭喂牛。有的家庭会用红布捆上两块糯米粑粑挂在牛角上，为其装扮一番，以表达对耕牛的感激之情。传统农业社会中，耕牛是人们忠实而得力的辅助劳动力，任劳任怨。它凭着自己为人类所作出的无私奉献而获得了人类的尊重。牛王菩萨在传统农耕社会中的地位比较重要，是布依族感恩耕牛，祈求农业丰收的原始崇拜对象。

四 "六月六"祭祀活动

布依族"六月六"祭祀活动中，不同地区祭祀的神灵不尽一致，有田神、龙神、土地、水神、盘古、祖先、天王神等，但其祈愿目的基本一致：祈求风调雨顺、五谷丰登、村寨吉祥。"布依族'六月六'节祭祀社神、水神、山神、天神与水稻种植有直接关系，是人类图腾崇拜的体现。"[2] 历史上，布依族是稻作民族，与农业生产相关的自然之物风雨雷电、天地山水等成为人们的仰赖对象，认为它们具有超自然的神秘力量，进而产生崇拜心理。

"六月六"祭田神在布依族地区比较普遍，不同地区，内容相差无

---

[1] 赵旭峰、何作庆：《边境布依家园——云南省河口县桥头乡老汪山村社会与经济发展调查报告》，社会科学文献出版社2010年版，第136页。

[2] 安顺市文化局编著：《揭秘安顺——非物质文化遗产》，贵州人民出版社2009年版，第220页。

几，只是活动形式有所区别。黔西南布依族苗族自治州贞丰县、安顺市关岭县一带布依族祭祀田神多以村寨为单位，各家出份子钱或者凑米、油、菜等物品，以为祭祀之用。所筹集的经费用来买猪和鸡等祭品。祭田仪式由布摩或寨老主持。祭祀当天早上宰猪，以猪肉、鸡等敬奉田神、土地等神灵。之后，布摩或寨老将各色三角旗或纸马插于田中，祈求丰收。最后，寨民聚餐。兴义市、安龙县一带布依族"六月六"祭田活动大多以家庭为单位开展。每家每户备好刀头、公鸡等祭品，上午到自家水田水口处祭祀田神，烧纸钱，燃香，点蜡烛，祈求田神的保护，希望自家庄稼不受虫害而获得丰收。

六枝特区一带布依族"六月六"祭祀田神、树神、山神。望谟县甘莱村"六月六"祭祀寨神。"六月六"节日里，贵阳市乌当区新堡一带布依族带上猪头、猪脚和炒好的爆米花等祭品到田地里祭祀地蚕神，祈求地蚕不要破坏庄稼，使农作物能够获得丰收。

除上述几个主要的传统节日外，布依族其他传统节日活动也包含一定的原始信仰文化元素。查白歌节祭祀古代英雄人物查郎、白妹。毛杉树歌节祭祀寨神岑彭、马武和山神、土地。"七月半"祭祀祖先。兴义市营上、瓦戛、卧戛、高卡等布依古寨农历六月二十四开展民族风情节活动，宰牛祭山。

第三节　布依族传统节日与原始信仰之间的关系

布依族原始信仰渗透于布依族社会生活的方方面面，从信仰观念、祭祀仪式等角度表现布依族精神文化世界，同时一定程度上影响着布依族的生产生活。"解放前，农业祭祀在以农业生产为基础的布依族社会中有着特殊的地位，形成了一些定期的民族节日，这些节日也就是主要的祭期。在一般的布依族地区，每年以三月三、六月六、九月九和腊月八的祭祀活动最为重要。"[1] 至今，布依族传统节日文化活动仍然体现出一定的原始

---

[1] 雷广正、伍文义：《布依族的传统宗教》，载宋恩常编《中国少数民族宗教初编》，云南人民出版社1985年版，第336—337页。

信仰文化元素。

一 衍生与承载

从诸多与布依族历史文化相关的传世文献及民间文学资料等材料，结合民族学田野调查来判断，很多布依族传统节日在不同的地区有着不同的民间故事或神话传说、古歌，这些民间文学资料与节日的来源有着密切的联系。《三月三的来由》《四月八》《六月六》《"六月六"的来历》《天王石》《"天马"吃庄稼》《查白歌节的来历》《王仙姑》《赶干洞》等布依族民间故事或神话传说、古歌，或涉及神灵祭祀，或涉及布依族古代英雄人物（包括真实的历史人物与民间故事或神话传说中的"英雄人物"）。布依族相关节日的产生，以及其后节日活动中相关祭祀仪式的开展，皆源于祈求神灵的佑护或对古代英雄人物的纪念。"三月三""六月六""查白歌节""神仙田歌会"等传统节日的产生莫不如此。"查白歌节"的形成，是因为后人有感于查郎、白妹的忠贞爱情，并纪念他们为民除害的历史贡献，所以每年农历六月二十一至二十三日"赶查白"。它的产生及延续并非自然发生，从民间故事的内容上看，它是在特定的历史时期、特定的生存环境下衍生出来的。虽然民间故事的真实性难以找到确凿的历史证据，但是古人传承下来的传统就是这样。人们在祭祀神灵与古代英雄人物的同时，开展"浪哨"对歌等文化娱乐活动，逐渐形成了查白歌节。歌节自产生之日起，便得到了布依族的高度认可，世代流传，至今成为了布依族一个很有民族特色的传统节日，影响越来越大。查郎、白妹之间忠贞不渝的爱情以及他们不畏强暴、敢于斗争的精神，值得人们怀念。布依族在歌节中的对歌、祭祀查郎与白妹、山神、土地神等活动，承载着深刻的节日文化内涵。

传统节日的起源大多与原始信仰有关。在节日活动过程中，自然离不开祈福活动。"节日里有相当多的信仰因素，信仰因素并不是说是不好的，人们的信仰表达的是一种心理的需求。"[1] 这种心理需求表达的是一种生存与发展的基本安全需要。布依族传统节日活动中，如果涉及原始信仰文化，就需要开展祭祀仪式活动。祭祀仪式是一种人神沟通方式，是人

---

[1] 萧放：《中国传统节日资源的开掘与利用》，《西北民族研究》2009年第2期。

们向神灵表达诉求的途径。"仪式是自然崇拜体系的一个重要元素，它是表现人神之间关系的行为活动方式，是人们祈求自然神的主要形式。"①节日活动中的祭祀仪式比较重要，但并不是节日文化活动的主体，尤其在现代社会中，它只是布依族传统节日文化的符号表达，是民俗文化事象的表现手段。"三月三""六月六"等布依族传统节日活动，不单纯是祭祀仪式活动，它们由最初的祭祀仪式发展到后来的祭祀与娱乐活动并存的状态，丰富了布依族传统节日文化内涵。在布依族节日活动中，众多民族文化因素参与进来，从而使节日活动形式多样，内容丰富，备受人们喜爱。布依族传统节日的生命力在于它既能保持好自身传统特色，又能与时俱进而融合时代特点，多方面增强广大布依族人民的文化自信，从而激发了人们在民族民间文化保护与传承发展方面的积极性、主动性和创造性。

二 相辅及相成

布依族原始信仰文化具有自身民族特色，但是随着现代社会的发展，这种文化显然是受到了消极的影响，其未来的传承不容乐观。新生代年轻人有的忙于生计，外出工作；有的选择到各级各类学校加强科学文化知识的学习，追求学业进步。随着思想观念的开放，除少数中老年人外，没有人愿意学习布依族原始信仰祭祀礼仪。我们在贞丰县"三月三""六月六"等节日活动中看到，主持节日祭祀仪式活动的都是中老年人，其中又以老年人居多。在国家的号召下，民族文化的保护、传承得到重视，布依族传统节日文化处于不断开发的状态之中。而作为节日文化重要组成部分的原始信仰，亦是如此。在布依族村寨中世代传承下来的布依族节日文化中的原始信仰元素，已经引起了有关方面的关注与重视，无论是媒体的宣传报道，还是学术界的深入研究，都是在力图挽救布依族传统节日的生态文化因素，呈现其原生态民族文化的特点。

随着山地旅游事业的不断发展，兴义市万峰林下纳灰布依族村寨将布依族节日文化融入旅游发展中，开展"三月三"等节庆文化活动，收到了良好的效果。"三月三"节日活动中，祭祀山神仪式是整个节日活动的重点内容。祭祀流程完全按照布依族祭祀文化传统开展。祭品为黑毛猪、

---

① 何星亮：《中国自然崇拜》，江苏人民出版社2008年版，第16页。

鸡、糯米粑粑、花糯米饭、刀头、豆腐等。布摩主持祭山仪式，分别在村寨的三处古榕树下开展，祭祀抱木山大神、五谷大神、土地神等神灵。一支身穿布依族服饰、头戴面具的傩戏队伍跟从布摩，参与祭祀活动，之后在文化广场进行傩戏表演，吸引人们前来观赏。"天籁之音"八音坐唱、民歌对唱等布依族艺术文化同时参与到节日活动中来，渲染了节日氛围。神灵祭祀的神秘性，傩戏表演与八音坐唱、布依民歌的娱乐化，都与布依族传统节日密切结合、相辅相成，生动表现了布依族生态文化，激发了人们对布依族传统节日文化的高度关注。

各地布依族节日活动中，原始信仰文化活动以其神秘性吸引着人们的目光，其庄重态度似乎与节日的欢快背景有些不合节拍，但原始信仰文化本来就是节日中的重要元素，理应如此。布依族传统节日活动中的原始信仰文化元素，自节日产生之日起，就一直合理存在于相关节日活动中。原始信仰文化元素与布依族传统节日之间是相辅相成的关系。当前的布依族传统节日文化活动，表现原始信仰文化的祭祀仪式，于当地布依族而言，是民族文化传承与祭祀功利性的表现；于游客而言，充分显示了节日的神秘性、趣味性、欣赏性。功利性也好，神秘性也罢，现实社会中，原始信仰祭祀仪式的开展为布依族传统节日文化活动增添了新的色彩，不但生动呈现了布依族信仰文化传统，而且丰富了节日活动内容，渲染了节日活动氛围，为布依族传统文化的保护与传承发展创造了条件。

布依族传统节日文化中的原始信仰元素，是节日活动产生之根基，是可利用的民族文化资源，为节日活动的开展增添了新的内容，在体现节日活动神秘性、渲染节日气氛等方面发挥着一定作用，在一定程度上反映了布依族民族文化传承发展的历史情况。

第五章

非遗保护视角下布依族传统节日文化的传承与发展

第一节 布依族传统节日

一 传统节日遗产

节日即岁时节日,是十分美好而令人向往的事物,尽管其起源并非完全来自于美好,但都表达出了人们良好的诉求及祈愿。"岁时节日作为传统文化的重要组成部分,是人在认识并适应自然时序的基础上而创造的时间文化,它服务于民众物质生产、社会生活及精神信仰,是传统社会民众实现集体文化生存的时间指南。"[1] 传统节日的时间性极强,是人类在社会生活中所经历、所感知、可描述的一种民俗文化。它的原生性、周期性、可变性及生活化等特征,给人们留下了诸多仪式化的记忆印象。积极参与本民族传统节日文化活动,是人们的一种心理需求,是一种文化认同的情感体验,是文化传承发展的生动实践。在长期的历史发展过程中,程序化的礼仪使传统节日形成相对固定而又可承传的文化遗产,在人类社会生活中占据重要地位。"所谓传统节日遗产,是指人类在历史上创造并以活态形式传承至今的,具有重要历史价值、艺术价值、文化价值以及科学价值的传统节庆活动。"[2] 传统节日本身所具有的价值,在于它是人类社会宝贵的文化遗产,是文化资源转化为文化资本的支撑要素,是增进文化

---

[1] 萧放、董德英:《中国近十年岁时节日研究综述》,《民俗研究》2014年第2期。
[2] 苑利、顾军:《传统节日遗产保护的价值和原则》,《中国人民大学学报》2007年第1期。

认同与文化自信的重要元素。作为传统文化的一个标志性符号，传统节日及其文化内涵日益受到人们的广泛关注。

二 布依族传统节日

布依族传统节日众多，文化内涵丰富。布依族传统节日可分为年节、祭祀性节日、农事性节日、娱乐性节日，主要有年节、"二月二""三月三""四月八""六月六"及查白歌节、毛杉树歌节等传统节日。主要分布于中国西南地区贵州、云南、四川三省的布依族，在其传统聚落空间里，一年十二个月几乎月月有节日，其中既有中华民族共有的传统节日，又有布依族特色的民族节日。正月有年节，过"了年""赶盘江桥"、蚂螂节。二月有"二月二"对歌节、铜鼓文化艺术节。三月有"三月三"、毛杉树歌节、仙歌节（又称为"地蚕会"）。四月有牛王节、开秧节、"赶干洞"。五月有端午节。六月有"六月六"、查白歌节。七月有"打火箭节""七月半"。八月有中秋节。九月有重阳节。十月有吃新节、摘刀粑节。十一月"过小年"。十二月有腊八节。"三月三""六月六"、查白歌节、毛杉树歌节、"二月二"对歌节、"四月八"牛王节、"打火箭节""赶干洞""赶盘江桥"以及农历六月二十四日民族风情节等是布依族特色传统节日。布依族传统节日文化活动从古至今存在于布依族传统村落社会，在民间社会产生了深远的历史影响。目前，众多布依族村寨仍然活态传承着传统节日文化，为我们了解这一民俗文化事象提供了条件。非遗保护视角下，对布依族传统节日文化的关注，具有重要的现实价值与历史意义，不但对布依族节日文化遗产的保护与传承发展有利，而且可对民族文化多样性的维护发挥积极作用。

第二节 传承与发展困境

一 生态文化不断变迁

语言文字、民间文学、民族服饰、民间信仰、民族建筑、民族艺术、民族哲学、民族伦理、民族节日、民族科技、生计方式、农耕文化等多方面内容是一个民族的文化内涵表现。它们在一定族群范围内形成自然而贴切的集合体。民族生态文化系统之内的各种元素紧密联系，相互影响，高度认同。一旦某个环节出现偏离系统的情况，则将影响整个系统的稳定性架构。社会时代的不断变迁，作为承载民族文化内涵的个体的"人"与作为生态文化系统中的民族文化事象的群体性质的"物"，势必会发生不同程度的变化，从而引起民族生态文化系统的整体性变迁。

布依族传统节日文化的保护与传承发展建立于布依族生态文化系统稳定建构的基础之上。现代化背景下，由于受生态环境、人文环境、思想观念、生计方式等多种因素的影响，布依族传统节日文化赖以存续的生态文化系统在不同区域出现了不同程度的困境，促使一定范围内原生态民族文化的公共空间发生变迁。从文化发生学的角度看，布依族传统节日文化的呈现与布依族语言文字、民间文学、民族服饰、民族艺术、民族饮食、思想观念、民间信仰等紧密联系在一起。至今仍然存在布依族年节、"三月三""六月六"以及查白歌节、毛杉树歌节、牛王节等传统节日的部分布依族村寨，其民族语言、民族服饰、民族艺术、民间信仰等民族文化生态系统相对保存良好。而其他一些布依族村寨，因为民族文化生态系统维持的欠完整性，导致本地民族节日文化活动难以正常开展，只能以记忆性的地方知识存在于人们的脑海，从而在民族文化传播与传承发展的实践中难以充分体现其社会功能。

布依族传统节日大多源于原始祭祀活动，与山神、土地、田神及祖先崇拜等原始信仰具有密切关系。"二月二""三月三""四月八""六月六"等布依族传统节日活动中，其中一项重大活动是由布摩或寨老主持的祭祀仪式，以此来为村寨及民众祈福求吉，表达风调雨顺、农业丰收等愿景。现实社会生活中，熟悉原始祭祀礼仪的布摩或寨老在人数上日渐减少，其年龄老化趋势日益明显，而年青一代又对祭祀礼仪不感兴趣或者不明其理，从而出现传统节日生态文化上的断代、断层，无法使节日生态文化接转承续。主要存续于布依族村寨中的传统节日文化，除民间信仰祭仪外，民族艺术、民族服饰、民族饮食等元素的参与亦不可或缺。八音坐唱、民歌对唱、勒尤与唢呐等乐器演奏、格子花等服饰表现、五色糯米饭等特色饮食，皆以布依族文化的标志性符号强化着布依族传统节日文化的个性特点。诸多布依族村寨中上述民族文化非遗项目传承人的断代、缺位，对传统节庆活动的开展产生了不利影响，由此出现了布依族传统节日文化在布依族生态文化系统中的局部消逝状况。

二 节庆氛围有所淡化

节庆氛围服务于民族节日文化的保护与传承发展，并一定程度上反映了生态文化的现实状态。节庆氛围的营造，有助于节日文化的传播，有利于民族文化的传承。"就节日文化而言，传播节日也是在传播人的价值，由此而存在的价值体系应该是大家共同关照和构建的。"[①] 从文化传播的角度看，节日文化活动及其和谐美好的节庆氛围的打造，是节庆文化保护与传承发展的源泉。

布依族节庆氛围实际上是一种民族文化认同要素。它为布依族传统节日文化的传播创造条件，为布依族传统节日文化的保护与传承发展夯实基础。由于一定区域内布依族生态文化系统发生了一些变化，使得部分布依村寨的民族节日氛围受到客观上的影响，出现了节庆活动淡化的窘况。布依族传统节日文化按活动形式分，又可分为集体式、家庭式两种。集体式的传统节日文化有年节中的共同祭祀寨神、山神、土地等仪式活动，"三月三"节日中的祭山，"六月六"节日中的祭田神等。家庭式的传统节日文化有年节中的祭祀家神、祖先以及"了年"，"三月三"及"六月六"等节日中的祭祀家神、祖宗，"七月半"节日中的祭祖，牛王节中的祭牛王等。布依族传统节日文化活动中的集体共祀与家祭这两个方面大多同时存在。整体而言，节日集体活动呈现消逝现象，而节日家庭活动的开展相对较好。许多布依族村寨至今举办"三月三""六月六"等节庆活动，而其他更多的布依族村寨虽然在民间社会仍然存在以上节庆民俗，但因为难以继续举办聚落社会集体式的节庆活动，而处于名实难副的境况，其节日活动的氛围自然趋于淡化。查白歌节、毛杉树歌节、神仙田歌会与"打火箭节""赶干洞""赶盘江桥"等布依族传统节日只是在特定村寨或某个地方举办活动。近年，由于时代的变迁及各方面因素的影响，除查白歌节、毛杉树歌节与"打火箭节"等几个节日从古至今基本上年年举办外，正月初五神仙田歌会等举办过数届，而清明节期间"赶干洞"、正月十五"赶盘江桥"等节目前只是以族群记忆的方式存在于部分布依族人民的

[①] 李松：《节日文化的传播与传承》，载李松、张士闪主编《节日研究》（第五辑），泰山出版社2012年版，第4页。

心目中。现在依然活跃的布依族"三月三""六月六"、查白歌节、毛杉树歌节以及当今社会各地以布依族民族风情节等形式举办的布依族节日，在贵州省黔西南布依族苗族自治州望谟县、贞丰县、兴义市、安龙县、贵阳市乌当区与花溪区、安顺市镇宁县、六盘水市六枝特区与水城县、黔南布依族苗族自治州都匀市与荔波县，云南省曲靖市罗平县、文山壮族苗族自治州马关县与河口县，四川省凉山彝族自治州宁南县等地，政府部门或民间社会等各方力量为布依族传统节日活动的开展付出了很多努力，取得了传承发展民族文化的明显成效，产生了良好的社会影响。而其他诸多布依族村寨在传统节日里的非积极作为，使我们看到布依族传统节庆氛围在整体上有所淡化。这一现象的出现，有太多的原因以及各种因素的影响，从文化形态及其发展过程看，本无可厚非，但必须引起重视。在一定地区，布依族传统节日活动的持续开展，反映了布依族节日文化逐渐消逝的现实状态下，社会各界仍然竭力抢救民族文化遗产的历史过程。而节庆氛围的有所淡化，又使有识之士对布依族传统文化的保护与传承发展忧心忡忡。

三 节日文化趋向重构

节日文化是一个国家或民族在一定时间系统内所表现出来的民俗文化事象，同时是一种历史文化，也是一种风俗习惯。其传承发展，与时间、空间的概念密切关联。"改革开放 40 多年来，我国技术革新日新月异，经济增长稳健前行，生活方式变换全新，人们的过节方式、节日感受乃至节俗主题、节日性质都发生了一定变化。"[①] 由于时间、空间的不断变迁，节日文化在传承发展的过程中，其性质、结构、功能、内容、形式与主题在维持本来面貌的基础上会发生一定变化。此处所言"变化"，也可称之为"异化"，或是自身的本来变化，或是受到了其他文化的影响。异化现象的出现，使传统节日文化具备了重构的可能。

中华民族多元一体格局之下，布依族与处于同一地域范围内的汉族、苗族等其他民族之间的交往交流交融不断深入。在自然环境与人文环境不断变化的基础上，在各民族之间政治、经济、文化等多方面交往交流交融

---

① 萧放、贾琛：《中国传统节日的传承与变革》，《社会治理》2020 年第 7 期。

的前提下，布依族生态文化的变迁也成为了一种必然趋势。"文化变迁的过程就是文化的重构过程。"① 民族文化的传承在文化重构的过程中实现，根据时势变化及民众需求有选择性地创新，以形成新的文化组合。

时代不断演进的历史背景下，布依族传统节日文化呈现重构趋势。不同的历史时期，其节庆仪式与文化内涵发生一定变化。布依族传统节日由布依族群体范围内部的节庆欢腾向多民族参与的欢乐共享转变，节日中部分祭祀仪式由局部范围的神秘性呈现到进入公众视野的舞台化表演，节日活动中民族艺术展演与现代元素的融摄，节日中民族饮食与布依服饰的特色呈现等，无不在表现布依族传统节日文化重构的特点。布依族节日文化活动中，传统文化与现代因素的结合，主题与价值的诠释，内容与形式的变迁，在基本保留传统节日特色及文化内涵的基础上因应时势而有所改变。布依族传统节日文化重构的过程表现了文化适应的情形。这是与文化本身所具有的可变性特征相联系的。传统节日文化在一定条件下可能成为民族文化旅游资源。在传承与发展、开发与利用之间，民族文化重构自然实现。"文化重构已经成为民族文化旅游资源开发的理论依据，受到学者们的重视。"② 民族节日文化旅游资源的挖掘、开发及利用，在全域旅游发展的新的历史时期，不单纯停留在学理上的探讨，而是在更广泛意义上体现为现实性实践。新时代背景下，布依族传统节日文化已成为一种重要的民族文化旅游资源。布依族"三月三""六月六"与查白歌节、毛杉树歌节等传统节日逐渐走上民族地区生态旅游发展之路，凸显了民族文化传承发展的生机活力。在诸多布依族传统节日被打造为地方特色节庆活动之时，其文化重构的趋势也愈加明显。

第三节　可行性对策分析

党和国家历来重视民族文化遗产的保护与传承发展。20世纪90年代

---

① 杨昌儒：《民族文化重构试论——以贵州布依族为例》，《贵州民族研究》2008年第1期。

② 唐雪琼等：《旅游影响下少数民族节日的文化适应与重构——基于哈尼族长街宴演变的分析》，《地理研究》2011年第5期。

以来,我国实施民族非物质文化遗产保护工程,积极响应联合国教科文组织通过的《保护非物质文化遗产公约》,颁布《中华人民共和国非物质文化遗产保护法》,启动中国民间文化遗产抢救工程、中国民族民间文化保护工程,实施中国非物质文化遗产项目及其代表性传承人的评定,开展中国传统村落、中国少数民族特色村寨等项目的评选。在新时代中华优秀传统文化传承发展工程深入实施的现实背景下,从非物质文化遗产保护的角度,针对布依族传统节日文化所面临的困境,探索其传承及发展方面的问题,是非常有必要的。

一 规划建设布依族文化生态重点保护区

传统文化是传统节日赖以存在与发展的生存空间。对原生态文化的有效保护,是保护与传承发展传统节日的前提条件。节日民俗的象征性符号,与传统文化的符号系统密切相关。"符号思维的象征性体系是民俗文化的一个最醒目的特点。特别是通过视觉看到的标记、图形、纹饰、色彩、样式等符号和听觉接收到的各种声响代码,就可以立即了解到它们所象征的民俗信息和内涵。"[①] 祭祀仪式、特色饮食、服饰文化、艺术文化等作为民族文化的整体性特征表现,在节日文化活动中成为关注与被关注的焦点。

因为传统节日涉及民族文化的方方面面,所以关于其保护与传承发展自然与民族文化生态的整体性保护密切相关。规划建设布依族文化生态重点保护区的目标,就是要对布依族传统文化进行整体性保护。在此基础上,关于布依族传统节庆文化遗产的保护与传承发展才能顺理成章。布依族文化生态重点保护区的规划建设,可以布依族原生态文化保护与传承发展为主题,以布依族传统村寨为基点,以地(市、州)、市(县、区)、乡(镇、街道办事处)为经纬,以省(区)跨域为网络,以点带面,连片辐射,形成良性的民族文化生态保护系统,建成几个或数十个影响较大的区域性文化生态重点保护区。

重点建设民族文化保护村落。以省级及中国少数特色村寨、中国传统村落、中国民间文化艺术之乡、全国生态文化村、全国历史文化名村等项

[①] 乌丙安:《民俗遗产评论》,长春出版社2014年版,第163页。

第五章　非遗保护视角下布依族传统节日文化的传承与发展　/　165

目的评选为参照，将布依族生态文化保存良好的贵州省黔南布依族苗族自治州贵定县音寨村、惠水县辉岩寨、黔西南布依族苗族自治州兴义市普梯村、贞丰县花江村、册亨县乃言村、安龙县鲁沟塘村、贵阳市乌当区偏坡村、花溪区镇山村、安顺市镇宁县高荡村、六枝特区木城布依寨、毕节市织金县红艳村、云南省罗平县多依村、腊者村、马关县杨茂村、河口县老汪山村、四川省凉山彝族自治州宁南县拉洛村等布依族村寨建设成为民族文化重点保护村落。在民族文化重点保护村落中加强布依族服饰、农耕文化、艺术文化等传统文化展示，条件具备时可建设布依族生态文化博物馆或展览馆、陈列馆。册亨县乃言村已经成为"中国民间文化艺术之乡（布依戏）"，花溪区镇山村已建成国家级生态博物馆，还有其他布依村寨在民族特色文化的表现上跃跃欲试。这对于民族文化生态的保护与传承发展非常有利。

以地域为特征构建布依族文化生态保护区。一是在布依族生态文化保存良好的市（县、区）、乡（镇、街道办事处）设立文化生态保护区。可以在布依族人口相对集中的贵州省花溪区与乌当区、安顺市镇宁县与关岭县、黔南布依族苗族自治州都匀市与独山县、黔西南布依族苗族自治州册亨县、望谟县、安龙县、兴义市、兴仁市和贞丰县、六盘水市六枝特区与水城县、云南省文山壮族苗族自治州马关县与河口县、曲靖市罗平县、四川省凉山彝族自治州宁南县等地区设立市（县、区）、乡（镇、街道办事处）两级布依族文化生态保护区。目前，兴义市南盘江镇已成为"中国民间文化艺术之乡（布依族八音坐唱）"。这为基层政权机构保护与传承发展少数民族生态文化起到了典型示范作用。

二是可以流域为单元建设布依族文化生态保护区。贵州省黔西南布依族苗族自治州南、北盘江流域、六盘水市六枝特区月亮河流域、黔南布依族苗族自治州惠水县涟江流域、荔波县樟江流域、安顺市镇宁县白水河、打邦河流域和乐运河流域、云南省罗平多依河、八大河流域等区域范围内集中连片分布着众多布依族村寨。这些布依族村寨至今保存的生态文化是建设布依族文化生态保护区的优势条件。

三是可以建立跨省、地（市、州）或县域的布依族文化生态保护区。贵州省黔西南布依族苗族自治州兴义市与云南省曲靖市罗平县，贵州省黔西南布依族苗族自治州望谟县、册亨县、安龙县与黔南布依族苗族自治州罗甸县、平塘县、独山县、荔波县、贵阳市花溪区、乌当区与安顺市平坝区，安顺市镇宁县、关岭县与六盘水市六枝特区、黔西南布依族苗族自治州晴隆县、贞丰县，六盘水市盘州市与黔西南布依族苗族自治州兴义市等地理区域毗邻而又具有连片布依族村寨的地区，可以跨域连界建设布依族文化生态重点保护区。

二 大力培育节日文化遗产项目传承人群

节日文化是一种无形的非物质文化遗产。其有关观念、知识、技能与才艺掌握在熟悉节日文化仪礼的特定人群中。这种特定人群可称之为"非物质文化遗产项目传承人群"。"节日文化遗产虽然'无形'，但它毕竟托付于一个个具体可见的人——社首、艺人、匠人、歌手或是巫师。保护好这些人，就能为我们保护和了解节日文化遗产建立起一种特别通道。"[①] 可见，社首、艺人、匠人、歌手、祭司等人物构成了节日文化遗产传承人群系统。传承人群在项目类别上是一群人，是一个完整的集体，但又以个体为单位服务于相关非物质文化遗产项目。要实现节日文化遗产的良好保护与传承发展，必须保护与培育好相关传承人群。

布依族传统节日文化遗产传承人群涉及的人物有布摩、寨老、乐师、歌手等，一般情况下这些人还要懂得布依族语言文字。布摩，民间社会中被称为"老摩"或"先生"等，是布依族民间祭司，男性，主持传统节日活动中的公共祭祀仪式，认识布依古文字，会说布依话，懂得摩经。布摩统筹安排节日文化系列活动，在布依族传统节日活动中居于核心地位。寨老是布依族自然村寨中德高望重的中老年男子，知晓布依族节日礼仪文化，可以作为布摩的助手参与祭祀仪式，也可主持祭祀仪式。一些布依族村寨中，随着懂得摩经文化与节日礼仪的布摩人数的不断减少，时而出现寨老主持祭祀仪式的情况。"乐师"指能打击、演奏布依族传统乐器的人物，一般由多人组成团队。布依族"三月三""六月六"等传统节日活动中，需要击鼓、敲锣、吹奏长号或勒尤、唢呐等乐器之人，一般为男性。歌手多人，男女均可，能对唱布依民歌，以布依话对歌更佳。传统节日活

[①] 顾军、苑利：《传统节日文化遗产保护与我们所应秉承的原则》，《民族文学研究》2005年第4期。

动中，布依族表演八音坐唱或布依戏等民族艺术。节日中开展祭祀仪式时，运用的祭品有花糯米饭、粑粑、便当酒或扎玛酒（亦称"哑马酒"）等布依族特色美食。传统节日里，布依族身着民族服饰，兴致勃勃地参加节庆活动，共同营造喜庆、祥和的节日氛围。节日中的布依族人民，在一定区域范围内，以布依语相互交流，称为"打话"。"三月三"等节日活动中，香包等民族手工艺品时常出现。可见，布依族传统节日活动对民族服饰、刺绣技艺、语言文字、饮食文化等均有一定要求。

由于节日文化遗产涉及布依族传统文化的方方面面，因此对相关传承人群在祭祀仪礼、民族语言、民族文字、民族服饰、民族饮食、民族艺术等方面的培育十分必要。

第一，遴选布依族节日非物质文化遗产项目重点传承人，并深入实施传承人生活补贴、津贴制度。有关部门定期对布摩、歌师等布依族节日文化遗产项目重点传承人进行评选，深入实施传承人生活补贴、津贴制度，形成常态化机制，以便节日非物质文化遗产传承发展。"传承人生活补贴、津贴制度是目前对于传承人保护最为实际的一项措施，目的是通过向传承人发放固定的生活补贴、津贴，改善传承人的生存、生活条件，使他们能够专心钻研其技艺，并从事传承活动。"[1] 将此项制度抓好、落实，对于布依族节日非物质文化遗产项目传承人的保护与培育十分有利。

第二，培育祭祀仪式继承人。布依族传统节日文化活动中，布摩与寨老是关键人物。可以采取传帮带的方式，在布依族村寨中重点培育这两种人物，形成团队，以保证布依族传统节日文化遗产保护与传承发展的原生性。

第三，加强摩经文献搜集、整理与研究。传统节日活动中，祭祀仪式是其中的重要环节。祭祀活动时，往往由布摩或寨老念诵古老的摩经。摩经文献在布依族"三月三""六月六""打火箭节"与毛杉树歌节等传统节日中常常被使用。所以，对布依族节日文化非遗项目传承人群培育方面，还可以发动各方力量加强对布依族民间典籍——摩经的搜集、整理与研究，尤其要使将来的布摩或寨老懂得摩经文化。这样，才能使传统节日

---

[1] 陈静梅：《贵州少数民族非物质文化遗产传承人保护研究》，中国社会科学出版社2016年版，第13页。

文化的传承发展不出现断层、脱节的情况。

第四，重点培育布依族村寨民间艺术人才。节日活动中，布依族八音坐唱、民歌对唱、唢呐或勒尤、鼓、木叶等乐器演奏活动时常发生。可以专门举办布依族音乐艺术传承人群培训班，在布依族聚居地区经常举办此类培训，以保护好布依族文化生态系统，从而为传统节日文化的保护与传承发展创造条件。

第五，多形式举办布依族传统文化培训活动。除重点培育布依族村寨民间艺术人才外，还可以多形式举办布依族语言文字、纺织技术、刺绣工艺、民族饮食等民族文化培训活动。可以以知识传授、技能培训为主题，不定期开办民族文化技能技艺培训班。还可以以技能大赛为主题，多举办民族服饰、布依绣娘、特色饮食等民族文化竞赛活动。培训活动要重点面向布依族村寨中的干部群众，使他们充分了解并掌握本民族生态文化知识与技能，从而为民族文化的保护与传承发展打下坚实的基础。

三　多层级常态化开展传统节日文化活动

传统节日蕴含着丰富的文化内涵。传统节日表现并延续文化传统，以仪式化的文化形态存在于古今社会中。"所以，是传统节日承载、传递着传统文化，人们利用传统节日定期进行传统的表演与传统的教育，使传统在民众生活中得到延续与加强。"① 传统节日文化活动的开展，有利于传统节日所蕴藏的物质文化、精神文化的传承及创新。因此，传统节日活动的开展是十分有必要的。

布依族传统节日数量众多。"三月三""六月六"以及查白歌节等传统节日文化活动，彰显着布依族的民族文化特色。布依族传统节日文化活动可以从省、地（市、州）级到市（县、区）、乡（镇、街道办事处）、村寨（社区）一级，多层级常态化开展，在主体上坚持布依族传统节日由民间社会举办的原则。"我们倡导民间事民间办原则，是指在党和政府的统一领导下，充分调动民间社会的积极性，利用民间的热情、民间的经

---

① 萧放：《中国传统节日资源的开掘与利用》，《西北民族研究》2009 年第 2 期。

验,将传统节日遗产原汁原味地保存起来,传承下去。"[①] 近年,贵州省黔西南布依族苗族自治州望谟县、贞丰县和黔南布依族苗族自治州、贵阳市、安顺市、六盘水市与云南省文山壮族苗族自治州马关县、河口县,四川省凉山彝族自治州宁南县等地布依族"三月三""六月六""牛王节"以及查白歌节等传统节日文化活动的开展,拓宽了布依族传统文化的传承发展路径。由于布依族传统节日文化大多活态保存于村寨、聚落,故其主要活动场域是布依族传统村落社会。至今活跃的布依族传统节日,如"三月三"以及毛杉树歌节、火箭节等,主要在民间村寨社会中举行。其中,"三月三""六月六"等少数几个节日以地(市、州)或市(县、区)、乡(镇、街道办事处)为主办单位,在一定区域范围内开展节日活动,但祭祀仪式、对唱民歌等主要活动大多还是在相关布依族村寨开展。布依族节日文化活动的主阵地在传统村寨。至今具有布依族文化生态良好条件的布依族村寨,如能正常开展传统节日活动,可以尽其所需、力所能及地举办相关节日活动,以便更好地维护、传承与发展民族文化传统。

各布依族聚居地区在政府部门、学术机构、社会团体、群众组织等多方支持下,大多年年举办有关布依族传统节日的文化活动,从而使节日活动趋向常态化,产生了良好的社会影响。布依族节日文化活动的充分开展,将进一步增强民族文化认同及文化自信,并对维护民族文化多样性、铸牢中华民族共同体意识具有积极的意义。

四 多形式记录与保存传统节日文化内涵

传统节日文化内涵是体现文化传统的核心要素,是保护与传承发展传统文化的关键对象。民族传统节日文化的生动表达,在于其内容、形式在逻辑上与民众的日常生活融于一体,是民族习俗、风土人情的重要部分。传统节日是一种无形的文化遗产。"一旦时过境迁,社会环境变化,人们的思想观念转变,这些无形文化遗产就将被人们淡忘以至消失得无影无

---

① 苑利、顾军:《传统节日遗产保护的价值和原则》,《中国人民大学学报》2007年第1期。

踪，不留下任何痕迹。"① 有鉴于此，以有形的形式即时记录传统节日文化，对于民族文化的保护与传承发展相当有利。记录与保存传统节日文化内涵，就是要维护民族文化的原生性质，通过原汁原味的节日文化场景的呈现，来表现民族文化的特色、特点及核心元素，使之成为传承发展的样本、基础与文脉根据。

布依族传统节日的传承发展，可以充分发挥乡土社会力量，将民间社会至今存在的、活态的节日文化，以多种形式记录并保存下来，使之具备文化延续的社会功能。作为民俗文化事象的诸多布依族传统节日文化，至今存留的只是其中一部分，随着时代的变化，其他部分节日文化在内容及形式上会发生变迁，甚至会出现消逝状况。如不能及时抢救布依族传统节日中关键的、核心的文化元素，则难以复原其传统节日的旧貌、全貌，这必将影响民族文化基因的正常遗传，而于传承发展不利。当前，在一些布依族聚居地区，年节与"三月三""六月六"等传统节日文化依然保存良好，可以正常开展节日活动。在此背景下，政府部门、学校机构、学术团体、专家学者、民间人士等各方力量，可以抓住时机，充分运用"互联网+"手段，坚持活态保护原则，依靠大数据与人工智能等现代科学技术，以文字（论文、著作、调研报告、散文、诗歌等）、图片（节日活动图片、代表性传承人相片、节日活动绘画作品等）、录音（民歌对唱、节日人物口述历史等）、影像（影视人类学影片、节日活动录像与抖音、快手等新媒体短视频等）等多种形式记录布依族传统节日活动开展情况，在可能的条件下将之档案化管理，从而为布依族传统节日文化的传承发展创造良好条件。

布依族传统节日是宝贵的非物质文化遗产，深刻体现了布依族传统文化内涵，是牵一发而动全身的关键民俗文化事象。对布依族节日文化的传承及发展，必须建立在节日文化遗产保护的基础之上。

---

① 顾军、苑利：《传统节日文化遗产保护与我们所应秉承的原则》，《民族文学研究》2005年第4期。

第 六 章

布依族传统节日文化的创新发展

第一节　布依族传统节日文化的创新背景

文化传承发展的实质在于创新，创新是文化发展的动力与源泉。创新实质上是一种建构，是为了适应变迁的社会而对传统进行的重构。传统节日的重构包括节日的自然规律、节日民俗自身的调整以及有意识的重构。[①] 传统节日文化的创新，除了要结合一定的历史背景之外，还要充分考虑现实条件。

一　新时代大发展的必然趋势

当今时代是一个创新的时代。"创新是一个民族进步的灵魂，是一个国家兴旺发达的不竭动力，也是中华民族最深沉的民族禀赋。"[②] 布依族传统节日文化的创新发展必须与新时代中国特色社会主义的时代背景紧密结合起来，革故鼎新，顺势而为，以实现其民族文化价值。

由于特殊的地理条件和社会背景，很多布依族传统节日至今保留着古朴的民俗习惯。保留精华、剔除糟粕是民族文化创新发展的基本原则。布依族传统节日文化整体而言属于民俗文化，积极因素占主体，但其中极少数陈规陋习与现代社会似乎不太合拍。布依族"三月三"祭祀山神期间，需要"闲三"。这是古老的规矩，需要维护。但历史上个别村寨"三月

[①] 参见林慧《文化记忆的追寻与重建——中国传统节日保护对策研究》，中国人民大学出版社2017年版，第151页。

[②] 习近平：《习近平谈治国理政》，外文出版社2014年版，第59页。

三"节日期间出现了连续十二天不得动土的状况,严重影响了农业生产。在祭山过程中,女性不得参加祭祀仪式,至今犹然。原生态民族文化的保护与传承,当然需要恪守风俗习惯的规定。节日活动中的祭祀仪式活动保留其本真面貌,低调开展即可。而传统与现代相结合的布依族传统节日活动的主体在于八音坐唱、"浪哨"对歌、民族乐器演奏等艺术元素的充分展示,与新时代背景下的创新发展具有密切的联系。

  布依族传统节日的创新发展必须符合新时代传统文化发展的必然趋势。创新是文化发展的灵魂。习近平总书记在党的十九大报告中提出中华优秀传统文化要坚持"创造性转化,创新性发展"的思想。"创造性转化,就是要按照时代特点和要求,对那些至今仍有借鉴价值的内涵和陈旧的表现形式加以改造,赋予其新的时代内涵和现代表达形式,激活其生命力。创新性发展,就是要按照时代的新进步、新发展,对中华优秀传统文化的内涵加以补充、拓展、完善,增强其影响力和感召力。"[①] 布依族传统节日是反映布依族人民精神文化、物质文化的民俗事象,随着时代发展而发生一定变迁。新时代背景下,布依族传统节日文化的变迁发展,是在维持民族文化传统基础上的创新式发展。布依族传统节日是布依族人民精神生活和物质生活的表征,布依族人民的生活随着时代的变化不断发生变化,节日本身的时代性是布依族人民对时代特性的认知、理解所赋予的。布依族传统节日文化,作为中华优秀传统文化的一部分,它的发轫、存在、传承、发展、创新应顺应新时代中华传统文化的发展要求,做到有扬有弃,创新节日文化的形式、内容,弘扬布依族优秀传统文化,促进其创新式发展。

  布依族传统节日的创新发展必须紧紧抓住"文化是民族的血脉和灵魂"这条主线。文化是人类特有的对世界的认知方式。文化自觉与文化自信是中华民族传统文化创新发展的表现形式。"在文化传统上说,世界没有一个民族有我们中华文化那样长久和丰富。我们中国人有责任用现代科学的方法来完成我们'文化自觉'的使命,继往开来地努力创造现代

---

① 中共中央宣传部编:《习近平总书记系列重要讲话读本》,学习出版社、人民出版社2016年版,第203页。

的中华文化，为全人类的明天作出贡献。"① 中华优秀传统文化是中华民族的血脉与灵魂，是铸牢中华民族共同体意识的精髓，是促进民族大团结的利器。党和国家非常重视少数民族传统文化的保护与传承发展，对中华民族文化遗产进行立法保护，深入实施《中华人民共和国文物保护法》《中华人民共和国非物质文化遗产保护法》《中华人民共和国民族区域自治法》等法律法规，采取评选各级各类非物质文化遗产代表性项目名录及其传承人、少数民族特色村寨和传统村落等多种措施，推进中华优秀传统文化的保护与传承发展，以促进中国特色社会主义文化大发展大繁荣，从而建成文化强国，实现中华民族伟大复兴中国梦。"在我们的节日中有很多健康的，鼓励我们向前走，充实我们的生活，使我们拥有幸福感的因素。"② 布依族节日文化是布依族传统文化的集中表现，是促使布依族增强民族文化认同、促进民族团结、加强文化自信、增进国家认同的重要元素。在维持节日传统的基础上，布依族节日文化的创新发展需要紧紧抓住布依族优秀传统文化这根主线，在节日活动中凸显民族文化特点，以实现布依族优秀传统文化传承发展的目标。

布依族传统节日的创新发展必须牢牢把握变革创造的主题。随着人类社会进程的不断演进，文化始终处于不断变化、变迁之中。传统节日文化反映了人类社会活动以及人与自然之间的互动关系。现代社会中，传统节日文化在内容及形式上随着时代变迁可能发生一定程度的改变。这是不可避免的文化现象。但是，在时代变革的主题下，我们必须紧紧把握创新发展的脉搏，重点关注传统节日文化的内涵表达，竭力维持其本来的面貌。"加强传统节日文化的文化建设，重视中国传统节日的内涵提升，重视传统节日仪式的梳理构建，让更多的人了解其精神内涵和文化形式，是弘扬传统节日文化的应有之意。"③ 布依族传统节日文化的变革与创新，主要表现在它与新时代的契合方面，是顺应时代形势发展的明智之举，是符合传统文化内涵的理性表现。

---

① 费孝通：《完成"文化自觉"使命，创造现代中华文化》，《北京大学学报》（哲学社会科学版）1998年第2期。
② 刘魁立：《我们中国人自己的传统节日体系》，《江西社会科学》2011年第5期。
③ 李松等：《重视传统节日的文化内涵》，载李松、张士闪主编《节日研究》（第十二辑），学苑出版社2018年版，第22页。

二 民族文化传承的内在需要

传统节日文化内涵极其丰富，涉及文化事象的方方面面。"丰富多彩的节日文化，不仅记载着我们祖先对自然规律的认识与把握；也显示了各个不同历史阶段的社会、经济、科技发展的水平；同时，也反映了我国民众张弛有度、应时而作的自然生活节律。"① 布依族传统节日文化是布依族民俗文化的组成部分，具有较强的适应性。布依族传统节日的适应性是由物质基础、精神需求等因素来决定的。节日文化传统的留存以及节日活动开展的经济条件是布依族传统节日文化传承至今的重要原因。人们在精神需要方面的获得感是布依族传统节日得以传承的另一个重要因素。"哪个节日有着更多的蕴含，能够给人们精神上以更多的慰藉和补偿，哪个节日便会更受欢迎，更受重视，也会传承得更为久远。"② 布依族"三月三""六月六"等传统节日在历史的长河中至今没有搁浅，这得益于它们具有良好的民族文化生态和群众文化基础。在一定的社会情境之下，人们在节日活动中充分享受节日文化的无限快乐，陶醉在心理、视觉、味蕾等多方面愉快气氛中，幸福满满，获得感很强烈，从而形成了民族文化自觉传承的心理需求。也正是在这样的历史人文背景下，布依族传统节日文化在保护的基础上才获得了传承发展的机遇。

传统节日所具有的相对稳定性和独特性，在初创之时便已存在，在其传承发展的历史过程中，狂欢性质的情绪宣泄、情感表达等文化传统处于关键的地位。"节庆创造了一种社会情境，在其中，个体与群体活动使得人们能够自由表达此类情感，在这一意义上而言，它们是社会性的。"③ 节日文化既表现社会性，又体现政治性，它是传统文化的特定符号，与国家、社会治理具有一定联系。节日文化是民族文化的精髓，维持其传统，就是对民族精神的坚守。时空流转，斗转星移，对布依族传统节日而言，变迁是一种历史的必然。这种必然是文化主体和社会选择共同作用的结

---

① 钟敬文主编：《民俗学概论》，上海文艺出版社 1998 年版，第 131 页。
② 聂景春、邹秀兰：《节日文化与精神补偿》，载高占祥主编《论节日文化》，文化艺术出版社 1991 年版，第 52 页。
③ 王铭铭：《走在乡土上——历史人类学札记》，中国人民大学出版社 2009 年版，第 113 页。

果。传统节日的传承发展过程，是一个动态变化的过程。远古时期，在人类生产力不发达、认知水平低下的情况下，布依族传统节日注重人与神灵之间的心灵沟通。所以，节日活动大都与民间祭祀有关，具有原始性质的神圣性、神秘性、功利性色彩。人们祭祀或崇拜奇石、大山、风、雨、雷、电等自然物或自然力，通过对神灵的敬奉，祈愿大自然的馈赠。随着生产力水平的不断提高、社会环境的逐步改善，布依族传统节日从最原始的对自然物或自然力的信仰表达，逐渐演变为时间性、政治性和社会性的表现。在节日活动中，尽管祭祀性元素依然突出，但其世俗性、娱乐性也在逐步显现。因此，布依族传统节日始终处于不断变化之中，并不是一成不变地简单沿袭。其传承发展，是随着生计方式的改变及社会环境的变迁而发生一定动态变化。

从民俗学角度来看，布依族传统节日的庆祝方式会因为时代、地域、活动主体的不同而发生不同变化。"变异方式有的是被利用传承形式赋予新的意义及内容；有些是保留合理内核，改变旧有形式；有的风俗活动则被全部淘汰；有的是被部分淘汰或扬弃。总之，节日风俗的稳定性是相对的，可变性是绝对的。"[①] 在文化变迁的历史背景下，节日民俗的形成与发展，不但需要历史的积淀，而且需要在特定的社会背景下，产生新的社会风尚。而这个新的社会风尚在潜移默化的过程之中可能会成为未来节日文化之传统。这既是量的层级性积累，也是质的根本性变化。这质的变化是民俗文化生活所呈现的基本状态，也是布依族传统节日文化逐步变迁的常态。"传统"之所以被称之为"传统"，是其在传承发展的过程中，增添了与时代背景、社会环境相适应的新元素。"传统"与新元素的完美结合，使传统得以维持，在继承中发展，在发展中传承，历久弥新。可以说，节日的文化传统是流动的时代文化。查白歌节因保持了较为完整的节日习俗原生形态，被确定为国家级非物质文化遗产代表性项目。随着时代的演进，查白歌节在保留原有传统节日习俗的基础上，增加了布依民歌大赛、布依族婚俗、民族文化会演等新的活动内容。此类活动内容的增补是贴切而自然的，是广大布依族人民可以接受的，也可以说是时代演进背景下布依族传统文化传承发展的内在需求。布依族人民作为传统节日文化传

[①] 韩养民、郭兴文：《节俗史话》，社会科学文献出版社2011年版，第29页。

承的主体，在社会发展的过程中选择并接受了节日文化变化的现实，是主动的时代适应，是积极的传承作为。节日变迁的原因、方式与途径多种多样，一般而言，均是主体选择的必然结果。在布依族传统节日发展过程中，布依族民歌、花糯米饭、祭山活动等民族文化因添加了新的元素而成为了新的节日。新时代视野下兴义市万峰林景区乐立古寨布依族浪哨节、乡村旅游发展背景下兴义市马岭镇平寨村"花糯米"文化节、美丽乡村建设视域下黔西南布依族苗族自治州万屯镇坡落布依古寨祭山节、山地旅游视野下黔西南布依族苗族自治州万屯镇独坡古寨"祈顺"民俗文化节、乡村振兴视野下兴义市则戎镇卧戛古寨布依族农历六月二十四民族风情节等都属于这个范畴。而兴义市一带布依族"牛王节"等节日却逐渐淡出了人们的视野，乃至走向消亡。这与社会环境的作用是密切相关的。现代社会中，布依族传统农耕社会性质的逐步改变，牛在农业生产活动中作为劳动力的辅助作用被严重削弱。所以，布依族传统节日的兴衰状况、传承发展是布依族人民在一定社会环境之下自主选择的结果。布依族传统节日的变化并不是突变的，而是在其较强的社会适应过程中，遵循自然发展规律，适应社会风尚而形成的渐进式历史演化结果。流传至今的传统节日，一般都符合布依族文化的社会属性及民众的文化心理，几乎都历经千百年的文化洗礼，适应了各个历史时期的社会风尚，才得以在历史的时空中承传下来。

三　文化产业发展的市场需求

布依族传统节日的保护与传承发展除了需要节日主体的态度、学界的推动、政府的引导之外，还需要现代大众传播力量的参与，充分发挥各类媒体在节日文化传播方面的积极作用，大力宣传布依族传统节日文化及其活动开展情况，以促进民族文化传承发展。

广泛的媒体宣传是布依族传统节日文化保护的重要方式。在现代媒体产业未出现之前，布依族传统节日文化只能靠口传心授的形式世代传承。现在，人们可以通过不同渠道或媒介获取节日文化及活动相关信息，如网络、电视、杂志等。大众传媒不仅可以普及基本的节日文化知识，而且可以通过直播、转播或录播的方式实现节日文化活动的跨时空传播。媒体的宣传提高了传统节日的社会影响力，也直接影响了布依族人民对传统节日文化活动的参与度和理解度。随着互联网技术的飞速发展，传统节日文化传播力度越来越强大。我们除了关注布依族传统节日文化在民族内部范围内的传播之外，还要关注其在社会生活时空范畴中的传播情况。节日文化的时空传播在很大程度上离不开现代媒体的跨域传播。"传播者的社会组织性决定了传播者凭借其经济实力、技术支撑、人才优势，掌握着其他组织和个人无法比拟的传播资源优势，从而把受众置于巨大的传播网络的笼罩之下。"① 媒体通过制作节目，加强节日文化宣传报道，深刻挖掘节日文化内涵，吸引和唤起更多的人们关注并喜爱传统节日文化。媒体在宣传、推广、传播布依族传统节日文化方面发挥着积极的导向作用。在此基础上而形成的以节日文化活动为核心的文化创意产业，在社会生活中对受众产生了一定影响。

信息化时代背景下，微信、快手、抖音、微博、QQ等自媒体遍地开花，成为了新兴的文化传播形式。自媒体的出现使布依族传统节日活动和文化习俗的传播日趋多样化、个性化、现代化，传统节日的形式和内容也得到了一定拓展，呈现出新的变化，为布依族传统节日的传承发展创造了新的平台。这不仅使传统节日原有的魅力与生机重新得以焕发，还赋予了传统节日新生发展的意义，影响了布依族人民对传统节日的参与程度、参与方式、内在需求和认知态度。自媒体以多元互动的方式，打破了传统媒体的单一形式，易于为大众接受。同时，它能给节日参与个体带来独特的内在体验，从而丰富了传统节日的形式和内容。自媒体可以对布依族传统节日文化进行舆论引导，展示和宣传布依族传统节日的文化价值和文化内涵，使布依族传统节日文化被更多人，尤其是布依族年轻人和其他民族的人民所接受、了解、欣赏。布依族人民利用自主创办的"天下布依人""布依山水绿色望谟""布依青年之声""利悠册亨"等自媒体平台宣传布依族优秀传统文化，效果良好。

自媒体不仅可以引导节日文化的舆论方向，还可以在消费文化和传统节日之间搭建沟通的桥梁，引导商家有效利用布依族传统节日互动寻求经济利益实现的契合点，从而更好地推广和宣传布依族传统节日文化。当今

---

① 仲富兰：《节日与传播互动关系述论》，载李松、张士闪主编《节日研究》（第五辑），泰山出版社2012年版，第49页。

社会，人们向往更加美好的生活，对精神文化的需求日趋强烈。布依族传统节日文化活动可以加入新的时代元素，顺应当代人对精神文化方面的心理需求。各类自媒体平台对布依族传统节日文化活动的记录，可以作为节日文化保护与传承发展的原始档案，在数字化保护的基础上实现网络资源共享，这在一定程度上加强了布依族传统节日文化的保护与传承，为相关文化产业的兴起与发展提供了无形助力。

布依族传统节日文化能为山地旅游文化产业的发展提供应有的智慧支撑。随着全域旅游、山地旅游相关产业的深入发展，越来越多的旅游者不再满足于低层次的旅行游览活动，而是希求层次更高、活动内容更丰富、原生形态更强、具有地方特色的旅游文化体验活动。旅游者旅游文化心理需求的变化，反映了旅游者对"他者"文化的情感体验与认知态度。基于此，布依族传统节日活动的开展需要寻找游客的乡村旅游实践与传统节日之间的结合点。在"望谟三月三民族风情节""贞丰六月六民族风情节"等布依族传统节日活动的各个环节，在花糯米饭制作、民族服饰展演等活动中，要让游客充分体验布依族节日文化生活，通过亲身体验，增强他们对布依族节日文化的认可，以达到节日文化在"他者"范围广泛传播的效果。

第二节　布依族传统节日文化的创新价值

价值，是事物之间主体与客体、内部与外部相互作用、相互促进的媒介，主要表现为客体能否满足主体的需要，内部变化能否作用于外部事象。事物的这种媒介作用在哲学上被称为"价值论"，亦称"价值哲学"。人类学视域中，价值是一个认知体系，是主体对客体的正确判断、客观评价，最终形成理论化、系统性的价值观念。民俗文化的价值则体现在内、外价值两个方面。"内价值是指民俗文化在其存在的社会与历史的时空中所发生的作用，也就是局内的民众所认可和在生活中实际使用的价值。外价值是指作为局外人的学者、社会活动家、文化产业人士等附加给这些文化的观念、评论，或者商品化包装所获得的经济效益等价值。"[①] 内价值

---

① 刘铁梁：《民俗文化的内价值与外价值》，《民俗研究》2011 年第 4 期。

给外价值指明发展的方向，外价值赋予内价值以新的内涵。传统节日文化是民俗文化内外价值有机统一的集合体。

一　知行合一的社会价值

"知行合一"是我们应当奉行的哲学理念与行动准则。"知"为良知，"行"为实践，两者相辅相成。将"知行合一"哲学观念应用于布依族传统节日文化的保护与传承发展实践之中，可强化节日文化的持续创新实践，使节日文化的内涵不断丰富，从而实现其更大的社会价值。

布依族传统节日文化的积累、继承和发展，承载着布依族人民世代相承的文化血脉。传统节日的周期性举办，将布依族人民紧密团结在一起，使其产生强大的民族凝聚力和强烈的民族认同感。布依族传统节日犹如文化黏合剂，将每一名布依族人民紧密联系在一起。传统节日来临之际，布依族人民积极投身于节日文化活动，以"我们的节日"为自豪，将自身的节日行动自觉融入传统节日文化氛围创造的情境中。这是对本民族朴实的文化认知、完全的文化认同，而这种认同在传统节日文化活动实践的基础上又得到了进一步加深。布依族是中华民族一分子。布依族传统节日活动，不仅重点突出了布依族文化的特色，还不同程度表现了汉族、苗族等其他民族的元素。各族人民群众参加布依族传统节日文化活动。在此过程中，中华民族共同体意识不断增强。

布依族传统节日活动为布依族人民提供了社会交际的平台和自我展示的机会。人们在节日期间对歌、走亲访友，欢聚一堂，其乐融融，营造了和谐美好的社会风尚。一些偏远地区的布依族人民，平常与外界的交流很少，当传统节日到来之时，特别是歌节来临时，布依族青年男女就有了良好的社会交往平台，以促进相互了解。节日中的人民在文化活动中增进了交流，加深了感情，促进了团结。如今，娱乐休闲功能逐渐成为布依族传统节日活动的主流。贞丰县布依族"三月三"节日活动，除开展古老的扫寨、祭山仪式外，还开展千人诵读议榔规、千人打糍粑、千人丢糠包、民族服饰展演、民歌大赛等节日文化活动，以强化布依族人民对民族文化保护与传承的意识，为节日文化内在价值的实现创造了条件。布依族传统节日是布依族民俗文化的充分体现，是布依族人民的精神寄托。节日作为布依族传统文化生存与发展的重要根基，维系着布依族人民的文化血脉，维护着布依族地区的社会安定与和谐团结。

布依族传统节日的表现形式十分丰富，民歌、舞蹈、美食、手工艺技术、戏剧展演等在节日活动中表现活跃。这些表现形式是布依族的文化符号。布依族节日文化是布依族文化展示和传承发展的重要载体，集中展现了布依族民俗风情，具有文化传承发展之功能。布依族传统节日文化内涵主要包括三个方面：一是"仁"，反映尊亲敬长的伦理关系；二是"礼"，反映庄重有序的礼仪规范；三是"敬"，反映酬神敬灵的精神操守。查白歌节期间，老一辈布依族向晚辈讲述节日传说、祭祀仪式等，使他们加深对歌节文化的认识、对神灵持敬畏之心，从而强化了民族文化认同，增强了民族凝聚力。可以淡化节日中的神灵祭祀元素，通过节庆活动的开展，将仁、礼等方面与社会主义核心价值观密切结合起来，以学校教育、家庭教育、社区教育等形式，对布依族青少年群体进行节日文化传统的言传身教，既能传承布依族传统文化，又能结合新时代实际情况开展思想政治教育，这真可谓是"两全其美"之举。

随着时代的不断发展，节日的经济效应渐渐凸显。在布依族传统节日活动中，人们对衣、食、住、行、游、购、娱的需求达到了高峰时期。在此情况下，商品贸易经济活动自然随之产生，这无疑会对布依族地区经济的发展产生推动作用。传统节日来临之时，走亲访友需要置办礼品，"浪哨"对歌需要互赠信物，从而在节日之外衍生出了活跃的经济消费市场。现在，招商引资、项目建设、商贸活动、第三产业经营活动等成为布依族传统节日活动中的经济主体，使节日文化的外部价值得到了拓展。布依族聚居地区积极打造"节日搭台、经济唱戏"平台，结合山地旅游、乡村旅游等社会现实，吸引了国内外无数专家、学者、投资者、旅游者前往布依族地区开展学术研究、项目投资和旅游观光等活动，亦促进了布依族地区的经济社会发展。

二　天人合一的生态价值

"天人合一"的思想概念是我国古老的哲学思想之一，由道家学派代表人物庄子最早提出，后经汉代大儒董仲舒结合谶纬之学对其进行了深入阐述，逐渐形成了"天人合一"哲学思想体系，由此构建了中华传统文化之主体。"天人合一"思想讲究的是人与自然、人与神灵之间的和谐统一。布依族传统节日文化活动中，神灵祭祀仪式、民族饮食文化、生态环境保护等方面皆表达了这种理念。

在布依族"三月三""六月六""牛王节"等节日中，人们祭祀山神或者地蚕、天王石、牛王、水神、土地神等神灵，祈求农业丰收。每一个节日的由来都有相应的民间故事或传说。产生于远古时代、与节日有关的民间文学，是布依族人民的文学创造，反映了历史时期的人们对人与自然之间密切关系的基本认识。人类只有尊重自然，善待自然，才能获得大自然的馈赠，过上幸福快乐的生活。

布依族"三月三"等节日中，"闲三"属于少数民族习惯法内容，任何人不得违反，违者受罚。"闲三"期间，人们不得动土、上山打柴、下河捕鱼，停止人与大自然之间的一切生产活动。节日期间，布依族开展"赶表"等民俗活动，反映了丰富多彩的生活观念。

布依族传统节日中的"议榔规"，事关布依族村寨乡规民约。"议榔规"中有关于不得砍伐祭山林、保护村寨风水、邻里团结和睦等条款。一些布依族村寨中至今保存有清代至民国时期的乡规民约碑刻，其中部分涉及布依族的生态保护观念。黔西南布依族苗族自治州顶效镇绿荫布依寨"永垂不朽碑"、安龙县"阿能寨公议碑"、贞丰县必克寨"众议坟山禁砍树林碑"、册亨县"秧佑乡规碑"等乡规民约一般在布依族传统节日"三月三"等节日活动中制定，对一定村落中的民众具有较强的约束力。立于清代咸丰七年（1857年）的贞丰县"长贡护林碑"记载，"栽蓄树木以培风水，光前代兴裕后人"[①]。碑文中虽然有涉及"龙神""龙脉"等词汇，但其中植树造林、禁砍林木的观念至今仍具有积极意义。

布依族传统节日中的饮食文化体现了生态文化观念。花糯米饭是布依族传统特色食品，广泛应用于接待嘉宾以及祭祀仪式之中。花糯米饭，呈现白、紫、红、黄、黑五种颜色，是一种原生态食品，由黄米饭花、枫香叶等自然植物浸泡糯米之后，蒸熟而成，风味独特。五色糯米饭香气扑鼻，在布依族地区广为食用。灰粽粑也是布依族节日中常见的美食，用稻草焚烧之后形成的草灰与糯米混合，以粽叶或芭蕉叶包裹糯米，蒸煮之后

---

① 贵州省黔西南自治州史志征集编纂委员会编：《黔西南布依族苗族自治州志·文物志》，贵州民族出版社1987年版，第102页。

而成粑粑，风味独特。五色糯米饭与灰粽粑等节日食品是纯天然、绿色的特色食品，体现了布依族的生态饮食观念。

布依族传统节日中服饰文化体现了生态文化理念。节日活动中，布依族均身着民族服饰，盛装过节。布依族传统服饰是人们用自己种植的棉、麻及染色用的天然植物染料靛蓝，通过织、染等方式制作而成的。从前，布依族家庭都有木制织布机。织布机由木匠用山上的竹木制作而成。布依族女性将棉、麻编成线条，用竹签缠绕，放在织布机旁，便于织布。织布工序复杂，一推一拉之间，梭机在棉、麻线条中穿梭，织一丈二尺的土布需要花费一天左右的时间。土布织好后，还需要染色。染色之前，人们要对土布进行漂洗、捶打及晾晒，其目的是为了去除杂质，保留原色。原色容易上色，色泽会更加纯正、自然。土布染色所用的染料不是化工染料，而是纯天然的植物靛蓝。布依族妇女通过对靛蓝熬煮以及对火候的把控，加上传统技艺手法，可以染制出深蓝、浅蓝和灰蓝等不同颜色的土布。土布染制完成后，晾晒几日便可制作布依族传统服饰。服饰中的刺绣和蜡染也是布依族地区常见的传统技艺产品，纯手工制作，生态服饰，别有特色。

布依族在长期的生产、生活实践中，形成了朴素的生态保护意识。人们对自然的敬畏，对人与自然之间紧密联系的认识，使"天人合一"的观念在具体的生态保护实践中得到了顺利落实。我们在布依族传统村落常可见到古树、古林生长旺盛的情况。人们视之为神圣之所，加以保护。布依族对大自然的爱护体现了重视生态环境保护的传统观念，至今对我国生态文明建设仍然具有重要意义。

三 和而不同的交往价值

"和而不同"是中国哲学思想中一个重要的命题，源自孔子对于"君子"的气度衡量。"和而不同"是理性和谐社会构建的重要基础。它在文化领域表现为文化的多样性与包容性。多种文化和谐共生是生态文化系统的本真状态。

当代布依族传统节日活动突出了布依族文化特色，在一定程度上超出了地缘关系、血缘关系，形成了以布依族为主体，多民族共同参与的节日。在布依族传统节日文化活动中，苗族、汉族等多民族人民的参与，表现了布依族传统节日的包容性特点，为加强各民族之间的社会交往和推进经济发展提供了助力。

布依族传统节日是集中展现布依族精神风貌的平台。现在，布依族传统节日对其他民族的开放态势越发明显。这是民族交往交流交融日趋加强的必然趋势。布依族人民利用传统节日保护与传承传统文化，使节日文化内涵更加丰富、表现形式越发多彩，在表现独特的布依族文化的同时，也积极展现了世人喜闻乐见的多元文化。

随着社会主义社会经济、技术、文化等事业的不断发展，各民族之间交往、交流不断加深，布依族传统节日出现了以布依族为主体，其他民族共同参与的创新性发展态势。布依族聚居地区开展的"三月三""六月六"等传统节日活动中，各民族人民共同参与的情况十分普遍。在活动中，人们将各民族优秀的民族文化、民间习俗整合于布依族传统节日活动中，使布依族传统节日文化中的主体、主题、内涵、形式等方面得到进一步拓展，从而使布依族传统节日成为多民族文化展演的舞台。

布依族传统节日文化在形成和发展的过程中，离不开与其他民族文化的交流。在此过程中，布依族不断完善自身节日文化体系，形成了"和而不同"的文化气象。中华民族多元一体格局下，各民族在维持自身传统文化特色的基础上，吸纳其他民族文化的趋势不断加强。布依族传统节日"和而不同"的文化特性，使区域内民族文化得到一定程度的碰撞、交融，推动了民族关系的进一步发展，形成了和谐共生的良好发展趋势。

四　积极有为的学术价值

布依族传统节日文化具有重要的学术价值。可以从多学科角度，包括历史学、语言学、文字学、文学、民俗学、宗教学、哲学、艺术学等多个领域开展学术研究工作，以推动布依族传统节日文化方面研究的不断深入。

历史文化研究方面。布依族"二月二""三月三""牛王节""尝新节"等传统节日文化的研究空间还比较大。民间传说、民间故事中的节日起源与汉族等其他民族之间的关系需要进一步考察。布依族节日活动中的信仰文化需要加强研究。从人类学的角度分析，布依族服饰、饮食等文化事象在节日活动中的表现值得关注。

语言文字研究方面。布依族有自己的语言，至今在本民族内部使用，而布依族古文字的使用未能达到普及的程度。布依族文字有远古象形文字"古越文字"、古方块（土俗）字以及布依族（CV）型拼音文字等三种文字。① 涉及布依族古文字的传世文献很少，有专家、学者取得了一些研究成果，但古文字的全面解读仍然存在很大困难。20世纪50年代，国家为布依族创编了一套拉丁文拼音文字，但未能在布依族人民中普及。布依族古文字中蕴含的节日文化内涵等需要整理、发掘。目前，周国茂、伍文义等先生从布依族摩经着手，在此方面持续发力，研究成果不断出现。学界同仁的共同努力，将会使布依族语言文字方面的研究不断深入。

文学艺术研究。布依族歌舞、美术等艺术文化与传统节日的互动关系需要做进一步探讨。布依族民间文献中记载节日由来的神话、传说、故事等具有较高的研究价值。节日文化事象中的对歌文化、舞蹈文化、戏剧文化、音乐文化等，同样具有重要的研究价值。对歌文化包括劳动歌、情歌、社交礼仪歌等，大多伴随节日而产生。"浪哨"时，布依族青年男女对唱《初识歌》《称赞歌》《挑逗歌》等情歌。青年男女配对成功的会唱《初恋歌》，没有配对成功的则会唱《苦情歌》。节日活动结束后，青年男女在分别之后唱起《相思歌》《忧怨歌》等民歌，以表达思念之情。布依族节日中的"浪哨"风俗反映了布依族男女平等、自由恋爱的观念。在"三月三""六月六""查白歌节""毛杉树歌节"等传统节日里，布依族走亲访友，会演唱相应民歌。客人来了，主人唱《迎客歌》，客人以歌答谢。主人招待客人，喝酒时唱《敬酒歌》。布依族社交活动各环节，大多以民歌贯通。即使到当代，布依族对歌文化随着时代变化而发生了变迁，以汉字填词，但仍以布依语、古调歌唱。布依族民间文学、民间艺术还存在很大的研究空间，需要我们努力。

对布依族传统节日文化的研究，是为了使布依族传统文化得到进一步的传承与发展。布依族节日文化的发展根植于传统，随时代的发展而不断发展，不断进步，不断完善，这是布依族在生产、生活实践中的创造与选

---

① 参见罗祖虞等《中国布依族节庆文化探源——从布依族百越古文字文献中寻觅布依族节庆文化源头》，载白明政、樊敏主编《布依族节日文化研究》，贵州民族出版社2017年版，第2—3页。

择。这种创造与选择是对历史、社会及时代潮流的尊重与理解。传统节日文化与布依族地区自然环境资源、人文社会资源相融合，创新节日文化，能为布依族传统节日文化的传承发展拓宽新的视野、新的境界，以达到新时代背景下布依族传统文化保护与传承发展的新高度。

布依族传统节日文化创新应本着以人为本、整体保护与活态传承的原则，深入挖掘并升华传统节日的文化内涵，汲取各民族节日文化中的积极因素，大胆创新并自觉为传统节日注入新质。这一方面能为布依族非物质文化遗产的活态传承创造条件，同时结合当代社会发展趋势，为布依族地区脱贫攻坚成果的巩固拓展、乡村振兴战略的深入实施提供助力；另一方面，在中国梦视域下创新发展布依族传统节日文化，能够增强布依族的民族认同感、国家认同感，增强文化自信，激发布依族与全国各族人民一起热爱中华民族、热爱中华文化、热爱祖国、热爱中国共产党、热爱中国特色社会主义的美好情感，对新时代社会主义核心价值观的弘扬具有重要意义。

第三节　布依族传统节日文化的创新路径

布依族是一个古老的民族，具有悠久的历史文化，依山傍水而居，是典型的稻作民族。布依族节日活动是布依族传统文化的重要组成部分。近年，随着社会经济的发展，布依族文化受到冲击，出现了异化情况。人们对传统节日文化的关注度有所降低。在此背景下，探讨布依族传统节日文化在保护与传承基础上的创新发展就显得十分必要。

一　布依族传统节日发展困境

（一）节日观念淡化

布依族传统节日文化活动的原生地在广大布依族村寨，随着现代化进程的推进，农村文化生态环境发生了一定变化，从而弱化了民族节日文化生境。农村社会现代化建设持续推进，给农民带来切实的利好，但又使他们的生产、生活观念发生了较大变化，导致他们对民族文化保护与传承的态度没有数十年前那么坚定。新生代布依族由于工作、学业等原因不断走出传统文化气息较为浓郁的民族村寨，接受新鲜事物并受其影响，逐渐有了民族文化"老土"的感觉，进而形成了对民族文化的淡漠态度。在此背景下，布依族传统节日文化观念在一些布依族地区渐趋淡化。"三月三""六月六""牛王节""尝新节"等传统节日与布依族传统农耕社会联系密切。在当今社会条件下，布依族传统农耕社会受到了一定影响。部分布依族通过升学、参军等方式脱离了农村社会，其生计方式不再是农业生产。部分布依族走出村寨，到城镇寻求谋生的机遇，慢慢摆脱传统农业生产为主业的状态。在布依族聚居地区，三十年前，人们大多种植双季水稻，一年有两次农业收获的机会。而现在，尽管粮食产量大幅度提高，由于农村劳动力缺乏、粮食收入低下等原因，从事传统农业生产的人们大为减少。这是受时代发展趋势影响的必然现象。

贵州省望谟县、贞丰县等地基本上每年举办布依族"三月三"或"六月六"节日，节日气氛十分浓厚，吸引了广大布依族人民参加，这在一定程度上有利于布依族传统节日文化的保护与传承。从另外一个角度分析，诸多参加节日活动的布依族，尽管他们对以上区域性布依族传统节日文化活动持认同的态度，但在自己的村寨中，他们又无法营造"三月三"或"六月六"节日文化活动所需的氛围。这是人们对于布依族传统节日文化的二重性表现，表现了部分布依族既认同本民族节日文化，但自己在观念上、行动上又无形中淡化了节日文化的概念。"传统节日一直处于不断发展变化之中，并非一成不变。"[①] 布依族传统节日文化变迁的状况难以避免。部分布依族村寨仍然保存原生态的节日文化习俗，这是可喜的。在时代变迁的背景下，如何避免布依族传统节日文化观念淡化的问题，值得关注。

（二）节日活动异化

布依族传统节日活动内容与形式是千百年传承下来的固定模式，是较为稳定的民族文化心理的体现，长期以来对布依族产生了深远的影响。数十年前，人们对传统节日热情高涨。节日前夕，村寨中淳朴的布依族人民就忙碌起来，年节打粑粑、"三月三"蒸花糯米饭、"六月六"包粽子、"七月半"做褡裢粑，节日气氛被提前营造出来了。布依族历来重视节日活动，除了准备节日中的特色食品之外，还要提前制作好民族服饰，准备

---

① 高巍：《中国传统节日的文化研究及其实践应用》，北京燕山出版社2017年版，第27页。

好八音坐唱或小打音乐、布依戏、"浪哨"对歌等节日文化娱乐内容，以开心度过美好的节日。节日活动的原生态性质使人们念念不忘、印象深刻。

近年来，随着经济社会的发展，一些布依族村寨借助原生态的民族节日来推动乡村旅游发展。贵阳市花溪区镇山村借助"六月六"、黔西南布依族苗族自治州贞丰县必克寨利用"三月三"、云南省罗平县多依村运用农历二月初二"泼水节"、四川省宁南县拉落村利用"三月三"等布依族传统节日文化助推地方经济社会发展，效果良好。但是，部分布依族村寨过度渲染乡村旅游发展，在传统节日活动的打造上出现了民族文化形式化、活动内容简单化、他族文化过多融入等情况。节日活动中祭祀仪式的表演性，虽然增添了布依族节日的神秘性质，但在文化传统的坚守上又做得不够，从而使布依族传统节日出现异化现象。部分地区布依族传统节日活动中，虽然有布依族歌舞等传统文化的表现，但现代化的因素过多，加上西方节日文化的冲击，使得布依族节日文化的传统性质受到了一定程度的影响。

二 布依族节日文化创新路径

当下，布依族传统节日文化面临传承危机。如何寻求新的发展路径，推陈出新，以继承和发展布依族传统节日文化，是亟待研究的问题。

（一）赋予传统节日文化新内涵

布依族传统节日是布依族文化的集中反映，是维系布依族生存和发展的精神纽带。因此，在开展布依族传统节日活动时，应顺应时代形势，不断加强对布依族传统文化的创新，从而赋予布依族传统节日以新的内涵。这样，布依族传统节日才会有更为广阔的发展空间。首先，明确节日活动主题。"三月三"期间，要突出布依族祭山的主题，引导布依族正确认识和理解本民族传统文化，敬畏自然，珍惜目前所拥有的幸福生活。"四月八"期间，突出感恩主题，感恩耕牛的辛苦劳作；推物及人，由此感恩身边所有给予自己帮助的人们。"六月六"期间，突出人与自然之间和谐共处的主题。"六月六"节日中，布依族祭祀田神、社神，扫寨，祈求农业丰收。因此，要努力营造邻里团结、社会和谐的节日氛围。"七月半"期间，突出祭祀祖宗的主题，大力弘扬敬奉祖先、孝敬长辈的中华民族传统美德。其次，将节日向外推广。布依族传统节日活动不仅仅局限于布依族家庭、一定社会范围之内，而要让其走向大众视野。举办布依族"三月三""六月六"等节日活动时，利用电视媒体等媒介，积极宣传与布依族节日文化相关的民间传说、民族风情等，使其他民族充分了解布依族传统文化。最后，不断挖掘布依族传统文化中的优秀成分，丰富传统节日的活动内容和活动形式。在节日活动中适当注入一些现代文化元素以及娱乐成分，保证布依族传统节日的独特性和多样性，同时以此来加强布依族的民族文化认同感与自豪感。

（二）重塑传统节日文化新价值

布依族传统节日是布依族文化的重要载体。为了使布依族传统文化较好地保存、传承下去，在继承传统文化元素的同时，可以注入一些符合新时代人们审美的元素，创新节日活动中的艺术效果，重塑布依族传统节日文化的价值。

征集布依族节日活动标识物。在中国，布依族传统节日的影响力比较薄弱。想要使布依族传统节日文化的内涵得到更全面、准确的表达，必须对布依族传统节日进行创新。可以结合地方特色，开展布依族节日、节徽或吉祥物的征集活动，引起人们对布依族节日文化的广泛关注，以此扩大节日文化影响力。

设计新颖时尚的旅游纪念品。民族节日纪念品是该民族文化的具体表现，具有鲜明的民族特点。同一民族在不同村寨，其节日文化活动和社交礼仪方式因地域不同而稍有差异。望谟县蔗香布依族村寨的传统节日，除春节外，比较隆重的节日有"三月三""六月六""七月半"等。每一个节日的活动内容都不一样。春节时，打糍粑，做枕头粑。"三月三"时，做花糯米饭。"六月六"做三角棕。"七月半"做褡裢粑、板陈糕等。这些特色饮食在节日中可以用艺术的形式表现出来，结合时尚元素，设计成新颖、美观、健康而富有情趣的工艺品。文化创意在布依族服饰、刺绣、香包、鞋帽等手工艺品的设计、生产中十分重要。它既能突出布依族传统文化的特点，又可更生动地宣传、推广民族文化。香包在布依族节日文化活动中应用普遍，已经形成了良好影响。而更多的布依族传统手工艺品的设计、制作并投入节日市场，将会进一步强化人们对布依族传统节日文化的良好印象。

在布依族特色旅游纪念品的营销和推广上，可在布依族村寨内部建立合作机构，将布依族人民精心设计的手工艺品统一收购，在布依族特色商店集中销售。这样，既可以满足游客对旅游商品的购买需求，又可以为人们提供稳定的旅游商品销售渠道，达到增加收入的目的。同时，可以引进现代化经营方式，如外包销售、授权生产、商品定制等生产经营模式，以实现经营决策的专业化与管理的规范化，形成较大规模的生产销售格局。产品推广方面，在电视、广播等传统媒体的作用下，更多地可以借助阿里巴巴等电商平台以及微信公众号等新媒体形式加强对外宣传，运用商业运作多种手段，提升外界对布依族传统文化的关注度。

产业融合背景下的市场开拓。在现代化市场中，民族文化产业逐渐形成。产业融合背景下的文化创意是布依族传统节日文化传承发展的关键。布依族具有悠久的历史，有着本民族特有的文化传统，如乐器、刺绣、图腾、服饰等，既有艺术审美价值，又有民族文化价值。少数民族特色村寨与民族传统节日文化相结合的乡村旅游模式是推动民族文化产业发展的有效途径。两者之间是相互促进的关系。要推动布依族文化产业化发展，除了打造少数民族特色村寨精品旅游路线、特色旅游景点以及文化旅游商品之外，还可以对民族歌舞的舞台表现形式多加探索，同时使布依族传统文化向电视、影视、时装、会展、动漫、室内装饰等产业延伸，使之得到适当开发，以此树立布依族节日文化的品牌地位，加强文化交流，促进经济社会发展。

（三）推动传统节日文化新发展

以前，布依族传统节日活动基本上是以家庭或者家族为单元，由民众以自发组织的形式来开展。如今，随着走出村寨的人员越来越多，布依族自发组织节日活动的力量日渐薄弱，节日活动的影响力难以扩展。要使布依族传统节日得到更好地传承发展，需要政府、专家、媒体以及商家等社会各界人士提供支撑，进行合作，合力举办布依族传统节日活动。在弘扬布依族传统节日文化的过程中，政府部门可以发挥主导作用。政府部门应充分认识到弘扬布依族传统节日文化的重要意义，为节日活动的举办提供资金、场所、人才等多方面的保障。在节日活动举办期间，当地布依族要创设良好的节日环境，营造浓郁的节日氛围。专家、学者以及企业家等社会各界人士可以多种形式参与到节日活动中来，在各自领域发挥促进布依族传统节日文化传承发展的作用。

许多布依族村寨被评为国家级、省级少数民族特色村寨。这是一种宝贵的文化资源，可以与山地旅游、乡村振兴战略等密切结合，共同推动新时代中国特色社会主义新农村建设。布依族传统村落中的节日文化是一种可以凝聚人心与发展合力的民俗旅游文化资源。贵州省兴义市南龙古寨、贞丰县纳孔古寨、册亨县福尧古寨等布依寨依靠少数民族特色村寨的响亮名片促进地方发展的情况就是很好的证明。这些布依族古寨有着深厚的民族文化底蕴，举办过传统节日文化活动，形成了良好的乡村旅游品牌，并在山地旅游、生态旅游等旅游市场占有一席之地。在"多彩贵州""七彩云南"等区域旅游品牌作用下，地处西南地区且具有原生态性质的布依族传统节日文化在新一轮西部大开发战略的历史机遇之下，将为布依族地区及布依族传统村落的持续、健康发展提供支持。

布依族节日文化是布依族传统文化的重要载体，是维系布依族生存和发展的精神纽带。要对其进行传承与保护，必须跟上时代步伐。革除其中的陈旧、落后部分，赋予布依族传统节日文化以新的文化内涵，营造文明、健康的传统节日氛围，是乡愁之所系，是发展之所需。创新是传统节日文化得以继承和发展的根本保证，是布依族传统节日文化走向现代化、走向世界的重要前提。在弘扬布依族传统节日文化时，应充分认识到布依族传统节日活动所蕴含的文化价值，努力维护布依族节日文化传统，同时随着时代发展为布依族传统节日文化注入新的元素，以永葆其传承发展的活力。

第七章

布依族传统节日文化与少数民族特色村寨建设

第一节 营上布依古寨传统节日文化及其开发策略

一 营上古寨概况

（一）地理位置

营上布依古寨位于贵州省兴义市马岭镇平寨村，现有80余户340多人，布依族人口占全寨总人口的95%，是一个典型的布依族村寨，具有浓厚的布依族文化底蕴。这里属亚热带山地季风性湿润气候，年降雨量1100—1350毫米，年平均气温约17.8°C，夏无酷暑，冬无严寒，是较为理想的避暑胜地。该村寨三面环山，地势险要，仅有一条"之"字形公路由山脚蜿蜒至既高又陡的古寨。既至古寨之中，则视野开阔，马岭坝子之田园风光一览无余，令人心旷神怡。

营上古寨距兴义市区10公里，距国家AAAA级旅游景区马岭河峡谷10公里，距国家AAAA级旅游景区万峰林26公里，距下五屯刘氏庄园15公里，通村公路连接兴清快速公路，交通便利，可与周边景区实现便捷对接。

（二）自然风光

古寨位于山腰，倚靠大山，一汪山泉从寨中潺潺流过，从未干涸过。站在寨中，从前面看，是风光秀丽的田园景色；往后面望，是一座座连绵不绝的高山。寨中有一口水塘，由汩汩山泉汇聚而成。水塘下方又有一池碧泉，山泉从峭壁间跌落下来，溅起几朵水花。池中睡莲几朵，自在美丽。沿着山谷行进，尽是潺潺流水声。木浪河水渠穿寨而过，现代工程与古朴环境完美融合。值得一提的是，寨中古榕树众多，参天蔽日，绿意盎然。整个古寨在古榕的环绕之中，自然环境优良。据村民介绍，清道光年间，人们开始在寨中大规模种植榕树，上百年树龄的古榕树至今有近百棵。古榕树高大挺拔，枝繁叶茂，虽是炎炎夏日，在寨中仍然感觉到丝丝凉意，实乃避暑好去处。

（三）历史文化

营上古寨是典型的布依族聚落，当地布依族以陆、岑姓为主，自古以来形成了具有布依族传统文化特色的风土人情。

营上古寨较为盛大的布依族传统节日有春节、"三月三"、农历六月二十四"祭山节"等。每逢"三月三"及农历六月二十四"祭山节"，古寨就会开展节日活动，举行隆重的祭山仪式。山神信仰是布依族的自然崇拜。布依族是稻作民族，是中国最早种植水稻的民族之一。古代时期，人们对大自然缺乏认识与了解，认为大自然具有神秘力量，于是对之加以崇拜。布依族之所以祭拜山神，是因为农历三月正是播种季节，希望山神保佑百姓生产、生活顺利进行，而农历六月各种粮食作物已经生长，此时祭祀山神是祈愿山神保佑庄稼丰收。布依族认为，山神能够驱邪消灾，是村寨的保护神。祭祀山神能防止水土流失、防止泥沙覆盖耕地、防止病虫灾害等，从而避免庄稼受损，获得好的收成。古寨除山神信仰外，还有土地神、树神等自然崇拜。古寨建有一座土地庙，供奉土地公公、土地婆婆，这里是当地人祭祀土地神的场所。寨中有一棵生长数百年的古榕树，需几个成年人张开双臂才能合抱。当地布依族以之为神树，名为"歪宝树"。布依族家家户户设神龛，祭祀天神、祖先等神灵。节日期间，布依族开展八音坐唱、对歌等娱乐活动，活跃了节日气氛。

营上古寨，每逢雨后，山间云雾缭绕，犹如仙境，远远望去，整个寨子似乎飘于白云之上，故称之为"云上"。古时候，这里又被称为"屯上"，意为"山中平地"，又因地势险要，易守难攻，历来为兵家必争之地。清代咸丰年间（1851—1861年），兴义下五屯刘氏家族派查宝山在此建造营盘，于同治二年（1863年）修建好营盘，清兵入驻，名"屯上营"。"营后山阿有水田数百亩，屯中岩谷起伏，饮料充足，居民五六十户,前面及左右均为陡坡,旧沿山筑有石墙,敌来不易窥伺,避兵匪时可容数千户。"① 查宝山以屯上营为据点,与雀笼山营互为犄角,又与张鼎臣、黄子经等为首的周别营、花月营、普硐大本营等普硐十二营连成一片,形成马岭至枯山、丰都一线坚固的军事防御集群,以抵御同治年间回民起义军等军事势力的进攻,拱卫兴义县城。"由于营盘地势高,视野开阔,因而,无论对方从哪个方向而来,来人多少,营盘上的人均可一目了然,从容应对。在冷兵器时代,选择这样一个地方建营盘,确实是占尽了地利之便。"② 寨中至今存在古碉堡遗址,枪弹痕迹至今清晰可见。据说,清兵平时在寨中古榕树之下训练。营上古寨具有军事历史文化价值。古寨南、北两面各有深谷、悬崖,又以高山为天然屏障,进寨道路只有一条,易守难攻。明清时期的营上古寨位于兴义连通普安、安顺、贵阳之间的古驿道附近,地理位置相当重要。寨内设有东门、南门、西门三个城门,地形复杂。现存的东门、西门遗迹,均为石门。东门位于进寨之处,至今存在一副对联:人杰地灵云蒸霞蔚,山环水绕凤翥鸾翔,横批为"紫气东来",但字迹已毁,模糊不清。西门位于寨中,原有"永乐"石匾镶嵌于石门上方。现如今,当地人按照原有形式对西门进行了一定修复,建造了一座石木结构的城门。

由于营上布依古寨具有浓郁的布依族特色文化以及悠久的历史文化,古寨的发展受到了各级党委和政府的重视。2016年,马岭镇平寨村被纳入国家旅游局乡村旅游扶贫工程,隶属于平寨村的营上古寨成了乡村旅游扶贫重点村寨。

二 民族节日文化

(一)"三月三"

"三月三"是布依族的一个具有祭祀性质的节日,一般进行扫寨、祭山神、祭社神等活动,驱邪扫鬼、禳灾祈福,以求村寨平安、五谷丰登。

---

① (民国)卢杰创修,蒋芷泽等纂:《兴义县志》第2章《地理》,载黄加服、段志洪主编《中国地方志集成·贵州府县志辑》(第30册),巴蜀书社2006年版,第72页。

② 黄正书:《沧桑营上寨》,载兴义市布依学会等编《兴义布依寨》,贵州民族出版社2014年版,第125页。

有的地区则到祖先坟茔扫墓挂青，如同清明节。有的地区则已发展成为歌节，开展文娱活动。故"三月三"兼有文娱性节日特点。①营上古寨"三月三"有其自身的魅力，三月祭山时间不是固定的，于申日或寅日开展，在时间顺序上有"猴来先祭猴，虎来先祭虎"的说法。我们曾对营上古寨2017年"三月三"节日活动进行了考察。按当地布依族寨老推算，2017年农历三月的祭山活动时间是农历三月初一。据当地村民介绍，三月祭山是为了祭祀一位老孃孃。老孃孃爱吃狗肉，所以三月的祭山仪式中必须要有狗肉作为祭品。从前，营上古寨祭山的时候选在晚上，是因为老孃孃害羞，天黑了才敢出来吃狗肉。现在，祭山时间改为中午。人们之所以要祭祀山神，是为了求神灵保佑村寨安宁。据说某一年的"三月三"没有祭祀山神，因此触犯了神灵，当地寨民受到了神灵的惩罚，那一年寨子里先后有数十人去世。这引起了当地人的恐慌，直到祭拜山神后，寨子才得以安宁。自此之后，营上古寨"三月三"祭山仪式基本上每年开展，同时开展八音坐唱等文娱活动。

祭山仪式是营上古寨"三月三"节日活动的一个重点。2017年，营上古寨"三月三"节日中的祭山活动由平寨村第二村民小组举办。祭山地点位于寨子最高处的一块平地。一大片古榕树盘根错节，郁郁葱葱。村民说，这里的一草一木都不能破坏，即使枯树枝也不能拿回家，否则会受到山神的惩罚。祭山的当天早上，人们在神台旁的树枝上挂满白色纸条。用白色纸条划分出来的区域，女性和外寨之人不能进入，否则是对神灵的不敬。祭山场所有一个灶台，可以放下两口锅。灶台左边有一个用砖块砌成的、约50厘米高的神台，用来摆放供品。神台旁有一个由四块大石头围成的凹槽，是用来烧香、焚纸的地方。根据目前经济发展情况和物价水平，祭山活动前，寨中每户均摊三十元，由专人去集市采购祭祀物品：一条纯色而健康的狗、三只公鸡、数支蜡烛以及纸钱、香、鞭炮等。主持祭祀的人进入祭祀区域时鸣放一次鞭炮，以告知全寨人，祭山仪式即将开始，不得大声喧哗。祭祀仪式即将结束，村民在祭山场所聚餐时再鸣放一次鞭炮。部分村民拿着碗、柴火、水等物品到达祭祀的地方，帮忙整理食

---

① 参见杨昌儒、陈玉平编《贵州世居民族节日民俗研究》，民族出版社2009年版，第146—147页。

材。祭山仪式由寨老主持，先后开展"生祭""熟祭"仪式活动。"生祭"之后，人们把狗和鸡等食材整理好，放到锅里煮熟。下午一点左右，每户派一位男性端着自家煮熟的白米饭去祭祀的地方，参与聚餐。寨老在神台上点燃两支蜡烛、三炷香，用土碗分别盛上狗头、狗脚、狗尾巴以及鸡头、鸡爪、鸡尾巴，并排放置在神台的三个方位，倒上两杯酒，摆上四碗白米饭，其中石凳两边分别摆上一碗，碗底朝上，碗口朝下。摆放好祭品后，几位负责祭山仪式的寨老一起向山神祈福，其中最有威望的老人与山神对话，把全寨人的心愿告诉山神，希望山神保佑村寨风调雨顺、四季安宁。然后，在场的所有人向山神磕三个头。仪式结束之后，用白纸条圈出的区域，寨中女性和外寨人在三天内不能进入。以前，当地布依族用红纸剪成马的形状，挂在古榕树和神龛上用以祈福，用茅草搓成两根长长的绳索，分别挂在寨子两头以告知外人勿入。祭山仪式正式开始后，便不再允许外人进寨。谁破坏了规矩，谁就得买祭品重新祭山。白纸条的外围，摆放着一些桌椅，这是祭祀仪式结束后，全寨人聚餐的地方。人们自带米饭，围成一桌。每一桌都有狗肉和鸡肉等菜肴。他们认为，吃了这些食物，山神便会保佑他们以及家人平安健康。饭毕，部分村民在古榕树下表演八音坐唱、对唱民歌等活动，欢庆节日。

（二）祭山节

营上古寨农历六月二十四的"祭山"有"小祭"与"大祭"之分，单年为小祭，必须宰牛；双年为大祭，宰牛和羊。"三月三"和"六月二十四"的祭山地点不在同一个地方。"六月二十四"祭山前的一个星期，组织祭山活动的人负责筹款，每户一百元，以购买祭山所需物品。农历六月二十四早上五点多钟，准备宰牛。牛必须是公牛，且四肢健全、肥硕健壮。2017年买的公牛有三百余斤，花费八千多元。宰牛前，人们把牛拴在祭坛旁的榕树上。宰牛后，拴牛的绳子继续挂在榕树上。宰牛时，牛头要对着寨子有山的那一面。上午六点，布摩主持祭山仪式。布摩把准备好的生牛肉、一盆牛血、两个碗、两双筷子、三炷香、两支蜡烛放在祭坛上。祭坛是用砖块堆砌而成的方形台子，长、宽、高各50厘米左右。祭祀时，燃放鞭炮。布摩点香，化纸，念诵摩经。摩经大意为：今天是农历六月二十四，诚邀山神来寨中过节，望山神保佑寨子风调雨顺、五谷丰登，村民身体健康等。祭祀之后，人们把生肉拿去煮熟。等牛肉和米饭等食物煮熟后，布摩再把煮熟的牛肉放在祭坛上，摆上八碗饭、八双筷子、八杯自家酿制的苞谷酒，点上三炷香、两支蜡烛，点燃纸钱，燃放鞭炮，仪式正式开始。布摩念经，与之前的仪式差不多。"熟祭"后，布摩把白酒倒在纸钱的灰烬上，向山神磕三个头，以示尊敬。接下来，大家一起准备午饭，做好的饭菜只能由成年男子吃。祭祀场地严禁女性和未成年男子入内，严禁有人在这里吐口水。据当地人讲述，妇女不能入内的说法是有来历的。以前有一位妇女不信邪，坐在祭坛上休息，下山之后，她便有些神志不清了。后来，她家人请布摩看病。布摩叮嘱她家人带着她，拿着祭品去向山神请罪，她才清醒过来。

上午九点，布摩和几位村民拿着祭品前往池塘旁边一棵古榕树下祭祀山神。祭品是煮熟的一只公鸡和一碗腊肉。鸡和腊肉放在神台中间，两边分别点上一支蜡烛，摆两杯酒，点燃三炷香、一叠纸钱和一封鞭炮，之后布摩念诵摩经，作揖三次，祭山仪式便结束。

农历六月二十四这一天，营上古寨家家户户都要制作黄、红、紫、黑、白五色糯米饭，用以纪念保卫家园的古代将士。五色糯米饭除了白色，其余都是用植物染色而成，黄色用黄米饭花染，黑色用丝瓜叶染，紫色用紫米草的叶子染，红色用紫米草的秆染。关于五色糯米饭的来历，当地流传着这样一个民间故事。曾经有一支英勇善战的岑家军被朝廷派往黔西南地区作战，由于长途作战，后勤物资供应不上，致使军队被敌人困于营上古寨一带山中。军队缺乏粮食，但军纪严明，不准骚扰百姓。将士们只好采摘野果充饥，战斗力大大降低。后来，凶残的敌人从死去的将士肚子里剖出来的全是五颜六色的野果子。当地布依族为了纪念这支军纪严明的部队，每年农历六月二十四，各家各户都将糯米染成五色饭，在门外用竹子搭建灵棚，摆上酒、肉、五色糯米饭等供奉将士英灵，这一习俗延续至今。

此外，农历六月二十四，营上古寨祭祀三位神灵，即瓦戛寨的大哥、营上寨的二哥和马别寨的三弟。节日期间"闲三"，即祭山的三天内，全寨人不能动土。如果动土，则表示对神灵不敬。营上古寨以前有"扫寨"习俗。上一次"扫寨"活动距今已有二十多年了。因当年寨中发生火灾。当地布依族为了驱除霉运，请布摩主持"扫寨"仪式。布摩牵着黑狗围着寨子走一圈，边走边念诵摩经。随后，布摩牵着狗，到每家每户举行

"扫家"仪式,最后宰狗,以祭祀神灵。近年,营上古寨风调雨顺,村民安居乐业,已经多年没有举行"扫寨"仪式了。

(三) 文化内涵

民俗文化依靠传统节日得以传承和弘扬。一旦失去节日支撑,民俗文化就会像"无源之水,无本之木",最终走向消亡。营上古寨布依族主要的传统节日有农历"三月三""六月二十四"等,体现了传统节日的纪念性、季节性和祭祀性特点。古代科学技术不够发达,文明相对落后,人们对自然现象的认识有限,无法用科学理论来解释。布依族认为万物有灵,于是与其生产、生活息息相关的自然物就被赋予了超自然力量。他们力图通过崇拜自然物来改善人与自然之间的关系。"人类感觉他的周围有种种势力(powers)为他所不能制驭,对之很为害怕,于是设法和他们修好,甚至希望获得其帮助。"[1] 布依族自古以来种植水稻,其崇拜对象为山神、土地神、天神等,与农业生产有着密切联系。历史时期,人们种植水稻,需要了解水稻生长习性、气候条件等相关农业生产知识。在科技不甚发达、生产力低下、种植技术比较落后的情况下,人们依靠所谓超自然的力量,来应对神奇的大自然,因此形成了具有浓郁稻作文化色彩的原始信仰。"远古时的稻作民族先人在生产和生活延续发展的过程中,对大千世界变幻莫测无法用科学观点去解释与理解时,便产生了崇拜与畏惧,认为万物有灵,人间祸福都是神灵的主宰。"[2] 营上布依古寨位于高山之间,村中各户居住于坡脚或平地,洪水暴发与泥石流的形成曾对人们的生存造成过威胁。古代时期,为了生存与发展,人们把希望寄托于巍峨的高山,对之崇拜有加。营上古寨布依族的祭祀山神活动,无非是祈求山神之保护,希望山神保佑村寨人畜兴旺、风调雨顺、五谷丰登。人们对自然物的崇拜虽然是盲目的,但为了整个村寨的安宁以及个人的幸福,每个人都会恪守自古以来形成的民间信仰习俗,世代相传。这在一定程度上保护与传承了民族文化。自然崇拜在客观上对自然环境起到了一定的保护作用。人们对"祭山林"的爱护以及对古树的敬畏,为村寨良好生态环境的形成创造了条件。

布依族传统节日除祭祀神灵的仪式外,一般还开展文化娱乐活动。八

---

[1] 林惠祥:《文化人类学》,商务印书馆1991年版,第223页。
[2] 刘芝凤:《中国稻作文化概论》,人民出版社2014年版,第182页。

音坐唱、"浪哨"对歌等布依族传统文化纷纷呈现，丰富了人们的精神文化生活，增进了寨民之间的感情交流，促进了民族认同，加强了民族团结。营上古寨布依族传统节日是村民们增强民族文化认同和交流的重要纽带，有利于创造美丽、和谐而幸福的布依古寨。

三　乡村旅游开发

（一）建设规划

美丽而贫困是昔日营上古寨的真实写照。古寨位于群山之中的一片平地上，田地稀少，交通落后。寨民主要依靠种植业和养殖业为生，经济收入低下。为改变这一现状，有关部门实地调研，认真规划，采取一系列有效措施，利用古寨自然环境条件、历史文化资源、布依族文化特色着力打造营上古寨，突出其民族特色，开办"云上时光"等旅游民宿，推动古寨乡村旅游发展，以此增加当地人民收入，使其尽快走上致富之路。

村寨入口处建有一座高四米有余、具有布依族特色的寨门，与当地古朴的民居建筑风格融为一体。寨门上刻有"营上古寨"四个红色大字，其左边是"宁波对口帮扶示范点"九个红色文字。

从前，寨中房屋是干栏式建筑或石木结构青瓦房。现寨中上百年的木结构房屋仅存三座。为把营上古寨建设成为乡村旅游示范点，加强社会主义新农村建设，2008年到2009年期间，有关部门将寨中房屋进行了统一规划，形成了现在的三合院或四合院样式的水泥砖房，既有平房，也有二三层楼房。这是现代化砖混结构的房屋。古寨房屋建筑材料原来多为石头，以石为墙的情况较为普遍。现在，很多农家的房屋还是以石为墙。每一户人家自成院落，修筑一道朝门与外界相通。各家各户堂屋内设神龛，供奉"天地国亲师位"及其他神灵，具有祖先崇拜之风。"天地国亲师位"正前方设有神台，用来摆放香炉和供品。有的房屋大门上挂有一面镜子，据说可以辟邪。古寨房屋紧凑，石板路相连，远远望去俨然一座石头城堡。

村寨中修建的旅游步道，延伸至古碉堡所在的山头。人们站在古碉堡位置往山下看，视野极为开阔。此处山连水绕，田畴广袤，环境优美。

寨中高处建有一个文化广场。根据"2015年四在农家·美丽乡村"小康项目实施要求，村子道路两旁安装了太阳能路灯，亮化工程既环保又实用。有关部门还准备在山上种植三角梅、百合花等鲜花，打造浪漫花海，进一步美化古寨环境。有关部门准备在通往寨子的公路边建造一个加油站；从山脚到山顶修建一条旅游步道，以拓展山地户外运动内涵；修建一定数量的布依族农家乐、民宿，以带动古寨乡村旅游事业发展，提高当地人民经济收入。

（二）开发策略

旅游业是"无烟产业"，是以旅游资源为基础，向游客提供衣、食、住、行及娱乐方面服务为主要营利方式的现代化服务行业。旅游业助力旅游目的地经济发展，增加地方财政收入，促使贫困地区脱贫致富，为全面小康社会的建成提供强力支撑。旅游扶贫就是通过开发贫困地区丰富的旅游文化资源，兴办旅游经济实体，形成区域性旅游支柱产业，实现贫困地区居民收入增加，推动地方经济社会发展。近年，在国家有关政策支持下，营上古寨旅游资源得到了一定程度开发。乡村旅游发展模式的建构，旅游文化产业链的逐步形成，使其在区域内具有一定的民族乡村旅游知名度。

营上布依古寨具有优美的自然风景，枝叶繁茂的古榕树，盛大的民族节日，浓郁的历史文化，动听的八音坐唱，传统的布依民居，便利的旅游交通，已经具备少数民族特色村寨乡村旅游发展的基本条件。但如何在绿色经济思想的主导下，充分利用古寨民族文化资源发展旅游经济，打造一个美丽迷人而别具特色的旅游村寨，实现乡村旅游巩固拓展脱贫攻坚成果与民族文化传承发展之间有机衔接，仍是一个值得深思的问题。

要想把营上古寨打造成理想的乡村旅游村寨，必须关注其自然生态系统与文化生态系统。自然生态系统与文化生态系统之间相互联系，彼此依赖。自然环境破坏以及生态系统失衡必然会制约文化多样性现状的维持及发展。如今，一些民族村寨的旅游业发展促进了当地经济社会发展，提高了人民的生活水平，但也出现了一些不和谐的因素。当地的自然环境、民族文化遭到不同程度的破坏，给少数民族特色村寨建设带来了不良影响。"目前，特色村寨建设存在着急于求成、急功近利，保护和发展规划和方案不尽科学，部分地区部门协作不力，村民参与不够，村寨经济发展缓慢等问题。"① 少数民族特色村寨之所以能建成，需要突出民族特色，要特别保护那些具有民族特色的文化符号，这其中既有人文文化的因素，也有自然环境的因素。维系一个民族赖以生存和发展的生态环境，对于民族文化的传承发展具有促进作用。民族文化生态的多样性遭到破坏会对生态环境造成不可估量的损失。"少数民族特色村寨的生态环境对民族文化的保护与传承有着至关重要的作用。"② 良好的自然环境是文化多样性传承与发展的不竭动力。高山、流水、榕树等自然之物在很多布依族村寨存在，已经成为布依族村寨文化的一分子。营上古寨近百棵古榕树，已经成为其村寨文化的重要标识。古榕树的繁茂，使营上布依古寨的人们对其旺盛的生命力心存崇敬之意。他们认为，古榕树是村寨的风水树、保护神。人们对古榕树的神化，防止了对古林木的乱砍滥伐，有利于村寨自然生态环境的保护。我们目前在营上古寨所见众多古榕树，棵棵高大挺拔、生长旺盛。这对于古寨布依族生态文化的保护与传承发展是有好处的。

民族村寨的旅游开发类型主要有家庭主导型、集体主导型、政府主导型和公司＋政府＋旅行社主导型，各有利弊。家庭主导型和集体主导型旅游开发模式结构较为简单，村民参与度较高，受益范围较大，前期发展较好，后期逐渐衰落，缺乏对市场的掌控力度，缺乏敏锐的经济嗅觉，在激烈的旅游市场中难有一席之地。政府主导型和公司＋政府＋旅行社主导型能够在短期内提升民族村寨的旅游知名度，建设规模较大、发展速度较快、经济收益较高，但是不能很好地协调村民、政府与公司之间的利益关系，彼此之间存在一定的矛盾，在一定程度上不利于少数民族特色村寨旅游业的可持续发展。

根据营上古寨的实际情况，要想把古寨打造成为著名的少数民族特色旅游村寨，离不开政府、公司和村民的共同努力，任何一方都在村寨发展的过程中占据着举足轻重的地位。西部地区民族村寨旅游开发模式的合理建构应该可以采取"社区驱动＋政府引导＋市场参与＋外

---

① 段超：《保护和发展少数民族特色村寨的思考》，《中南民族大学学报》（人文社会科学版）2011年第5期。

② 李忠斌、郑甘甜：《论少数民族特色村寨建设中的文化保护与发展》，《广西社会科学》2014年第11期。

围助力"的模式。① 这种模式动员政府、社区、市场、居民等各方面的力量，建设特色村寨，发展旅游产业，具有较好的旅游市场应用效果。对于营上古寨而言，可以借鉴这种村寨旅游开发模式。

政府部门可以从营上古寨现有的山地自然资源和布依族文化资源出发，在宏观方面制定操作性较强的《营上布依古寨乡村旅游发展规划》，将村寨旅游开发与乡村旅游融合起来，在良好旅游政策的指导下，加强村寨山地旅游、乡村旅游开发力度。

营上古寨的旅游基础设施建设还存在不足之处。政府部门可以积极协调有关项目资金，以进一步完善村寨的旅游基础设施建设。

在政府主导下，加强营上古寨民族文化村落建设，建设布依文化生态区。一是加强布依族语言文字培训。随着时代的变迁与发展，古寨只有一些年老的居民能听、会说布依话，而中年以下人群既不会说布依话，也听不懂布依话。既然要建设布依族特色村寨，那么布依语言文字的保护、传承就显得很重要。政府部门可以在村寨内开设布依族语言文字培训班，聘请专业人员授课。二是鼓励村民自制并穿戴布依族传统服饰。民族服饰是一个民族重要的文化符号，具有深刻的文化内涵。在平常之时，营上古寨布依族制作并穿戴布依族服饰，可以营造良好的布依族文化保护与传承发展的生态环境，体现民族文化特色，增进民族文化认同，提升民族文化自信，促进乡村旅游发展。三是继续举办布依族传统节日活动。"民族节日庆典作为人类生活秩序中的重要组成部分，也是该民族传统文化的重要组成部分，它伴随着民族的发展得到不断的丰富和发展。"② 数年前，营上古寨开展过布依族"三月三"等大型节庆文化活动，效果良好，但未能坚持下去。可以利用本地特色的"三月三""六月二十四"等布依族传统节日，举办其中一种节日活动，以起到提升古寨旅游知名度，达成建设少数民族特色村寨的目标。"三月三"是布依族的传统节日，现在望谟县、贞丰县基本上每年举办大型的节日活动。兴义市周边除了"安平九寨"已经连续多年举办"三月三"节日活动外，其他众多布依族村寨很少公

---

① 参见李天翼《论民族旅游开发模式的合理建构》，载《贵州民族大学学报》（哲学社会科学版）2014年第6期。

② 罗有亮：《民族民间生态智慧研究》，人民出版社2015年版，第228页。

开举办该活动，从而无形中淡化了民族文化传统。营上古寨以前举办过"三月三"节日活动，有一定的节日活动运作经验，可以继续坚持这一项节日活动的开展，最好能每年举办一次。当然，营上古寨的布依族传统节日活动可以由平寨村主持开展。2017 年、2018 年农历六月二十四日，平寨村布依族"花糯米"文化节活动在营上布依古寨成功举办，提升了古寨的旅游地位。但要指出的是，"六月二十四"是兴义市一带布依族祭山的日子，周边村寨瓦戛等村寨同样过这个节日，布依族传统节日中没有花糯米节，因而名为"布依族民族风情节"比较合适。虽然，在"三月三""六月六""六月二十四"等传统节日里，布依族要吃花糯米饭，以之祭祀神灵，但"花糯米节"的节日名称值得商榷。要肯定的是，平寨村通过连续多年在营上古寨开展花糯米节活动，客观上为古寨的旅游开展创造了良好条件。节日当天，除了本村人参与，还吸引了不少周边地区的人们前来参与或观看文艺会演。布依族传统歌舞节目纷纷登场，营造了良好的节日氛围，收到了意想不到的效果。"文化搭台，经济唱戏"，布依族村寨的乡村旅游开发大多需要依靠传统节日活动来提升旅游市场知名度、美誉度，才能打造区域内具有一定影响力的少数民族特色村寨。

旅游企业，包括旅游开发公司、旅行社，是旅游开发的主要力量。营上古寨以项目投资等多种方式引进旅游企业，对古寨山地旅游资源、民族文化资源进行合理设计与开发，将给古寨乡村旅游带来重大的发展机遇。企业运作模式下，充分利用当地旅游文化资源的同时，采取参股分红、劳动合同管理等方式，吸收当地群众参与到旅游开发活动之中，解决部分居民的就业问题，同时发挥其熟悉本土文化的积极作用，服务旅游企业发展。当地居民以村寨发展大局为重，可以以资本、技术、劳动力等灵活多样的方式参与到古寨旅游开发实践之中。可以聘请当地部分布依族居民参与旅游企业管理活动，使他们成为导游等工作人员。可以组建营上古寨布依文化歌舞团或者文艺队，开展表演活动，展示当地布依族特色文化。可以对当地布依族花糯米饭、香包等布依族特色文化进行市场开发，形成旅游小商品产业链，进一步塑造营上古寨旅游文化品牌。整个旅游活动中，旅游企业在追求利益最大化的同时，也要关注当地居民的受益情况，避免与其发生不利于民族村寨旅游发展的问题，保持好彼此之间经济效益分配方面的动态平衡。

少数民族特色村寨建设，社区及其居民是重要的主体。营上古寨作为一个旅游社区，在旅游企业的开发实践中处于整体性的地位，是作为一个完整的旅游单元进行打造的集体。集体的功能与作用的发挥，就是要与旅游企业之间构建良性互动机制，积极响应，反作用于旅游业发展，同时协调处理旅游企业与古寨居民之间的利益分配、民族文化传承发展等方面的事宜。"在旅游业发展的过程中，目的地社区居民并非死水一潭，而是具有较强的主观能动性，面对旅游发展所施加的各种影响，社区通常会作出积极的响应，并通过这种响应反作用于旅游业的发展。"[1] 当地居民是少数民族特色村寨中民族文化传承发展的主体，而民族文化是当地人民赖以生存和发展的人文基础。营上古寨布依族人民在传统节日、服饰文化、艺术文化等活动中还担当村寨发展的主体责任，强化旅游参与作用，激发主人翁意识，挖掘内驱动力，以自身切实行动推动古寨快速发展。在大型布依族传统节日活动期间以及旅游经营活动中，要创设良好的布依族生态文化环境，展示布依族文化特色，以良好的精神风貌接待四方游客，服务地方经济社会发展。

外部力量包括媒体、游客以及专家、学者等。可以借助媒体力量，多方报道有关营上古寨新闻，对其特色文化资源、旅游产业发展等进行宣传，不但要扩大营上古寨区域内的旅游知名度，而且要加大外宣力度，使更多的区域外机构与个人充分了解古寨风土人情，从而达到少数民族特色村寨建设之目的。专家、学者可以从不同的专业角度对古寨自然风貌、历史人文等旅游文化资源进行充分调查，形成理论与实践相结合的研究成果，以智慧力量推进营上布依古寨持续、健康、快速发展。

第二节　下瓦戛布依古寨传统节日与村寨文化建设

一　下瓦戛之概况

下瓦戛（亦称"下瓦嘎"）是一个典型的布依族自然村寨，位于贵州

---

[1] 王剑、彭建：《西南民族地区旅游业与社区互动发展》，中国经济出版社2014年版，第81页。

省兴义市马岭镇瓦戛村。该村寨处于兴义市与普安县之间的古驿道路段，上接普安县楼下镇鱼陇、松林等布依族村寨，下连兴义市营上、龙井、滴水等布依族村寨，地理位置相当重要。下瓦戛布依族古寨中至今存在数座黄坪营土司先祖坟墓，历史文化底蕴深厚。古寨四面环山，地势险要。"寨子西面是高耸陡峭的纳万大山，山色青翠，山腰种有玉米，绵延几十公里的纳万大山人迹罕至，是瓦嘎寨绝好的战略屏障。"① 下瓦戛倚靠被当地人称作"贵人山"的营盘山。这座山上至今存留清代光绪三年（1877 年）建立的古营盘遗迹。这是在古代兵荒马乱时期，当地人为了保卫家园而砌就的军事防御基地。

　　古寨属于典型的喀斯特地貌，而又有海子（即水塘），古树林立，溪水长流，自然环境优美。古寨地形似盆地，上方有纳海，闲暇时候可以泛舟、垂钓；下有鱼塘，荷花盛开的季节很美，仿佛一幅优美的山水画卷，给村寨增添了不少情趣。

　　古寨人家居住于寨中各处，140 多户 700 余人，全部是布依族，主要有黄、岑等姓氏。布依族民俗风情浓郁，"三月三""六月六"等传统节日活动具有特色，高台狮灯名闻遐迩，布依民歌、花灯等精彩纷呈。1991 年，瓦戛狮灯队应邀赴上海参加"首届中华民俗风情大型游艺会"，受到赞扬。之后，日本、英国等十多个国家和地区的国际友人慕名前来观赏高台狮灯，给予极高评价。2008 年，兴义市布依族高台狮灯入选第一批国家级非物质文化遗产扩展项目名录。

二　传统节日文化

　　布依族"三月三""六月二十四"等传统节日文化中，祭祀性因素占据重要地位。"祭山"是通过祭祀山神等神灵，祈求风调雨顺、四季平安。这是布依族在长期的稻作文化历史过程中积淀下来的民俗文化。布依族村寨一般开展祭山活动。下瓦戛布依古寨基本上每年"三月三""六月二十四"祭祀山神。据说，某年下瓦戛布依族没有开展祭祀山神活动，结果当年村寨里就发生了火灾，耕牛得了瘟病。当地人认为，这是由于没有祭

---

① 王仕学：《黄坪营土司家族的世居地》，载兴义市布依学会等编《兴义布依寨》，贵州民族出版社 2014 年版，第 138 页。

祀山神而遭到山神惩罚的结果。从那以后，人们便再也不敢耽误"祭山"活动。一到节日时间，村寨就会组织"祭山"活动。人们积极参与，有钱的出钱，有力的出力，通过参与祭祀山神的活动，以求心理上的安慰。下瓦戛布依古寨"三月三"祭祀山神是农历三月的第一个申日或寅日，遵循申日先到，就在该日祭祀山神；寅日先来，就在该日祭祀山神的原则。"六月二十四"祭祀山神是在农历六月二十四日。

（一）"三月三"

下瓦戛布依寨农历三月祭祀的山神位于鱼塘边的山腰，有专门的山神庙。据了解，从前这里没有神庙，也没有山神像，只是把一棵古老的黄葛树当作神树，在此开展"祭山"活动。后来，神树枯死了，人们就在神树位置建造了山神庙，安设神像。山神庙有两间小屋，其中一间供奉山神，另外一间则供奉观音菩萨。当地布依族介绍，山神有三兄弟，瓦戛的山神与营上古寨、马别古寨的山神是三兄弟。下瓦戛的山神就是原来的瓦戛山神。下瓦戛的山神是大哥，营上古寨的是二哥，马别古寨的是三弟。我们曾考察过营上、马别两个古寨的山神信仰习俗。这三个古寨都是布依族村寨，分别位于马别河两侧，从地理位置上看，下瓦戛古寨在上游，其次营上古寨，下游为马别古寨。

下瓦戛古寨的山神祭祀活动由瓦戛村的四个村民小组轮流组织，每一个组负责一年的"祭山"活动，请村中两位德高望重、儿孙满堂、夫妻健在的老人作为寨老参与祭祀活动，总共八个人左右，代表全体寨民祭祀山神。祭祀神灵的费用由各户均摊，每家十元，附近砖厂等企业也可以出资赞助，参加祭祀活动。祭祀用品主要有大公鸡、猪肉、白酒、豆腐、糯米粑粑、水果、香、蜡烛、纸钱、一丈二尺的红布两套。祭品要提前准备好。祭山前夕，人们用白色的、挂青用的纸剪成白色条状，称为"纸马"。祭山时，一把把纸马扎在通往山神祭祀场地的路边树枝上，表示这个地方是山神的管辖范围，女性不能靠近。祭山时间一般在早上的七点至九点。

祭祀山神仪式正式开始。首先，由两位寨老点上香，点燃蜡烛，宰鸡，将沾有鸡血的鸡毛粘贴在山神身上，红布披在山神头上。人们摆好公鸡、白酒、茶水等祭品，开始请山神。请神的寨老扯开嗓门高声喊道：今天是山神的生日，请山神嬷嬷来喝酒、喝茶，有雄鸡、刀头、酒礼，祭你老人家，保佑村寨风调雨顺、五谷丰登、平平安安！寨邻给山神祝寿了。接着，寨老烧纸钱，给山神磕三个头。众人跟着他一起叩头。仪式之后，放一挂鞭炮，表示村寨要祭山了。这个祭祀过程叫"领生"。随后还有"回熟"环节。人们将鸡肉和猪肉、豆腐等菜肴煮熟，拿到山神庙那里去供饭。祭品有：米饭四碗，代表四个村民小组，两碗在前，两碗在后，中间是水果、豆腐、鸡肉、刀头、猪头、猪尾巴。寨老点上三炷香、两支蜡烛，倒酒，倒茶，祭祀山神。两位寨老对山神说：请山神嬷嬷吃饭，保佑寨邻清吉平安。说完以后，他们烧纸钱，磕头。其他人依次烧纸钱，叩头，祭拜山神。留四碗米饭以及鸡头、鸡脚在山神庙里供着。这个过程叫"回熟"。

"回熟"仪式结束，鸣放鞭炮。这表示"祭山"仪式结束，可以聚餐了。人们聚拢一起来，围坐于餐桌旁聚餐。没有吃完的菜，每家分一点，打包带回家。从"祭山"当天开始三天时间里，当地布依族"闲三"，不得动土。如果有人违反了规定，必须购买祭品，重新祭祀山神。现在，祭祀山神活动发生了一定变化，女性与男子一样可以参加祭祀活动。

"祭山"期间，布依族开展丰富多彩的娱乐活动。从前，每当"祭山"、过春节、重阳节等传统节日时，下瓦戛开展精彩的高台狮灯表演活动，引得周边地区人民纷纷前来观赏。当地人在节日期间，开展"浪哨"对歌、花灯表演等布依族文化活动。随着现代化进程的快速推进，布依族传统文化传承发展遭遇到了一定困境，民族文化展演在节日活动中的表现比重有所降低。祭祀活动是下瓦戛布依族"三月三""六月六"传统节日中的重点内容、主要环节，世代相传，形成风俗。

(二)"六月二十四"

农历六月二十四日，下瓦戛古寨开展传统节日活动。祭祀地点位于营盘山顶，一个用石头堆砌而成的方形石台，被当地人称为"神台"，宽150厘米，高100厘米。与"三月三"一样，祭祀山神的仪式仍然是节日活动的重点。"六月二十四"的祭祀仪式比"三月三"的更隆重，分为"生祭""熟祭"两个环节，主要祭祀山神。"祭山"时，要宰一头纯毛色而健康的公牛。杀牛时，牛头要朝向南方。众人将花糯米饭、刀头、水果等祭品摆到神台之上，在神台上打一把黑伞，用一丈两尺的红布和青布各一条围着神台。主持祭祀仪式的寨老向山神报告，表达祈求山神保佑之意。由于祭祀地点在山顶上，位置偏僻，路不好走，人们就把锅碗瓢盆全拿到祭祀场地这里。"生祭"之后，人们就在神台前的空地上搭建一个石灶，就地生火烧水、煮饭、炒菜。宰牛后，人们将牛肉煮熟，举行"熟祭"仪式。最后，大家聚餐。吃不完的牛肉等菜肴，分给各家各户。每一户人家从祭祀场地取回牛肉后，将之供奉于家神之前，祭祀祖宗等神灵。祭祀祖先结束，家人聚餐。六月"祭山"，家家户户制作五色花糯米饭。"六月二十四"的祭祀山神活动，与"三月三"的一样，也需要"闲三"。当地布依族主要开展"浪哨"对歌等娱乐活动，与"三月三"的相似。

三 村寨文化建设

下瓦戛古寨布依族传统文化底蕴深厚，存在国家级非物质文化遗产项目"高台狮灯"。这是一张靓丽的地方文化名片。古寨"三月三""六月二十四"等布依族节庆文化活动充分融入了高台狮灯、"浪哨"对歌、花灯、花糯米饭、民间信仰、民族服饰等文化元素，具有鲜明的民族性、地域性等特点。可以结合村寨实际开展民族文化保护与传承发展工作，加强新时代背景下少数民族特色村寨的文化建设，繁荣发展少数民族生态文化，推动社会主义新农村文化建设事业迈上新台阶。可以以布依族高台狮灯为核心，包括黄坪营土司文化、布依族节日文化等重点内容，打造布依族高台狮灯文化生态保护区，推动布依族传统文化的保护与传承发展工作。

（一）高台狮灯

下瓦戛古寨的布依族传统文化中，最具代表性的非高台狮灯莫属。"布依高台狮灯主要是用六张或八张方桌叠成高台，以布依男子扮成'狮子'自上而下，凌空起舞，并配以狮子锣（即打击乐）表演的艺术表现形式。"[①] 这不但是民间杂技艺术，而且是一项布依族传统体育运动项目。1994年，马岭镇被评为"布依高台狮灯艺术之乡"。下瓦戛高台狮灯入选国家级非物质文化遗产扩展项目名录，对村寨发展极为有利。瓦戛村在兴

[①] 兴义市文化体育旅游和广播电影电视局编：《兴义非物质文化遗产》，贵州科技出版社2011年版，第44页。

义市马岭镇一带人们心目中,被视为"狮子窝窝"。道具有真假美猴王、唐僧、八戒、沙和尚、白骨精、白骨老头、白骨奶奶、牛魔王、铁扇公主、红孩儿、观音、猴子等。表演服饰有布依族对襟衣、甩裤、布鞋等,颜色以青色、蓝色、黄色、红色为主。乐器有堂锣、马锣、大钵一对、大青钵一对、鼓等。下瓦戛高台狮灯已经有上百年传承历史了,世代相传。瓦戛高台狮灯代表性传承人有黄玉沛、黄立荣、黄正益、黄正权、黄值祥、黄值培、黄值友、岑正敖、岑国跃、韦朝纪等,其中大多为当地布依族黄氏家族人物。[①] 黔西南布依族苗族自治州、兴义市、马岭镇等有关部门对高台狮灯的保护与传承发展做了许多有意义的工作,但目前高台狮灯仍然面临失传的危险。下瓦戛远近闻名的高台狮灯,是布依族优秀传统文化的一部分,具有较高的民间艺术、历史文化价值,因此,保护与传承发展这一项少数民族非物质文化遗产具有重要的意义。

  由于受到现代化的影响、市场经济的冲击以及村寨人员流动性增强等诸多因素的制约,很多年轻人不愿意学习高台狮灯。又因其表演的特殊性和危险性,很多父母也不愿孩子学习这一门布依族传统文化,生怕摔伤了他们。而这种民间杂技活动又是群体表演,加上道具制作工艺复杂,耗时长、成本高,因此濒临失传。高台狮灯的表演技能传授,没有文字材料,全凭师傅口传心授。这在传承方面也是一个难题。在此情况下,下瓦戛高台狮灯的表演空间,随着时间的推移,不断受到挤压,表演机会越来越少。近年该村寨"三月三"等节日活动中,我们难以见到布依族高台狮灯的精彩表演。以传承人为核心的表演团队建设方面的严重困难,是下瓦戛高台狮灯保护与传承发展面临的困境。

  针对下瓦戛高台狮灯保护与传承现状,当地政府部门投入一定资金,修建专门的舞台,购置服装、道具、乐器等表演器具,一定程度上改善了高台狮灯的保护与传承条件。当地组织高台狮灯传承人到马岭镇中学开展授课活动,落实"民族文化进校园"工作。这项民间体育运动登上了学校教育的大雅之堂,受到了学生的欢迎。舞狮活动不但能够使人强身健体,而且是一种娱乐活动。由于舞狮技艺的复杂性,人们在学习舞狮技艺

---

① 参见兴义市文化体育旅游和广播电影电视局编《兴义非物质文化遗产》,贵州科技出版社2011年版,第42—47页。

的过程中，进一步增强了身体素质。狮子头随着舞狮人的高超舞狮技巧，使狮子变得活灵活现，仿佛一头真狮子出现在人们面前，给观众带来一场盛大的视觉盛宴，颇具观赏价值。传承人队伍建设及高台狮灯进校园工作虽然取得了一定成效，但贵在坚持，以保证这一项布依族优秀传统文化不至于消逝于历史的烟云中。

（二）土司文化

唐代至民国时期，中央政权对边远民族地区实施羁縻政策，采取"以夷制夷"方针，利用地方势力管辖民族地区，授之以官职，准其子孙袭替，由此形成土司制度。土司制度在中国实施上千年，中华人民共和国成立之后才彻底废除。

瓦戛是明代黄坪营土司祖居之地，至今存在黄国安等黄坪营土司墓葬群，对研究地方历史文化具有较高价值。明代徐霞客在著作《徐霞客游记》中对黄坪营黄氏土司情况予以记载。"黄草坝土司黄姓，加都司衔。乃普安十二营长官司之属。十二营以归顺为首，而钱赋之数则推黄草坝，土地之远则推布雄焉。"[①] 嘉靖《普安州志》、乾隆《普安州志》、道光《兴义府志》、民国《兴义县志》等贵州地方史籍对黄坪营黄氏土司情况均进行了一定介绍。黄坪营黄氏土司在明清时期与"调北征南""三藩之乱"以及平定马乃土目之乱等历史事件具有一定历史关系，与明朝傅友德、景双鼎和清代吴三桂等历史人物存在一定联系，与兴义地方历史密切相关，所以可以深入挖掘其土司文化内涵。黄坪营黄氏土司后裔至今居于兴义市马岭镇瓦戛村、桔山街道办事处滴水社区、万峰林街道办事处鱼龙村、则戎镇平寨村老安章等处，其所保存的古墓、古碑、古祠以及族谱等历史资料，具有较高历史文化价值。上、下瓦戛存在至今的黄氏土司墓葬群是宝贵的历史文化遗迹，具有较高的历史价值，因此需要对之加强保护。

土司制度的存在与消亡是历史社会发展的必然结果，但留存下来的土司文化对我们来说是一笔宝贵的历史文化财富。黄坪营土司文化的保护现已引起有关部门关注，但还需要继续强化保护措施：首先对当地居民加强

[①] （明）徐弘祖：《徐霞客游记校注》（下），朱惠荣校注，云南人民出版社1985年版，第768页。

文物保护意识教育，以取得人民群众对黄坪营土司文化保护的支持；其次，有关部门采取有效措施强化对黄坪营土司墓葬群的规划管理；第三，以上、下瓦戛为中心，利用黄坪营土司历史文化遗存，将历史文化遗产保护与地方山地旅游事业发展紧密结合起来，在下瓦戛古寨打造黄坪营土司博物馆，形成地方文化旅游特色。

（三）节庆文化

现代化趋势下，传统节日文化呈现逐渐消逝的迹象，有一些节日已经慢慢淡出了人们的视野。近年来，下瓦戛古寨外出务工人员渐渐增多，留守老人和留守儿童有所增加。由于各种因素的影响，村寨居民没有太多的精力来操办传统节日，往昔浓厚的节日氛围由此变淡，原来完整的节日文化活动内容趋于简单化。古寨从前的祭山活动，家家户户都会蒸花糯米饭。人们也会在场坝上表演高台狮灯。全寨人聚在一起，好不热闹。而现在的祭山活动虽然举行，但祭祀仪式简单化了，参与的人数不多，活动内容上也缺少了一些重要内容。仅几个组织祭山的人在祭祀神灵之后聚餐，民歌对唱的情况并不多见，高台狮灯表演活动更是难以开展。许多青年外出务工以后，思想观念受到冲击，传统节日意识随之淡薄。加上有关部门对民族文化保护与传承发展的宣传力度还不够，所以下瓦戛布依族传统节日文化的保护与传承发展正面临着严峻的考验。

要将下瓦戛打造成为布依族文化生态保护区，除对上述高台狮灯、土司文化等进行保护外，还须根据实际情况，选择一种布依族传统节日文化作为重点项目来打造。可以打造下瓦戛布依族"三月三"节日活动，节日活动的主要地点定在下瓦戛古寨，每年开展，连续举办，坚持下去，就能产生影响。在节日活动中，除了祭祀山神的仪式外，还要体现本土特色，一定要有高台狮灯的表演活动。此外，节日活动中还要融入布依族服饰、饮食、歌舞等特色文化。传统节日活动的开展，将民族文化的保护与传承与村寨文化建设、地方经济社会发展密切结合起来，从而起到多方共赢的效果。坚持不懈办节日，形成古寨旅游产业，才能更好促进村寨发展。"当前和今后一段时期，黔西南州乃至贵州都在全力加快旅游业发展，如果将布依族节日文化作为一个产业融入旅游业来开发和培育，既能促进旅游业的发展，又能传承传统节日，既能繁荣节日文化，又能拉动经济发展。"① 下瓦戛具有良好的自然地理条件，有山有水，自然风光秀美，蕴含浓厚的村寨历史文化，又靠近兴义市城区，交通方便，与马岭河峡谷景区、万峰林景区、营上布依古寨等距离甚近，具备优良的山地旅游开发优势。可以抓住布依族高台狮灯这一个开发重点，以布依族传统节日"三月三"为抓手，建设布依族高台狮灯文化生态保护区，将之纳入国际山地旅游暨户外运动大会范畴，于此设立分会场，开展特色文化旅游活动，这对村寨文化建设以及地方发展都是有利的。

第三节　绿荫河布依古寨传统节日与特色村寨建设

民族传统节日是一定民族在长期的历史过程中形成的节日习俗文化，反映了处于一定区域社会中的人们的精神面貌、物质文化等多方面内容。节日习俗与人们的生活息息相关，世代传承，具有明显的民族特色或地域特色。"在村落生活和村际关系中，年复一年、循环往复的节日，与人生礼仪、信仰活动等一起，对乡民生活组织、乡土知识的激活、乡土秩序的调谐起到了特别重要的作用。"② 少数民族特色村寨中的传统节日是活态传承的民俗文化，具有整合并彰显民族文化特色的功能。其在具体区域范围内的应用，确实能发挥一定作用。现代化境遇下，布依族村寨传统节日结合现实社会发展需要，通过实施具体的保护、开发策略，可以打造成促进民族文化传承发展与经济效益逐步提升的乡村旅游文化资源。

一　古寨概况

（一）自然资源

绿荫河古寨是一个山地公园式的布依族村寨。村寨前有清澈的绿荫河，群山环抱，依山傍水，风光秀美。后山乃祭祀山神及官厅之场所，古

---

① 岑大明：《对布依族节日产业开发的思考》，载黔西南州布依学会编《黔西南布依学研究》（第四集），社会科学文献出版社2013年版，第230页。
② 张士闪：《节日：乡土社会中知识传播与文化传承的特殊时段》，载李松、张士闪主编《节日研究》（第五辑），泰山出版社2012年版，第16页。

木参天，藤蔓攀缘，溪水潺潺，四时不竭。历史时期，布依族认为万物有灵，花草树木都是有生命的存在，所以对"祭山林"、古树等特别爱护，禁止砍伐，体现了人与自然和谐共处的生态理念。近年，当地有关部门制定了有关规定，对绿荫河古寨的古树林木以及河流等自然生态环境进行保护，效果良好。现在，人们漫步在绿荫河布依古寨的旅游步道上，从河边，到村寨，再至后山，步步美景，处处迷人，仿佛身处桃花源中。村寨前方的绿荫河静静流淌，河中水车在水流的冲击下缓缓转动，不时发出"咯吱咯吱"之声，两岸绿树成荫、鲜花盛开，环境优美。

（二）交通条件

绿荫河布依族古寨位于"中国特色旅游小镇"黔西南布依族苗族自治州兴仁市巴铃镇境内，距集镇 1 公里，距兴仁市城区 20 公里，距兴义市城区 60 公里。巴铃镇为历史文化古镇，文化底蕴深厚，处于兴仁市与贞丰县、普安县、安龙县的交通要道之上，自古以来地理位置重要。都兴高速公路、309 省道从绿荫河古寨旁通过，交通便利。巴铃镇汽车站每天有往返于巴铃、兴仁市城区之间的中巴车，每三十分钟发出一个班次，十五分钟即可到达兴仁市区。此外，巴铃镇还开通了直达兴义市、贞丰县等地区的班车。较为完善的道路交通条件，是古寨发展的基本前提。

（三）文化活动

近年，当地政府部门投资上千万元建成了面积达七千余平方米，包括历史文化公园、中华诗词文化体验区、湿地涵养公园、层叠式生态植物净化湿地、布依滨水歌舞公园、水生态文明展示中心、农业电商园、布依文化广场等在内的文化活动场所。这里既是群众健身、休闲娱乐的场所，也是举办民族文化活动的平台，还是旅游观赏之地。目前为止，"美丽乡村·好歌旅游节""2016 贵州兴仁巴铃绿荫河第一届布依风情文化节""传承中国风·兴仁巴铃镇'脱贫攻坚同步小康'诗词、绘画及摄影作品大赛""布依族三月三文化节""2017 兴仁第二届巴铃绿荫河'六月六'布依族风情文化节暨美食节"等大型文化活动均在绿荫河古寨举办，大大提升了村寨旅游文化品位。在这些活动中，当地布依族以独具民族特色的八音坐唱、布依民歌等节目参加演出活动。苗族、彝族、汉族等其他民族歌舞节目同样参与到文艺活动之中。

（四）旅游设施

绿荫河古寨居民以布依族居多，具有浓郁的布依族文化特色。由于各种因素的影响，布依族传统民居等文化元素的保护不是太理想，很多传统民居被现代化砖混结构的房屋所替代。为了加强村容村貌建设，当地投入资金改造陈旧民居建筑，以打造统一的布依族传统风格民居。有关部门对村寨中所有民居进行了立面改造，墙面统一绘制布依族传统文化内容，同时宣传国家有关政策，着重突出布依族文化特色，展现居所之美。

2014年，当地有关部门投入上亿元资金建成民族风情街，总建筑面积约6.8万平方米。民族风情街以兴仁市"中华诗词之乡"为金字招牌，着重打造了商住两用、居家度假功能相结合的宜居宜业小区。在民族风情街区内建造了数十家布依族风格的旅游客栈、餐饮店铺，解决了游客的食宿问题。

为了塑造美丽的旅游环境，2017年，当地有关部门在绿荫河古寨投资建设花海景观一处。花海以绿荫河古寨下游的一处低矮的小山为主体，主要栽种三角梅，以木质材料作为观光步道建设材料，体现了古色古香的意境。山顶建有一座凉亭，供游客休憩、观光。村寨下游建有干栏式长廊，采用木材与玻璃相结合的建筑方式。游客在感受布依族传统建筑文化独特魅力的同时，还可透过玻璃欣赏河中游鱼，从而向游客呈现了不一样的视觉美景。

乡村环境整治方面，当地投资一千多万元建设了生态污水处理厂，日均处理废水三百多吨，避免了建筑污水和生活污水排入绿荫河河道，从而保证绿荫河古寨美好的生态环境不受影响；建设数个旅游公厕，加强旅游基础设施建设。2017年底，旅游景区内修建了两个中型停车场，可以停放数百辆中小型汽车，给游客出行带来了便利。

二 节日文化

绿荫河布依古寨传统节日有"三月三""六月六"等。"三月三"开展"扫寨"、对歌等活动。而"六月六"没有相关祭祀仪式，主要开展民族文化会演活动。

（一）三月三

绿荫河布依族古寨"三月三"节日活动主要由扫寨、祭山、浪哨等环节组成。

  "扫寨"是布依族在长期的稻作文化历史过程中积淀下来的民俗文化，是布依族村寨祭祀神灵、扫除邪恶的原始信仰表达方式。"这是一种扫除火星（被认为火灾之源游离于空中或山野的火星、火团）和邪魔的宗教仪式。"① 布依族"扫寨"仪式一般在两种情况下开展：一是在"三月三""六月六"等传统节日里，各寨根据自身情况开展活动；二是村寨中出现火灾、人员非正常伤亡、牲畜大量死亡等灾难或狗上屋等特殊情况，就需要扫寨。"扫寨"仪式由布摩或寨老主持，目的是扫除火星，驱逐妖魔鬼怪，以此保佑村寨四季平安、兴旺发达。绿荫河布依族古寨的"扫寨"仪式由布摩主持。祭品有一只黄色大公鸡、一只黑色鸭子、一条大黑公狗、白酒、猪肉、大米、香、蜡烛、纸钱、符箓、果品、纸马、龙船（用一节竹子，在竹子三分之一的地方劈成三个开叉的脚，并用棕树叶顺势制作成龙肚，用两根竹条连接棕树叶制成龙头的形状，用稻草编成龙嘴的样子。这就是龙船。龙船上插纸马）等。

  "扫寨"仪式在官厅开始。官厅位于村寨南边古木参天的神山之中。据当地布依族老人讲述，官厅是为了纪念古时一位廉洁清正的官员而建。这位官员来到村里考察民情，为了不扰民，就在村边搭建一个小棚子，用来临时居住，办理公务。扫寨前，相关人员已经将官厅内外打扫干净。早上八点整，祭祀仪式开始。各家各户准备纸马等祭祀用品，所有参与祭祀的人员到达官厅前。

  人们摆好祭品，用小木斗装满大米，米上插上清明时节挂在坟上的"青"，点上三炷香，倒上两碗酒，酒杯下压一沓纸钱，筛子里放一把香，香放在筛子的最中间，其左边放有一碗酒，右边放有一碗饭一碗酒，一沓纸钱，一沓符箓。祭祀用品摆放在官厅中，要按照一定顺序放好。猪肉以及米斗、筛子里的祭品等放在官厅里，龙船放在官厅外。龙船下部四角和中间摆上五碗酒，碗上各放一炷点燃的香，碗下压一沓纸钱，代表东、西、南、北、中五个方位，表示所有鬼神祭祀到位。布摩身穿法衣，头戴八卦帽开始举行祭祀仪式，请祖师，祭官厅，摇师刀，念摩经。之后，由

---

① 杨方刚、张中笑主编：《贵州少数民族祭祀仪式音乐研究》，贵州人民出版社2010年版，第81页。

布摩率领,参与祭祀的人员拿着祭品,到寨中各家各户"扫家"。舞龙队紧随其后。

主人家会提前准备好一碗放有炭或泡桐叶的水、一碗玉米或者一碗炒熟的黄豆和纸马一起放在堂屋门口,等待扫寨人员来"扫家"。扫寨队伍每到一户人家,布摩拿着师刀,不断念诵摩经。参与扫寨的人员拉着黑狗、抱着鸭子和公鸡、端着酒,敲锣打鼓到主人家中。"扫家"具体步骤:首先,布摩拿着放在堂屋门口的玉米(或黄豆),走进主人屋中,边撒玉米(或黄豆),边念诵《扫寨经》。"扫寨"仪式充分体现了布依族原始信仰文化。"由于南方各族普遍存在灵魂观念,故而产生出许多招魂、掘魂、驱鬼魂仪式。"[1] 布依族"扫寨"仪式的举行,是为了实现驱邪避祸的神灵崇拜信仰目标。布摩边念摩经,边把玉米(或黄豆)撒到主人家的每一个房间,再用一对木卦在主人家的堂屋中打卦,两卦卦心扑地为阴卦,以示邪魔已经驱尽;一卦卦心朝天、一卦卦心扑地为顺卦,表示主家顺利,六畜兴旺。若两卦卦心都朝天,则为阳卦,表示有不祥之兆。若得阳卦,布摩需反复念诵咒语,再把木卦抛出,直到抛出阴卦或者顺卦为止。其他参与扫寨仪式之人挥舞师刀,抱着鸡、鸭,拉着狗,敲锣打鼓进入主人家,在堂屋中走一圈。布摩念完经文后出大门。主人随即关上大门。布摩在堂屋大门上比划数下。拿师刀的人把水洒到主人家的房檐上,并把纸马收集到龙船上带走,表示龙神带走"火鬼",驱除了火星。另外一人在堂屋门楣上方正中贴上一张黄色符箓,以示把邪魔鬼怪挡在屋外,保佑该户人家平安吉祥。最后,扫寨之人在主人家地坪开展舞龙表演。舞者手持龙形道具,排列组合成龙的形态,以请龙王保佑村寨风调雨顺、五谷丰登。"扫家"仪式就这样一户一户开展,是村寨"扫寨"活动的重要组成部分。

"扫家"之后,人们将祭祀用的牲畜抬到靠近河边的祭祀场地。布摩念诵摩经,然后宰杀牲畜。所有祭品都放在这儿。待鸡、鸭、狗肉煮熟后,人们把米斗、龙船放在最前面,龙船上方点燃一炷香,升子中插三炷香。龙船前方的地上摆好祭祀用品:刀头、鸡、鸭、狗头、狗脚、狗内脏、两碗酒、七个酒杯、一沓纸钱、一碗糯米饭。布摩开展"熟祭"仪

---

[1] 梁庭望、柯琳:《中国南方少数民族宗教》,青海人民出版社2011年版,第12页。

式,念诵摩经。其他人敲锣鼓。随后,众人把龙船、纸马等物品拿到河边焚烧,以示扫除火星。下午五点,全寨每家每户派一人到河边参加聚餐活动。如果饭菜吃不完,就要倒掉,不允许带回家。这样做的目的,据说是为了防止把扫走的邪魔火星又带回寨子里面。晚上八点,寨中之人在村寨路口悬挂一根粘贴有符箓的草绳,意为把火星、邪祟等不祥之物挡在村寨之外;三天之内,外人禁止入内,误入者罚之。至此,一年一度的"扫寨"活动结束。

"祭山",就是祭祀山神,在西南山地民族的民间信仰活动中比较普遍。"他们崇拜山和山神,是因为它与自己的生活最密切相关,是能在心理上引起强烈敬畏感的自然神灵。"① 布依族村寨祭祀山神,历史上早已有之,属于民间信仰习俗,主要表达了人们祈求山神保佑的农业诉求。绿荫河古寨"三月三"节日活动中祭祀山神。众人准备好祭祀用品后,布摩带领祭祀队伍向祭祀场所出发。该村寨山神祭祀场所位于后山顶上,在一棵古树下开展祭山活动。当地人以这棵古树为山神的象征,视为神圣之物。神树下方设专门的祭台,历年祭祀痕迹尚存。"最初的时候,人们崇拜的对象可能是一座座具体山的山神,随着先民抽象思维能力的提高,才逐步发展为崇拜一个抽象的山神。"② 神树成为诸多布依族村寨中山神的象征。绿荫河古寨"祭山"时的祭品有:一个猪头、一根猪尾巴、一升稻谷、一升大米、两盆红鸡蛋、一把红香、一对红蜡烛、一沓纸钱、一段一丈二尺的红布、一捆青蒿、一捆茅草等。祭祀仪式由布摩主持。众人将祭品摆在供台上,猪头上插上一把刀,点香、化纸钱、点燃蜡烛。布摩带领徒弟围着神树转圈,边摇师刀,边默念摩经,之后烧香、焚纸钱,叩头。参与祭祀的其他人依次向山神叩头行礼。人们叩头后,用水盆中的清水洗手。布摩用青蒿和茅草在人们的肩膀上拍打两下,表示驱除污秽、邪魔。祭祀仪式按照"生祭""熟祭"的程序先后开展,内容、形式差不多。最后,人们在祭祀场地聚餐。整个祭祀仪式过程严肃、庄重,不允许

---

① 何光渝、何昕:《原初智慧的年轮——西南少数民族原始宗教信仰与神话的文化阐释》,贵州人民出版社2010年版,第128页。

② 周国茂:《自然与生命的意义世界——贵州少数民族原始崇拜与民俗》,贵州教育出版社2004年版,第52页。

大声喧哗，否则会被认为惊扰了山神而会受到惩罚。

"三月三"等传统节日中的"浪哨"对歌，是布依族传统文化的特色。依古俗，"浪哨"是布依族男女青年对唱情歌的活动。节日里，"浪哨"对歌是重点内容，还有丢香包、吹木叶等活动，以前多以民间形式自由开展，现在则存在由主办单位组织开展民族文化会演活动的情况。对歌的地点可以自由选择，青年男女三五成群，于村寨中的文化广场、绿荫河边、林中树下等处，自由对唱布依族民歌。现在，青年男女对歌的情形逐渐消逝，部分中老年人以休闲娱乐方式对歌，渲染了传统节日气氛，表达了对布依族优秀传统文化的热爱之情。近年，绿荫河古寨"三月三"节日中均有大型的布依族文艺会演活动，节目较多，有布依族八音坐唱、对歌、舞蹈等精彩节目。其中，绿荫河本土的布依族歌曲《青青绿荫河》是以绿荫河布依族村寨文化为主题而编演的特色节目，具有地方特色。

中午，在山下的文化广场上，绿荫河古寨开展"三月三"长桌宴活动。布依族特色饮食有花糯米饭、五花肉、干板菜、鸡肉、红鸡蛋五种食物。这些食品都是布依族的传统美食。花糯米饭由天然植物染成，香味浓郁，十分美味。干板菜虽然看上去普通，但味道独特，是能与东北地区猪肉炖粉条相媲美的食品，是招待贵客的佳肴，深受当地人们的喜爱。

绿荫河古寨布依族"三月三"节日文化内涵丰富多彩，是促进布依族文化认同和民族文化交流的重要纽带，在沟通情感、团结寨邻、化解矛盾等方面发挥了一定的积极作用。

(二)"六月六"

"六月六"节日是布依族传统节日活动。一些布依族村寨在"六月六"过年节，称为"过小年"。春夏之交，禾苗插播下去，在秋收前的农闲时刻，人们开展社交娱乐活动，同时举行祭祖、祭田等活动，体现了布依族祈求五谷丰登、人畜兴旺的美好愿望。许多布依族村寨重视这个传统节日。贞丰县每年开展大型的节庆文化活动，效果良好。绿荫河古寨"六月六"，不开展集体性的祭祀活动，由各户人家自行开展祭祀祖先等活动，做花糯米饭，全家聚餐。近年，绿荫河古寨根据实际情况，在"六月六"节日开展布依族歌舞表演活动，连续开展数天，取得了良好的社会效应。2017年农历六月，绿荫河古寨在政府部门主导下开展了布依族"六天乐"美食节活动。这次节日活动从农历六月初一就开始举办，为期六天，主要活动内容有：布依族对歌、民族服装秀、全民泼水节、八大碗方桌宴等，以此展现布依族文化风情的无穷魅力。美食节的举办，吸引了经营台湾芙蓉虾、湖南臭豆腐、西藏牦牛肉、天津狗不理包子等小吃的众多外地商家参加，加强了文化交流，促进了民族团结，加快了村寨建设步伐。

　　节日期间，绿荫河古寨开展了"六月六"布依族"八大碗"方桌宴活动。布依族"八大碗"是具有民族特色的饮食佳品。"八大碗"其实就是八道菜，随着时代的发展而有所创新。绿荫河布依族村寨的"八大碗"是：猪脚炖金豆米、红烧肉炖豆腐果、花糯米饭、素萝卜、干炒辣椒、酸菜拌折耳根、糖醋腊肉、秘制鸡肉。这些都是布依族独具特色的美食。"八大碗"中最有特色的要数红烧肉炖豆腐果和花糯米饭了。豆腐是以布依人家自种的毛豆制作而成。人们先将豆子浸泡数小时后，把豆子磨成浆，用石膏点成豆腐。其味鲜嫩，配之以独特的蘸水，吃起来鲜嫩可口、香气四溢。

三　村寨建设

（一）保护与开发并举，传承发展布依族节日文化

　　"三月三""六月六"等布依族传统节日，具有极其丰富的文化内涵。"布依族节日文化是布依族民族文化延续、传播的重要途径和载体，它凝聚了布依族的文化心理、宗教信仰、伦理道德规律、价值观以及各种风俗习惯。"[①] 绿荫河古寨是中国少数民族特色村寨，其对布依族传统文化的保护与传承发展具有重要的历史意义和现实价值。"少数民族特色村寨是我国少数民族文化延续至今的宝贵遗产，是中华文化的重要组成部分，对少数民族特色村寨的保护就是保护中国的民族文化，保留民族文化的精华，对维护民族团结、实现中华民族伟大复兴都具有重要意义。"[②] 绿荫河布依族古寨的传统节日文化是民族文化的地方性知识，具有自身特点，

[①] 杨昌儒：《布依族节日民俗浅论》，载白明政、樊敏主编《布依族节日文化研究》，贵州民族出版社2017年版，第17页。

[②] 赵永琪、田银生：《贵州少数民族特色村寨的空间分布及影响因素》，《小城镇建设》2019年第8期。

实施保护与开发并举策略，将有利于维持布依族传统节日文化的延续性。第一，加强对本村寨布依族居民的思想教育，使他们深刻认识到布依族传统节日文化保护与传承发展的重要性。第二，加强村寨中布依族特色文化项目基地及传承人队伍建设。第三，节日活动中需要打造本村寨特点的布依族歌舞节目，以突出布依族文化展演活动中的地方特色。第四，祭祀山神、"扫寨"等民间信仰活动保证原生态性质。第五，建设绿荫河古寨布依族民俗文化展览馆，展示布依族节日文化、民族服饰、民间信仰、生产工具、生活用具有关内容，以实物或图片展示，以短视频等新媒体方式呈现布依族节日文化场景。第六，根据实际情况，将村寨布依族传统文化尽力打造成旅游文化资源。

（二）加大节日文化宣传，塑造良好的乡村旅游形象

目前，绿荫河古寨乡村旅游发展的基础条件已经具备，但旅游市场影响力还不大，由此应该加大村寨布依族传统节日文化宣传，以塑造良好的乡村旅游形象。宣传工作一定要务实、到位。作为兴仁市重点打造的中国少数民族特色村寨，绿荫河古寨虽然具有良好的布依族传统文化基础，还有交通便利的条件，旅游基础设施建设逐步加强，但是外宣力度还不够，没有产生良好的域外影响，因而外地游客很少来此旅游。传统节日活动的宣传要及时，活动之前要预告，活动之中及结束之后要及时开展新闻报道工作。我们看到，绿荫河古寨之前举办的几次布依族节日活动，基本上是活动举办后才报道，浏览量不大，社会影响较弱。兴仁市人民政府网等网站关于绿荫河古寨布依族节日活动情况的新闻报道较少，各类自媒体对于该村寨节庆活动的报道也不多。基于此，应该充分利用新媒体力量，加大对古寨节庆活动的宣传力度。第一，有关部门积极支持绿荫河古寨每年举办一至两次布依族传统节日活动，形成常态。第二，充分利用传统媒体报纸、电视台、广播等地方宣传平台，同时加强政府部门网站、微信公众号等新媒体建设力度，充分利用网络平台力量，加大对绿荫河古寨及其布依族传统文化的宣传报道，以使更多的人们，尤其是区域外游客了解古寨民族文化状态。第三，地方有关部门加强与省级以上新闻媒体的对接、沟通，打造更宽广的合作平台，致力于包括绿荫河古寨在内的区域内少数民族特色村寨的对外旅游宣传工作。

（三）丰富文化旅游产品，深入挖掘民族文化旅游资源

民族旅游文化资源的挖掘，是要结合市场需要，将具有潜在生产力价值的民族文化打造成旅游产品，投入市场并收获经济效益。文化是旅游的灵魂。布依族节日活动是布依族传统文化充分体现的综合体。"布依族节日是重要的旅游资源，是可以进行旅游和文化产业的开发的。它是布依族对外展示民族文化的窗口，是布依族文化旅游产品得以宣传的舞台，通过对布依族节日活动的旅游文化产业开发可以提高布依族在中华民族中的地位，也可以带动布依族地区的可持续发展。"[①] 民族村寨要想充分发挥旅游文化优势，就要把村寨旅游发展与本地传统节日等民族特色文化密切结合起来，把握好民族旅游文化发展的特征，用民族文化产品与自然旅游资源相结合的方式，打造特色景区，从而推动乡村旅游事业的可持续发展。绿荫河古寨具有丰富的布依族传统文化资源，其民族节日、民族服饰、民族饮食、民间信仰、民族建筑等呈现特色，与当地优美的山水田园自然风光交织在一起，能够形成具有一定旅游市场竞争力的少数民族特色村寨旅游景区。

独特而丰富的风土人情是吸引旅游者很重要的因素。充分挖掘本地民族文化旅游资源，可以加强本地区的旅游吸引力。绿荫河古寨在乡村旅游的开发中，民族文化挖掘力度还有待加强。虽然在节日期间开展民间祭祀、布依族婚礼等文化活动，但是并没有把游客真正带入民族节日的氛围之中，游客参与度不高。为了进一步开发绿荫河古寨乡村旅游，可以在以下几个方面着力：一是加强古寨民族文化保护与传承发展力度，建立布依族民歌、民族服饰、特色饮食、摩经文化等传承教育基地，建立稳定的布依族传统文化传承发展人才队伍；二是以丰富多样的活动形式促使游客亲身体验布依族传统文化，而不仅仅是以文化观赏者的面貌出现；三是进一步加强乡村旅游基础设施建设，在乡村环境整治、传统民居改造、山地民宿发展、旅游场馆建设等方面持续用力，形成较为全面而系统的乡村旅游产业，提升绿荫河古寨乡村旅游文化品位，以此打造兴仁市样板级的少数民族特色村寨乡村旅游发展模式，推动区域经济社会持续、快速、健康发展，为新时代背景下乡村振兴战略的贯彻落实打下坚实的基础。

---

① 张美丽：《关于布依族节日文化"产业化开发"的思考》，载周国茂主编《文化资源开发与布依族地区可持续发展》，贵州民族出版社 2010 年版，第 294—295 页。

附 录

一 兴仁铜鼓村"二月二"布依铜鼓文化节调研

2017年农历二月初二,我们到兴仁市(当时称"兴仁县",于2018年撤县设市)铜鼓村开展"二月二"布依铜鼓文化节田野调查活动。该节日于2015年被列入贵州省第四批非物质文化遗产代表性项目名录。2006年布依族铜鼓十二则被列入国家级非物质文化遗产代表性项目名录。布依族铜鼓十二则曲调主要分布于贞丰县龙场镇对门山村、兴仁屯脚镇铜鼓村以及关岭县等地。贞丰县龙场镇对门山村目前保存两面年代久远的铜鼓,由当地余姓布依族两户人家各管一鼓,平时不轻易示人,重大节日或丧葬活动等场合才使用。兴仁铜鼓村目前保存完好的铜鼓有28面,由当地布依族各家族自行管理。每年"二月二"铜鼓文化节活动开展时,铜鼓村都要祭鼓,请鼓神,擂鼓,以壮声威。

铜鼓村的布依族占全村总人口的90%左右,民风淳朴。布依族铜鼓文化需要传承、弘扬。农历二月初二,该村各布依寨均祭祀官厅。"六月六"风情节亦隆重。这里已多年没有开展"三月三"节日活动。正月十五后择吉日"扫寨","六月六"节日后择吉日"扫田坝",每年均正常开展。通过考察,我们对铜鼓村马长田、纳赖布依寨祭祀官厅的过程有了大致了解。

我们到达屯脚镇时,天还没有亮。这里准备建设特色旅游小镇,与六年前那次考察相比,这里的一切发生了很大的变化,街道变宽了,新楼房不少,乡村更美了。七点半,我们经村级水泥公路到达铜鼓村。寨中很安静,很多村民还没打开家门。略可闻鸡鸣之声,熟悉的乡村味道,很美好。铜鼓村距屯脚集镇4公里,距兴仁市区16公里。村口建寨门一座,正面、背面均中书"兴仁屯脚镇铜鼓民族文化村",各书对联一副,分别为:铜鼓奏宏声八音天籁承风雅,清河飘玉带九曲回环唱颂歌;布依古村土酒粗茶民风朴,长青秀水苍松绿柳景色幽。

村里有些人家外墙贴对联:弘扬布依铜鼓文化,打造文明和谐新村;让绿色拥抱大地,让火灾远离森林。又有布依酿酒作坊,专门酿造布依纯炼小灶酒,现蒸现卖,批发零售,自主选择。

铜鼓村有鲤鱼、新寨、水车、马长田一组、马长田二组、纳夯、对门、合兴、东瓜、下寨等十四个村民小组,是典型的布依族村寨。据村干部介绍,铜鼓村有538户2110人,以布依族为主。布依族占全村总人口的86%,苗族占10%,汉族占4%。布依族主要有王、梁、杨、韦、黄等姓氏,其中王、杨、梁姓人口最多。布依族聚族而居。王姓布依族主要分布在马长田、水车等布依自然寨,杨姓布依族主要分布在新寨等布依寨,梁姓布依族主要分布于原光明村梁山组,现更名纳赖,与东瓜寨合称为合兴组。梁姓布依族家族有一面铜鼓,现保存于布摩(当地人称之为"老摩"或"先生")家中。今天纳赖布依寨祭祀官厅的仪式将由梁姓布摩主持。村下设村民小组,村民小组又由诸多自然村寨组成。布摩、寨老在自然村寨中威望及地位很高,对维护村寨和谐稳定发展发挥了一定作用。

我们到达村民委员会办公地点。只见一长条形横幅悬于村委办公大楼前:兴仁黄冈实验学校助力铜鼓村"脱贫致富""手拉手心连心"祝"二月二"布依铜鼓节圆满成功。从张贴于村委会墙上的文件、资料上看,该村为同步小康村,部分布依族群众还没有脱贫,生产、生活比较困难。铜鼓村的农业基础薄弱,产业化处于起步阶段。为了同步小康,有关部门积极开展精准扶贫工作。村里成立了脱贫攻坚联合党支部,"五人小组"在脱贫攻坚中发挥了应有作用。《屯脚镇脱贫攻坚销号图》绘有屯脚镇地图,用红色特别标出了"铜鼓村",列出了县、镇驻村干部五人姓名。明确脱贫目标:2015年末剩余贫困人口538人,2016年计划减贫381人;2016年剩余贫困人口157人,2017年计划减贫123人,2017年政策兜底贫困人口34人。销号图下方写有"决战脱贫攻坚""实行倒排工期""挂图作战""按图销号"文字。这是黔西南布依族苗族自治州以战区形式推进脱贫攻坚的表现形式。全州划分四大战区,加强组织领导,细化脱贫攻坚具体目标，责任到村，落实到户，落实到人，层层落实，顺利推进脱贫攻坚同步全面小康工作。

为保护生态环境，村寨实施退耕还林工作，以人为本，发展好农业产业，产业扶贫奔小康。张贴于墙上的文件显示，铜鼓村获得2016年省级财政专项扶贫资金10万元，扶贫项目为"扶持农民专业合作社"。农民专业合作社为村级集体经济。这表明该村正在走上产业扶贫之路。铜鼓村为薏苡商品生产示范基地，也是2016年贵州省优质特色粮食产业发展专项承担单位。为加快村寨脱贫攻坚、同步小康工作进度，2015年11月，屯脚镇长青种养殖农民专业合作社在铜鼓村挂牌成立，主要发展生姜种植产业，力图将生姜产业打造成铜鼓村的农业产业化品牌。当时入社社员33名。当地农业部门对当地农民开展了生姜种植培训，使他们尽快掌握了生姜种植基本技术。但2016年底出现了生姜价格下降、市场滞销的状况。金融扶贫方面，铜鼓村是黔西南布依族苗族自治州农村信用合作社"百千万工程"扶贫帮扶村。该村也是县级信用村。电商扶贫方面，村里设有淘实惠电商扶贫生活馆。村寨里办起了农家乐，目前仅一家，名为"钓鱼桥农家乐"。平时，村寨中的游客不多。可以布依族铜鼓为村寨的发展招牌，改造民居，发展民宿，以乡村旅游产业推动同步小康、脱贫致富、乡村振兴工作。

铜鼓村生态良好，依山傍水，群山环抱，绿树成荫，田园风光，空气清新，宜业宜居，世外桃源。这里准备发展生态旅游，正加强基础设施建设，沿长青河两边修建了沿河观光步道。湖北商会关注并助力铜鼓村发展。村里办起黄冈实验学校、长青启蒙早教中心，还有办学历史悠久的长青小学。

钓鱼桥桥头立修路功德碑一通，叙2007—2008年纳夯组村民在政府、社会各方支持下集资修建水泥路的情况。碑列捐款单位、个人名姓及捐款金额。碑文内容为：青丰至纳夯公路建设，2007年度青丰村财政扶贫项目。公路长0.3公里，宽4.5米，跨河桥梁长25.5米。总投资6.8万元。由兴仁扶贫办主管，屯脚镇政府实施。2008年5月24日竣工。

主办方把屯脚镇铜鼓文化相关知识内容印制出来，张贴于数十张展板上。这是全方位宣传铜鼓文化的很好方式。我们对铜鼓文化宣传展板拍照时，遇长青小学校长梁老师。梁老师，男，布依族，1991年于安龙师范学校毕业后从事教育工作，2002年被评为小学语文高级教师，对当地布依族文化较为了解。我们向他了解铜鼓村布依族传统文化有关情况。

据介绍，屯脚镇总人口31000多人，其中布依族、苗族等少数民族人口占总人口的67.3%，布依族人口又占全镇总人口的46.7%。全州有150多面铜鼓，仅兴仁就有80多面。屯脚镇原有铜鼓49面，现保存完好的有28面，主要分布于喳啦、光明、屯上、坡脚、纳林、吊总等20多个布依族村寨。其中一面铜鼓为东汉时期铸造，余下的为隋唐宋元明清各个历史时期所铸造，可见当地布依族铜鼓文化的历史悠久。蒋英、王开级等人关于布依族铜鼓方面的研究成果较多。王开级老先生于1982年开始研究布依铜鼓文化，收集、整理了许多相关资料。

铜鼓，布依语称之为"年"。布依族崇拜铜鼓、祭拜铜鼓的习俗至今犹存。据黔西南布依族苗族自治州布依学会屯脚布依铜鼓文化研究会介绍，2000年以来，屯脚镇铜鼓艺术先后参加省、州、县大中型文艺活动十余次。2006年5月，屯脚镇获贵州省布依学会"布依族铜鼓之乡"荣誉称号。兴仁基本上每年在铜鼓村举办铜鼓文化节，与"六月六"布依风情节、"八月八"苗族风情节等成为该地知名的民族节庆活动，远近闻名。屯脚镇铜鼓曾参加贵州省第三届少数民族文艺会演，产生了良好的社会影响。铜鼓的鼓心为太阳。太阳的十二个尖角为太阳芒。人们把布依族祖先的核心头领比作太阳，光芒四射。十二个角象征十二个月、十二属相、十二重天。铜鼓上有山形纹、旋转纹、旗帜纹、节纹、波涛纹、雷形纹、边角纹等，内涵丰富。如今熟悉铜鼓文化的布依族老人有梁某某等一二十人。不但部分老人会打铜鼓，而且几个十多岁的布依族青少年也学会了打铜鼓，这反映了民族文化的传承发展。在屯脚镇，至今能懂鼓谱且能敲击铜鼓的鼓手有150多人，大至70多岁的LXG，小到10多岁的WZP，其中20—40岁的鼓手占鼓手总人数的45%。现在，铜鼓艺术既传男性，又传女性。布依族妇女LDX等懂得打铜鼓，是布依族铜鼓文化传承的女性代表。2006年，黔西南布依族苗族自治州布依学会布依铜鼓文化研究会成立。屯脚镇铜鼓文化知名度不断提高，需要继续强化品牌建设。

铜鼓文化展板分别叙述了"二月二"布依铜鼓文化节由来、铜鼓大事记、屯脚布依铜鼓十四则手抄古谱照片、远祖布洛陀、农历二月二龙抬头节、祭拜凉厅（即官厅）等情况。每年"二月二"祭官厅时"闲三"，当地布依族休息三天，不干农活。

近年屯脚布依铜鼓队活动，以大事记的形式列于展板中：2000年农历二月初二，屯脚布依铜鼓（舞）队成立，同年八月八参加兴仁"八月八"苗族风情节；2005年四月初三、五月初八在兴义桔山广场分别参加"五彩黔西南""布依百年实录征编会议"文艺展演；2005年"盘江鼓乐"节目参加在贵阳举行的贵州省第三届少数民族文艺会演，获得金奖；2005年农历六月初六在贞丰县三岔河参加"六月六布依风情节"；2005年农历十二月初九，屯脚布依铜鼓舞（队）到兴义市间歇泉表演，迎接时任国家副主席曾庆红到黔西南布依族苗族自治州考察；2006年农历二月初二在屯脚鲤鱼寨参加首届布依铜鼓文化节。此类活动还有很多。可知，铜鼓村布依铜鼓（舞）队在节日活动中传承布依铜鼓十二则及铜鼓舞，定期开展有关活动，同时外出展演交流的机会很多。2016年农历二月初二的铜鼓文化节，开展了布依族名溯源碑揭碑仪式，省、州、县、镇有关领导及专家、学者参加。

兴仁布依族村寨自古以来就有官厅崇拜、神树崇拜、"三月三""六月六""扫寨""扫田坝"、布依族婚丧等民俗风情，至今传承。铜鼓村每一个自然村寨有一个官厅，农历二月初二这一天，各寨都要祭拜官厅，开展祭祀活动。

我们在路边碰到一名身着布依族服饰的中年妇女。梁老师介绍，这是村干部LXL。她精明能干、热情大方。我先自我介绍，并询问基本村情。她娓娓道来，如数家珍。在一旁的镇驻村干部WGF（屯脚镇塘弯村布依族）介绍，村里有八音坐唱等布依族传统艺术文化，布依族花糯米饭有特色。近年，铜鼓村发展乡村旅游，效果良好。周末来此休闲的人较多。

我们遇到了来自安龙县龙山镇新场坝村七街的布依文化文艺队。据队员CZW介绍，文艺队有九个人，是来表演对歌的。他们带来的自制的布依族传统服饰，是用自织土布手工制作而成的，很好看。

村中立《布依族名溯源碑》等三块石碑。第一块碑为《布依族名溯源碑》，于2016年二月初二立。碑前摆供桌及铜鼓一面。碑前左、右各有两面铜鼓，共计四面铜鼓。这是为今天的铜鼓祭祀仪式准备的。第二块碑是《中华布依族名溯源碑赋》。第三块碑是《捐资功德碑》。

文艺会演还没有开始，我们问，在哪里祭官厅？一位村民给我们指明了方向。经请示祭官厅的人同意后,我们到达马长田祭祀官厅的场所。它在广场不远的一座小山的坡脚。上午九点半左右,寨子里的布依族代表已在此开展祭祀活动。据了解,官厅原来在公路边,在"文化大革命"中遭毁坏,后来迁移到了这里,是按照原样建造的。与别处官厅为木结构房屋不同的是,这个官厅是石屋。官厅由石头砌成,屋顶呈三角形,像一座小小的房子,高 128 厘米,宽 168 厘米,进深 82 厘米。官厅中无神像,只有一个香炉在官厅的前半部分。无论有无神灵的具体形象,在当地布依族心目中,这里就表示官厅之神之所在。官厅对联:左联为"敬神显灵村寨平安",右联为"祭祖只求风调雨顺",横批为"五谷丰登"。

马长田村民小组的布依族村民代表六人于上午七点半就来到官厅这里。他们洗手、洗脸后,向官厅叩头。祭祀官厅,以鸡为主要祭品,分"生祭""熟祭"两个仪式先后开展。上午为"生祭"仪式,以两只公鸡祭祀官厅,要求本地红公鸡,脚不生毛,无残疾,无背毛。下午为"熟祭"仪式,以一只红公鸡、一斤六两刀头为祭品。祭祀官厅期间,全寨"闲三",不动土,不上山、下地干农活。"六月六"节日里也有"闲三"规定。

该处官厅祭祀不是由布摩主持,而是由六人代表寨子祭祀官厅。YAK,64 岁,已参加六年祭祀官厅活动。LWM,61 岁,已参加祭祀官厅活动十六年。WGC,60 岁,已参加官厅祭祀活动近十年。YGZ,46 岁。WYT,29 岁。WHC,38 岁。后三人为相对年轻的祭祀活动参与者,参加过两至三年的祭祀官厅活动。马长田布依寨祭祀官厅,每次参加者为村民代表六人。这是固定的,但具体是谁,则不一定每年都相同。"生祭"仪式开展时,我们没有见到。而"熟祭"仪式,刚好被我们碰到了。人们将两只煮熟的公鸡摆在官厅前,点上三束共九炷香,烧纸钱,摆上数碗米饭、若干杯米酒。众人对官厅行叩头之礼。这里的祭祀仪式不念摩经。据介绍,"生祭"与"熟祭"差不多,将鸡摆于官厅前,宰之,拔数根鸡毛沾于官厅之上。这里的官厅祭祀仪式较为简单。此处祭祀官厅与祭山一起进行,祭官厅,也包含有祭祀山神之意。

当地布依族以打平伙方式祭祀官厅。我们见到一红纸上书"二零一七年马长田二月二祭山收支公布",内容为:

每户收 15 元,共 60 户,其中王姓 27 户,杨姓 21 户,黄姓 14 户,梁姓8户，收900元，加上年余469元，共收1369元。支出：

买狗527元

鸡鸭246元

利市86元

盐巴6元

香烛红纸24元

猪肉33元

汽油10元

总支出932元，余437元

（注：此处统计70户，因10户外出打工等原因未在家，故未收费用）

二〇一七年二月初二日

据了解，稍后祭官厅时，祭祀代表将祭山收支内容于神灵之前宣读，再张贴于寨中，以使居民周知。祭祀活动中，只有参与祭祀仪式的六人在此聚餐，其他村民也不于寨中聚餐。下午五点左右，祭祀活动参加者再到官厅开展祭祀活动，宰一只鸡祭神，聚餐，天黑后回家。

这里的"扫寨"，正月十五之后择吉日举行，由布摩主持。"扫寨"时，布摩要来官厅这里请示后，才能开展"扫寨"仪式。平时，人们一般不来这儿，如有事（即遭遇不顺之事），则可来此处敬神，也不由布摩主持。"扫寨"时，要宰公狗，不定颜色，还要宰一只鸭，其他祭品有一个鸡蛋、牛肉、刀头等。马长田布依族每年扫一次寨。

我们考察完官厅祭祀活动后，到村中就餐。村里统一安排来宾于幼儿园用午餐，有布依花糯米饭、腊肉等特色菜肴，十分可口。饭后，文艺节目还没开始，于是我们到村中走一走，看一看。

黄家系布依族，居住于马长田组。男主人今年58岁，会唱布依民歌。他说，村中许多三十多岁的布依族青年不会唱民歌。当地布依族一般正月、"二月二""七月半"等传统节日里唱民歌。这儿不办"三月三"节日。此户人家为刚才在官厅所遇WYT之家。WYT妻子，今年32岁，是安龙县普坪镇香车河村的布依族。她说，娘家那边会唱布依族民歌的人很多，在节日里一般都要"浪哨"对歌，已经形成习惯了。

黄家堂屋设神龛，中书：天地国亲师。左、右分别为：至圣先师孔子、七曲文昌帝君、仁勇关岳二圣、文武福禄财神；南海观音大士、东厨司命灶君、树艺五谷神农、黄氏历代宗亲。家神下有太岁、东厨司命灶君等符箓。再下设土地神位，有道教符箓，绘土府、龙神、昊天大帝、后土紫英夫人等形象。道教符箓很多，分布于堂屋正中及两边墙上四角，其中又有一些八卦符。符箓两边各绘柳枝一根。布依族相信柳条能驱邪。

辞别黄家人，我们采访铜鼓村屯上组一位梁姓布依族老人，男，72岁，会敲铜鼓。他说，敲铜鼓是世代传下来的。他们那里"二月二"祭祀官厅。女人及外地人不能进祭祀场所。"扫寨"在正月十五后择吉日举行，每年扫寨一次。"开财门"习俗盛行。家家户户建新房时要"安家神""开财门"。他们那里每年举办"三月三"节日活动，祭祀山神。"六月六"民族风情节也十分热闹，要祭祀山神、土地。我们随后采访 LLY，男，72岁，梁山古寨布依族，今天来打铜鼓，其兄是布摩。我们看到他所击打的铜鼓背面写有其兄姓名及"传世珍宝"等字。他说，这是梁姓家族铜鼓。他介绍梁山古寨布依族传统节日情况。正月、清明节、"七月半"要祭祀祖先等神灵。"二月二"节日里打铜鼓。"六月六"祭田，宰鸡，插三角形纸马到田中。各家各户宰一只公鸡，准备好纸马，到秧田那里去祭祀，每丘田都要插上纸马。"扫田坝"仪式在"六月六"后择吉日举行，村民敲锣打鼓，由布摩主持，摇师刀，驱虫灾，以保村寨平安。

十二点半，2017 年贵州兴仁"二月二"布依铜鼓文化节在铜鼓村铜鼓文化广场举行。舞台上，左右两侧各悬两面铜鼓。本次节日活动主题为：脱贫攻坚，同步小康。主办方为黔西南布依族苗族自治州布依学会、屯脚布依铜鼓文化研究会、兴仁布依学会。承办方为铜鼓村支两委、兴仁黄冈实验学校。协办方为长青小学、兴仁湖北商会、兴仁华英公司、兴仁环宇民族民间文化艺术公司。

正式表演开始前，祭祀铜鼓。布摩一人主持仪式，七名寨老协助。布摩及寨老均着黑色或青色长袍，缠青色头巾，表情严肃。布摩头戴冠帽，手持师刀，率寨老及舞狮队、敲铜鼓、打锣等众人从村中径至《布依族名溯源碑》前，摆上一面披上红绸的铜鼓，献上猪头、猪尾、一只大红公鸡、白酒、香烛纸钱等祭品。众人鸣放鞭炮，宰鸡，摆六个小酒杯，倒满酒，烧纸钱，仪式如常进行。布摩念祭鼓经，打卦，须阴卦。《祭鼓经》部分内容："'计开二月二祭山的礼物'部分：二月初二日祭官厅，用两个雄鸡，一个祭山主官厅，一个祭土地。一个回于一处，两个共计三处，六个杯子请神。"念经之后，众人敲击铜鼓十四则，鼓声铿锵。祭鼓仪式十分隆重。

祭鼓后开展文艺会演活动。广场入口，迎宾礼仪身着民族服装，敲锣打鼓欢迎四方嘉宾。表演舞台前，布依族人民群众唱着敬酒歌，向领导和嘉宾敬酒。酒是布依族便当酒，美味。兴仁湖北商会来了不少企业家，他们对口扶持铜鼓村发展，主要开展基础设施、引水工程等项目建设。兴仁布依学会副会长 LZY 主持开幕式。村支书、主任 WGW 致欢迎辞，重视布依族铜鼓文化建设，开办"二月二"铜鼓文化艺术节；获得美丽乡村建设扶持资金一亿元，争取贫困发生率在当年降到 1.5% 以下。镇党委书记 WN 讲话，布依族传统文化需要创新，要深刻挖掘、传承发展，为屯脚镇旅游小镇建设发力；弘扬少数民族文化，宣传推介地方文化，了解布依铜鼓文化。兴仁民宗局领导讲话，推进布依族文化传承保护。兴仁布依学会会长 HFL 宣布铜鼓文化节开幕。顿时，铜鼓齐击，花炮迸发，好不热闹。

节目表演在十二面铜鼓齐击声中拉开序幕。主持人两名，男为当地布依族王某，女为黄冈实验学校教师。节目如下：

1. 舞蹈《欢乐铜鼓村》
2. 小打音乐合奏
3. 舞蹈《好花红》
4. 武术表演太极拳
5. 独唱《小小新娘花》
6. 《鼓舞新年》
7. 舞蹈《老年欢歌》
8. 魔术表演
9. 《牛奶歌》
10. 布依山歌
11. 八音坐唱
12. 祈福
13. 《铜鼓声声布依情》
14. 舞蹈《布依姑娘》

15. 舞蹈《一路花开》

考察过程中，我接受兴仁电视台采访，谈布依族铜鼓文化的传承发展。下午三点，表演结束，我们离开铜鼓文化广场，决定到数年前去过的纳赖布依古寨看看。

下午三点半，我们到达纳赖古寨。今天，纳赖布依族祭祀官厅。该寨布依族传统文化保存良好。纳赖古寨农历二月初二至二月初五祭祀官厅。寨前、寨后均以木牌在公路边告示：从二月二至二月初五过往车辆及行人禁止鸣笛、高声喧哗，请尊重民族习俗。外人不得进入祭祀场所。官厅处古木参天，几位村民正在祭祀。经村民同意后，我进入祭祀官厅之地。我与主持官厅祭祀仪式的"布摩"寨老及其他村民一一打招呼，装烟给他们抽，了解当地祭祀官厅具体情况。

官厅祭祀由当地布摩 LLK 主持，四名寨老（当地称为"头人"）与一名厨师协助，均着布依族服饰，缠青布头巾，着青色长袍。今天参与祭祀的四位寨老，均姓梁，其中一人69岁、一人68岁、一人65岁、一人53岁。一名厨师40多岁。当其他村民在忙着煮食物时，布摩、寨老正襟危坐于官厅中，一言不发。其他人也不得大声说话，以免惊扰神灵。

我与布摩小声交谈。他说，祭官厅要念摩经，祭品为五只鸡，其中四只母鸡（必须是子鸡，未生蛋）、一只公鸡。用于祭祀的鸡必须脚杆无毛，耳不背。公鸡须红公鸡。祭品还有刀头、酒等。梁山古寨现在属于铜鼓村合兴组，有87户300多人，全系布依族，主要有梁、王等姓。聚餐时，每户派一人参加，须男性，小男孩也可，但女性不得参加。

此处"扫寨"在正月开展，由布摩主持，贴驱邪符箓。"六月六"扫田坝，布摩主持仪式。敬神树，以前宰牛，现杀猪祭祀。春分前要祭白龙，在另一个山坡上，以一只白公鸡、一头大肥猪作为祭品。

此处官厅为木结构，上盖瓦，无墙，样式与兴仁瓦窑村、鹧鸪园村的官厅差不多。官厅边有碑一通"铜鼓文化历史纪念碑"，立于2006年2月2日。据布摩介绍，正月十五之后择吉日"扫寨"。"扫寨"时，布摩率众人来官厅这里请示，念摩经，打卦，须阴卦。之后，才开展"扫寨"活动。祭官厅，分"生祭""熟祭"仪式。祭祀前，布摩与寨老要向官厅请厨师，须神同意。念摩经，官厅横梁上挂纸马一大串（每户有一匹纸马，十户一串捆起来并加一匹纸马）。官厅中对联：视之不见求之应，听则无声叩则灵,横批为"祥光普照"。屋檐上也有对联:圣佑寨民常平安,神保全寨保清吉,横批为"四季安康"。官厅内设供台。

这里,上午祭祀土地,在土地庙那里开展祭祀活动。祭土地神,由布摩主持,寨老等人参加。祭祀土地时,要宰一只公鸡,以刀头等为祭品,聚餐。下午,祭官厅。祭祀官厅不用师刀,不得高声喧哗,女性不得进入。官厅中,供台上摆上六杯酒,左、右各三杯,白米饭与杯子配对,一个杯子配一碗米饭。祭祀时,布摩念诵摩经。祭祀土地神及官厅,均分为"生祭""熟祭"两种仪式。官厅"生祭"仪式已经过去了。下午四点半,"熟祭"仪式开始。布摩点燃九炷香,率四名寨老于官厅外向官厅作揖行礼,之后打卦,默念摩经。摩经念完后,布摩及寨老进到官厅中,净手。布摩坐于上首,四名寨老分列其左右。布摩用手把盘中煮熟的一只公鸡、四只小母鸡撕碎。每人两手分别执鸡脚一只,去肉,将鸡脚洗净,看鸡骨卦。

此时,一中年男子问我是不是记者,开介绍信没有。我表明身份,并说明来意。他说,这里是他们的禁地,一般不让外人进。我说,经过祭祀官厅的人同意之后,我才进来的。之后,我欲离开。众人欲留我吃饭,我道谢而别。

返回时,我们经过河边一处官厅,下车看了看。它还是几年前的老样子,现在没有人在这里开展祭祀活动。我们问了当地布依族才得知,这是水车寨的官厅。农历二月初二,当地布依族需要祭祀官厅,但是要先到山上的土地庙那里祭祀土地神,下午六点左右才来官厅这里开展祭祀活动。官厅是木结构的建筑物,上盖瓦,如纳赖布依寨的官厅式样。官厅中置一张木质长板凳。官厅对联两副。屋檐处对联为:佑四季平安,保壹年清吉,横批为"风调雨顺"。屋中对联为:视之不见求之应,听则无声叩则灵,横批为"近①香大吉"。

(执笔:彭建兵)

二 上甲、大兴布依族古寨文化调查

2019年7月中旬的一天,天气晴好。我们决定去关岭县、兴仁市有

---

① 近:应为"进"或"敬"。

关布依族村寨开展田野调查活动。

我们驱车从沪昆高速公路岗乌收费站下高速，沿472县道前行数公里，即到关岭岗乌镇上甲布依古寨。在三岔路口，我们看到了上甲布依古寨的寨门。寨门建于2011年，正面及背面均有对联。寨门下方绘布依族铜鼓、干栏式民居、牛角、小打音乐及演奏人物、稻穗、吹木叶男子以及情歌对唱布依女之形象。寨门边立有寨门功德碑一通。

上甲布依古寨地处北盘江河谷，有千年大榕树群、亿万年古生物化石，生态环境优良，民俗风情浓郁而多彩。我们下车，在寨门附近拍了几张相片，继续往光照电站方向走，准备于返回时考察该古寨民族文化。

山里的公路，弯弯曲曲，因连日暴雨而滑坡数处，落石几乎挡住了道路。我们小心驶过。沿途经过北盘江畔小盘江村、后坝、坡保、毛草坪、大寨等村寨，其中小盘江村、毛草坪村等为布依族村寨。毛草坪村有布依族铜鼓广场，韦、伍等姓布依族聚居于此。脱贫攻坚有关信息公布在村委会前的村务公开栏中。贫困户有挂牌，当地扶贫干部督战。村中精准扶贫标语有"扶贫先扶智，治穷先治愚""脱贫致富快，全靠产业带"等。

光照湖畔的大寨村路边立有一通"石敢当"石碑，高58厘米，宽26厘米，正面以红色瓷砖镶刻"石敢当"三字，现代所立，有底座。

身着布依族服饰的中老年妇女在路边行走。她们的服装与晴隆达土布依族的相似，上衣为中长式，裤为长裤，衣裤均绣花边，还有头帕以及镶边的花腰带，衣服颜色整体为青色。

北盘江江水碧绿，两岸青山倒映其中，风光秀美。光照电站，大坝高大而坚固，拦阻北盘江而成光照湖。光照电站下方不远处为高高耸立的沪昆高铁桥，再下方为我们刚才经过的众多民族村寨，小盘江村下方不远处是盘江铁索桥，再下为沪昆高速北盘江大桥，均可远而望之，十分雄伟。

光照湖位于晴隆、关岭交界的北盘江河谷。湖边垂钓的人不少。游客来这儿游玩，可以品尝北盘江特色野生鱼。湖上有游船，可以包租，远可达六盘水市水城县那边，近可达六枝特区茅口古渡，费用从数百元到上千元不等。湖岸停放数艘船只，是"水上人家"等渔家乐的营业场所。"水上人家"鱼家乐的老板姓龙，是喇叭苗，以船为家，内设神龛，多神名，与我见过的布依族、汉族等民族的神龛不同。

下午一点，我们到达上甲布依古寨。寨子位于北盘江边，村中有布依族文化广场，广场舞台两侧以铜鼓、布依小打音乐人物等装饰。村中有巨石，上刻书法家、文学家戴明贤先生所书"上甲古榕树群"几个大字。巨石背面有《中国罕见世界极品——上甲古榕树群奇观》石刻文字。

广场边有一棵千年古榕树，据珍稀古木保护铭牌可知，该树已经有2500多年的树龄了。古树硕大的躯干下方缠数段红布，是为神树。寨中古榕还有很多棵，皆长势良好，树盖如伞，高大无比，郁郁葱葱。另有金竹篷数丛，诸多巨大的竹子生长于一处，很有气势。

村中多处民居绘有墙画，内容有"百善孝为先""布依族小打音乐""六月六""立秋节""戴假壳"以及婚姻习俗"背孙崽与骑板凳"等。墙画栩栩如生，但字为墨书，由于长期日晒雨淋，少数字迹已经不清晰了。我们采访当地村民，了解当地布依族"三月三""六月六""立秋节"等节日文化情况。当地"六月六"等布依族传统节日中打糍粑、对唱民歌等风俗习惯依然存在，具有一定特色。上甲布依寨有罗、王、韦、卢等姓氏布依族，以罗姓居多，有四五十户，王家四户，韦家只一户，岑家两户。村民家有贴门神、挂照妖镜、贴符等民间习俗。一名身着布依族服饰的中年妇女在家中自制土布。村寨中有社会主义核心价值观宣传标语或墙画多处。积德榜中的模范个人有LAZ（布依族）、YWX（苗族）、YHL（布依族）、WGH（布依族）、ZSC（汉族）等人，并有相关事迹介绍。村寨的乡规民约以及安顺市医疗保障扶贫政策宣传等张贴在村务公开栏。

村寨中有"大榕树农庄"等数家农家乐，但游客很少，全部关门。上甲古寨的旅游步道基本修好，民居改造基本完成，旅游公厕正在建设，还准备建一个非物质文化遗产陈列馆。这里是安顺市美丽乡村建设重点村寨，但从基础设施等情况看，该村寨尚处于待开发阶段。参天古树众多的上甲布依古寨，凉风习习，环境良好，适宜避暑。下午，我们于大榕树下稍作休息，乘凉。

下午五点，我们到达兴仁潘家庄团结村。大兴寨为其下属自然村寨。村寨有100多户，3个组，绝大多数是布依族，王姓。当地村民说，这里还有朱家、郭家不是布依族，只有几户，也在"打火箭节"节日里参加打火箭活动。村寨四周环山，生态环境优良。这里距放马坪景区不远，蓝天白云，空气清新，田园风光。村中有村小学，现更名为清北实验学校，教学质量可以。

"打火箭节"是布依族的传统节日，只在兴仁市大兴寨一地开展节日活动。节日从七月十四晚上开始，持续到农历七月十五，有两个晚上连打火箭。"打火箭节"的由来与当地布依族王氏先祖抵御外敌的民间故事有关。七月十五晚上要"扫寨"，由布摩主持。寨子中现有四名布摩。"扫寨"时只由其中一位布摩主持祭祀仪式。

村寨中有官亭，石柱式亭子，内无神像。官亭正面石柱上有"进香大吉"四个字，书于红纸上。顶梁上墨书"贵州兴仁潘家庄大新寨祭""癸巳年庚申月丙辰日立"两行字。两行字的中间绘太极图。官厅边有石碑一通，名"大新寨碑记"，叙官厅由来及"打火箭节"故事。

村委会设在大兴寨二组。据当地布依族介绍，这里每年都开展火箭节活动。以前政府部门拨款时，就办伙食，不然的话，就不办伙食。据了解，2016年时由镇政府出面主办过一次节日活动。为什么要过"打火箭节"呢？当地人说，古代以来就有这个打火箭的节日活动了。布依族"打火箭节"，是为了驱火星、保平安。以前的房子是草房，火箭打到屋顶，屋子并不会着火。20世纪80年代有两年没有开展"打火箭节"活动，结果村寨里面遭受了火灾。而打了火箭，就可以保证村寨平安。"打火箭节"有关民间故事可以深度挖掘。

（执笔：彭建兵）

三　查白歌节活动考察

2017年7月12日至14日连续三天，我们对查白歌节活动开展了较为深入的考察，大致了解了歌节情况。

查白歌节每年农历六月二十一日至二十三日在黔西南布依族苗族自治州顶效镇查白村举办，自节日产生之日起，很少中断，几乎每年都在村中虎场坝（现更名为"查白场"）开展节庆活动，成为布依族传统节庆文化之一，并产生了深远的历史影响。2006年，查白歌节入选第一批国家级非物质文化遗产代表性项目名录。查白村处于滇黔桂三省（区）交界地带，查白歌节在滇黔桂三省（区）布依族地区有着重要影响，每年慕名参加盛会的各族人民成千上万，热闹非凡。查白村是一个布依族、汉族杂居村落，以布依族为主体。村寨总人口3900余人，布依族人口较多，主要有查、王、黄、张等姓氏。查白村地处喀斯特地区，四面环山，森林密布，山清水秀，风景如画，先后被评为"贵州省少数民族特色村寨""贵州省乡村旅游村"，2016年被纳入国家旅游局乡村旅游扶贫工程。

查白村民族文化以布依族文化为主，以查白歌节为载体，打造少数民族特色村寨。查白歌节来源于古代查郎与白妹之间的爱情故事，而查白歌节这一天（农历六月二十一日）正是查郎与白妹双双殉情的日子。后人就在这一天纪念查郎与白妹，开展节日活动。查白歌节到来之前，每家每户都要扫除家中灰尘，准备各种各样的布依族特色食品招待远方的客人。按照当地布依族的传统习俗，哪家招待的客人多，就越荣光，并以此预兆来年有好的收成。反之，用本地话来说，就要"着丘皮"（意思是"被人取笑"）。所以，"赶查白"不仅是一个纪念性节日，而且是布依族走亲访友的好日子。节日期间，来自周边地区的布依族及其他各族人民欢聚于查白村，纪念查郎、白妹，祭祀查白坟，喝查白井水，吃狗肉汤锅，"浪哨"对歌，开展布依族文艺表演活动。

7月12日、13日两天，我们对田野调查之处进行"踩点"。7月12日中午，我们从兴义市区乘车到达查白村。查白村的寨门正在修建。进村后，我们在村委会办公大楼采访了多名村干部。恰好当天有上海的考察团到村里考察，于是我们与他们一起，在村干部带领下，对查白歌节举办地点查白场以及查白村农业产业、村寨未来发展规划等情况进行了解。据村干部介绍，当地准备在歌节舞台后面的松林坡上翻修查白庙；松林坡的后面，正修建一条连通万屯高速收费站的公路，路程大约2.4公里，以便实现改善村寨道路交通条件的目标；准备在公路对面规划建设一泓温泉，以之为中心，修建温泉度假村，所以需要加大招商引资力度。温泉度假村项目是考察团来调研的重要目的。农业产业结构调整方面，目前查白村已经开展了精品水果规模化种植，主要种植水晶葡萄、核桃、水蜜桃。近期，在有关部门的大力支持下，查白村将以查白歌节为龙头重点打造乡村旅游产业。要打造好乡村旅游村寨项目，必须在村寨环境改造、旅游设施建设等方面下功夫。今天是查白村的赶场日期，商品丰富，赶场的人络绎不绝。村寨场集活动是古代时期就有的，至今在部分农村地区存在，方便了群众生活，活跃了农村经济。

7月13日中午，我们再去查白村开展田野调查工作。由于没有直达村寨的车子，我们只好在兴义市区花费120元包租了一辆小汽车，下午一点到达村里。明天就是"赶查白"了，今天村寨中就来了很多客人，售卖各式商品的众多商贩已经支起了摊位，摆好了商品，开始营业。昨天赶场的地方已经换成了狗肉汤锅摊位。身着布依族服饰的人们已经比较多了，欢度节日的喜悦写在他们满是笑意的脸上。下午，查白场上文艺表演的舞台已经搭建好了，彩排活动即将开始。节目丰富，有八音坐唱、民歌对唱、布依婚俗等，十分精彩。

7月14日是查白歌节。为了能较为全面地了解歌节情况，我们凌晨三点多就起床，随便吃了点东西，四点多包车从兴义市区出发，到达查白村时才五点多钟。此时，天已经放亮。勤劳的小商贩们开始准备做生意了。有的商贩售卖布依族特色饮食五色糯米饭、狗肉汤锅。六点多的时候，村寨中的游客越来越多了。我们与一位来自贞丰县的布依族妇女交谈。她说，查白歌节名声很大，很有特色，自己及家人基本上年年都来参加节日活动，观赏布依族文艺演出，参加"浪哨"对歌活动，很有收获。今天凌晨三点多，他们就从贞丰县出发，开车来的，辛苦是辛苦，但能感受"赶查白"的节日气氛，很开心。

上午七点左右，查白坟、查白井那里已经有人开展祭祀活动，烧香，化纸，叩头。人们将香点燃，拿着香，对着所祭祀的对象作揖三次，而后将香插在香炉里，再烧纸钱，磕头。每一个祭拜查白坟的人都会在坟头摘一片树叶，包上一些烧过的香灰，带回家，和水喝之，以驱除疾病、祈求平安。每一个祭祀查白井的人，在祭拜后，都拿一个空矿泉水瓶灌满井中泉水，喝之，以祈求吉祥如意。这是群众自发性的祭祀活动。正式的祭祀查白坟、查白井的仪式，由查白村中的布摩、寨老主持，开展传统的仪式活动。谢彬如主编的《中国节日志·查白歌节》已对查白歌节中祭祀活动进行了详细的记述，此不再叙。

上午十点，在村小学附近开展迎宾仪式，当地布依族以醇香甘甜的便当酒迎接贵宾。主客之间对歌，场面热烈。下午一点，文艺会演活动在查白场举行，节目精彩纷呈，游客人山人海。歌场外，布依族男女在松林坡等处开展"浪哨"对歌活动。情歌悦耳动听。对歌者沉浸于幸福之中，很是陶醉。游客多驻足观赏，不时报以热烈的掌声。

每个民族都有属于自己的节日。查白歌节是宝贵的布依族优秀传统文化。现代化背景下，查白歌节的保护与传承发展问题值得我们思考。查白歌节主要围绕查郎、白妹的爱情故事，开展对唱情歌、祭祀神灵等系列节庆活动。每年农历六月二十一日，查白村都会举行盛大的歌节活动，来参加节日活动的人员数以万计。节日文化的创新不仅能保护传统文化，而且能带来一定经济效益。查白歌节的传承发展方面，第一，当地布依族要始终重视歌节文化，保护好、传承好歌节文化，将感恩的主题贯彻在歌节之中，加强人文教育。查郎、白妹是民间故事中的英雄人物，为了自身的幸福和村寨的安宁，他们不畏强权、勇于斗争的英雄气概值得钦佩。第二，对唱布依族民歌不要拘泥于原有曲调，在保证原生性的前提下，在表演活动中适当添加一些流行歌曲元素，以满足不同层次布依族人民的欣赏需求。第三，重视布依族民歌文化传承人培养，加强培训工作，使中年人、青年人成为民族文化传承发展的主体力量，从而解决代际传承困难问题。第四，歌节活动形式要更加丰富多样，不仅要突出布依族文化特色，而且可以融入当地苗族、汉族等其他民族文化元素，办成地区性有影响的民族团结盛会。第五，进一步发挥报纸、电视台等传统媒体以及快手、抖音等新媒体、自媒体的作用，加大对查白村及查白歌节活动的宣传报道，进一步扩大村寨及歌节的社会影响力。

现阶段，发展生态旅游是查白村建成全面小康社会后巩固拓展脱贫攻坚成果的必然选择。查白村歌节文化历史悠久，文化内涵丰富，是查白村开发成为乡村旅游景区的先天条件。可以将查白歌节活动纳入国际山地旅游暨户外运动大会范畴，可以建设查白歌节博物馆或者展览馆、文化长廊；建立布依族民歌传承培训基地，开展"民族文化进校园"活动，重视民族文化传承人培养工作；建立民族文化摄影、美术、文学创作基地，推动查白歌节文化深度发展；将歌节文化与布依族特色村寨建设密切结合起来，通过招商引资重点打造查白歌节生态文化园区。保护和开发与查郎与白妹民间故事有关的查白古树、查白井、松林坡、查白庙、查白洞等数个景点，建设民宿、农家乐或宾馆、酒店，形成系统的旅游景区，以促进查白村乡村旅游发展。

（执笔：刘芳芳）

参考文献

一　古籍

（清）常恩修，邹汉勋、吴寅邦纂：《安顺府志》。

（南朝宋）范晔：《后汉书》。

（清）桂馥：《黔南苗蛮图说》（中央民族大学图书馆藏本）。

（明）郭子章：《黔记》。

（民国）胡嵩修，饶燧乾等纂：《镇宁县志》。

（清）李其昌纂修：《南笼府志》。

（民国）卢杰创修，蒋芷泽等纂：《兴义县志》。

（民国）罗骏超纂修：《册亨县乡土志略》。

（明）沈庠修，赵瓒纂：《贵州图经新志》。

（明）徐霞客：《徐霞客游记》。

（清）佚名：《苗蛮图说》（美国哈佛大学燕京图书馆藏本）。

（清）佚名：《黔苗图说》（美国哈佛大学燕京图书馆藏本）。

（清）周作楫修，萧琯等纂：《贵阳府志》。

二　著作

安龙县民族事务委员会编：《安龙县民族志》，1989年。

安龙县民族事务委员会编：《中国民间文学三套集成·黔西南州安龙县卷》，1989年。

安龙县民族宗教事务局、安龙县布依族学术研究会编：《安龙布依文化：山歌专辑》，2014年。

安顺市文化局编著：《揭秘安顺：非物质文化遗产》，贵州人民出版社2009年版。

白明政、樊敏主编：《布依族节日文化研究》，贵州民族出版社 2017 年版。

陈静梅：《贵州少数民族非物质文化遗产传承人保护研究》，中国社会科学出版社 2016 年版。

费孝通主编：《中华民族多元一体格局》，中央民族大学出版社 2018 年版。

高丙中：《中国民俗概论》，北京大学出版社 2009 年版。

高巍：《中国传统节日的文化研究及其实践应用》，北京燕山出版社 2017 年版。

《贵州旅游文化集萃》编委会、《贵州旅游文化集萃·黔西南卷》编委会编：《贵州旅游文化集萃·黔西南卷》，中国旅游出版社 2009 年版。

贵州省民族事务委员会编：《布依族文化大观》，贵州民族出版社 2012 年版。

贵州省民族研究所编：《贵州民族调查》（之二），1984 年。

贵州省民族宗教事务委员会、贵州省科技教育领导小组办公室编：《贵州世居少数民族传统节庆文化》，贵州民族出版社 2015 年版。

贵州省黔西南自治州史志征集编纂委员会编：《黔西南布依族苗族自治州志·文物志》，贵州民族出版社 1987 年版。

贵州省文管会办公室等编：《贵州节日文化》，中央民族学院出版社 1988 年版。

贵州省志民族志编委会编：《民族志资料汇编》（第六集 布依族），1988 年。

贵州省志民族志编委会编：《民族志资料汇编》（第一集 布依族），1985 年。

贵州省民族事务委员会、贵州省民族研究所编：《贵州"六山六水"民族调查资料汇编》（布依族卷），贵州民族出版社 2008 年版。

韩养民、郭兴文：《节俗史话》，社会科学文献出版社 2011 年版。

何光渝、何昕：《原初智慧的年轮——西南少数民族原始宗教信仰与神话的文化阐释》，贵州人民出版社 2010 年版。

何羡坤主编：《荔波布依族》（上、下册），中国文化出版社 2011 年版。

何星亮：《中国自然崇拜》，江苏人民出版社 2008 年版。

惠水县布依学会编：《惠水布依族》，贵州民族出版社 2001 年版。

［英］霍奇（Robert Hodge）、克雷斯（Gunther Kress）：《社会符号学》，

周劲松、张碧译，四川教育出版社2012年版。
黄登华：《仁怀布依族人》，白山出版社2016年版。
黄义仁：《布依族宗教信仰与文化》，中央民族大学出版社2002年版。
黄义仁、韦廉舟编撰：《布依族民俗志》，贵州人民出版社1985年版。
黄泽：《西南民族节日文化》，云南教育出版社1995年版。
黄正书：《贵州龙的故乡》，台海出版社1999年版。
乐怡整理：《百苗图八种》，广西师范大学出版社2018年版。
梁庭望、柯琳：《中国南方少数民族宗教》，青海人民出版社2011年版。
林慧：《文化记忆的追寻与重建——中国传统节日保护对策研究》，中国人民大学出版社2017年版。
林惠祥：《文化人类学》，商务印书馆1991年版。
刘柯编著：《贵州少数民族风情》，云南人民出版社1989年版。
刘卫东主编：《当代云南布依族简史》，云南人民出版社2014年版。
刘芝凤：《中国稻作文化概论》，人民出版社2014年版。
六枝特区史志办公室编：《夜郎布依风情》，2006年。
陆勇昌主编：《中国节日志·布依族六月六》，光明日报出版社2016年版。
罗大林主编：《中国·贵阳布依族文化》（上、下），贵州民族出版社2017年版。
罗洪庆主编：《布依学研究——布依族非物质文化遗产传承保护交流会专辑》，云南大学出版社2017年版。
罗洪庆主编：《当代河口布依族》，云南民族出版社2013年版。
罗洪庆主编：《河口布依学研究》，2013年。
罗剑：《毕节地区布依族》，贵州民族出版社2004年版。
罗有亮：《民族民间生态智慧研究》，人民出版社2015年版。
罗祖虞主编：《布依族历史与文化研究》，云南人民出版社2007年版。
麻国庆、朱伟：《文化人类学与非物质文化遗产》，生活·读书·新知三联书店2018年版。
马关县文化广播电视体育旅游局编：《马关县民族传统文化集》，云南人民出版社2016年版。
马启忠、王德龙：《布依族文化研究》，贵州民族出版社1998年版。
黔南州文艺集成志书编委会编：《中国文艺集成志书·贵州省黔南布依族

苗族自治州·民间故事卷》，1994 年。

清镇市民族事务局、清镇市布依学会编：《清镇布依寨》，贵州民族出版社 2014 年版。

清镇市民族宗教事务局、清镇市布依学会编：《清镇布依族民俗文化》，贵州民族出版社 2017 年版。

宋才发主编：《音寨村调查（布依族）》，中国经济出版社 2009 年版。

唐恒主编：《云南布依族文化研究论文选》，中国文联出版社 2004 年版。

王封常主编：《望谟布依族百年实录》，香港环球出版社 2011 年版。

王剑、彭建：《西南民族地区旅游业与社区互动发展》，中国经济出版社 2014 年版。

王铭铭：《走在乡土上——历史人类学札记》，中国人民大学出版社 2009 年版。

韦廉舟编著：《布依族苗族风土志稿》，1981 年。

韦启光、石朝江、赵崇南、佘正荣：《布依族文化研究》，贵州人民出版社 1999 年版。

伍文义、韦兴儒、周国茂、罗汛河、黎汝标：《中国民族文化大观·布依族篇》，暨南大学出版社 2018 年版。

伍忠钢、伍凯锋：《镇宁布依族》，贵州大学出版社 2014 年版。

吴泽霖：《吴泽霖民族研究文集》，民族出版社 1991 年版。

乌丙安：《非物质文化遗产保护理论与方法》，文化艺术出版社 2016 年版。

乌丙安：《民俗遗产评论》，长春出版社 2014 年版。

习近平：《习近平谈治国理政》，外文出版社 2014 年版。

萧放等：《中国民俗史》（明清卷），人民出版社 2008 年版。

谢彬如主编：《中国节日志·查白歌节》，光明日报出版社 2014 年版。

兴义市布依学会等编：《兴义布依寨》，贵州民族出版社 2014 年版。

汛河编著：《布依族风俗志》，中央民族学院出版社 1987 年版。

颜勇、龙海燕：《和而不同，积极有为：布依族传统文化保护发展研究》，中国文史出版社 2016 年版。

杨昌儒、陈玉平编：《贵州世居民族节日民俗研究》，民族出版社 2009 年版。

杨方刚、张中笑主编：《贵州少数民族祭祀仪式音乐研究》，贵州人民出版社 2010 年版。

杨军昌:《西南民族人口文化研究》,中国社会科学出版社 2015 年版。

杨军昌:《传统与跨越——贵州民族人口文化研究》,知识产权出版社 2013 年版。

杨军昌、周梅编著:《贵州省非物质文化遗产田野调查丛书·黔西南布依族苗族自治州卷》,知识产权出版社 2018 年版。

杨南丽主编:《云南民族村寨调查:布依族——罗平鲁布革乡多依村》,云南大学出版社 2001 年版。

[美]杨庆堃(C. K. Yang):《中国社会中的宗教:宗教的现代社会功能与其历史因素之研究》,范丽珠译,四川人民出版社 2016 年版。

月亮河研究组:《月亮河流域布依族文化研究》,贵州大学出版社 2009 年版。

云南民族学会布依学研究委员会、河口瑶族自治县民族事务局编著:《云南河口布依族文化》,云南民族出版社 2007 年版。

赵旭峰、何作庆:《边境布依家园——云南省河口县桥头乡老汪山村社会与经济发展调查报告》,社会科学文献出版社 2010 年版。

政协册亨县委员会编:《册亨风物志》,贵州民族出版社 2016 年版。

中共中央宣传部编:《习近平总书记系列重要讲话读本》,学习出版社、人民出版社 2016 年版。

中国人民政治协商会议云南省罗平县委员会编:《罗平布依族实录》,2008 年。

《中国少数民族社会历史调查资料丛刊》修订编辑委员会编:《布依族社会历史调查》,民族出版社 2009 年版。

《中国少数民族社会历史调查资料丛刊》修订编辑委员会编:《云南少数民族社会历史调查资料汇编》(一),民族出版社 2009 年版。

钟敬文主编:《民俗学概论》,上海文艺出版社 1998 年版。

周国茂:《一种特殊的文化典籍:布依族摩经研究》,贵州人民出版社 2006 年版。

周国茂:《自然与生命的意义世界——贵州少数民族原始崇拜与民俗》,贵州教育出版社 2004 年版。

周瑾瑜、祖岱年主编:《黔南民族节日通览》,1986 年。

朱健刚、王超主编:《水边人家——一个布依族村寨的发展描述》,知识产权出版社 2006 年版。

三 论文

白德舟:《赶查白》,载贵州省兴义地区民族事务委员会编《布依族古歌选》,1981 年。

白德舟搜集整理:《查白场上送情人》,《南风》1983 年第 6 期。

白德舟搜集整理:《查白情歌》,《南风》1986 年第 4 期。

白海鹰:《方村布依族过"小年"的风俗习惯》,载何羡坤主编《荔波布依族》(上册),中国文化出版社 2011 年版。

白明政:《布依族节日文化浅析》,载白明政、樊敏主编《布依族节日文化研究》,贵州民族出版社 2017 年版。

岑大明:《对布依族节日产业开发的思考》,载黔西南州布依学会编《黔西南布依学研究》(第四集),社会科学文献出版社 2013 年版。

陈国钧:《安顺苗夷岁时志》,载吴泽霖、陈国钧等著《贵州苗夷社会研究》,民族出版社 2004 年版。

陈兰、陈立浩:《"三月三"节日民俗试论》,《贵州民族研究》1991 年第 1 期。

段超:《保护和发展少数民族特色村寨的思考》,《中南民族大学学报》(人文社会科学版)2011 年第 5 期。

鄂启科:《贵州望谟布依族"三月三"文化节变迁与重构》,《贵州民族研究》2019 年第 12 期。

樊敏:《布依族小年节文化探析》,载白明政、樊敏主编《布依族节日文化研究》,贵州民族出版社 2017 年版。

费孝通:《完成"文化自觉"使命,创造现代中华文化》,《北京大学学报》(哲学社会科学版)1998 年第 2 期。

冯景林:《查白歌节的形成与传承》,载兴义市文化体育旅游和广播电影电视局编《兴义非物质文化遗产》,贵州科技出版社 2011 年版。

谷因:《祭祀大禹:布依族"六月六"节探源》,《贵州民族学院学报》(社会科学版)1996 年第 1 期。

顾军、苑利:《传统节日文化遗产保护与我们所应秉承的原则》,《民族文学研究》2005 年第 4 期。

何先龙：《水东地区布依族习俗溯述》，载政协开阳县科教文卫史委员会、开阳县民族宗教事务局编《开阳布依族》，中国文史出版社 2015 年版。

胡贞明搜集：《思念》，载安龙县民族事务委员会编印《中国民间文学三套集成·黔西南州安龙县卷》，1989 年。

黄世贤：《赶"查白"》，《南风》1983 年第 2 期。

黄世贤、黄正书：《欢乐的查白歌节》，《南风》1983 年第 5 期。

黄世贤、罗光汉、雪荷、黄正书搜集整理：《查白歌节的来历》，《南风》1983 年第 6 期。

黄寿昌搜集整理：《查白》，载中国民间文艺研究会贵州分会编印《民间文学资料》（第六十三集 布依族酒歌、叙事歌），1983 年。

黄晓：《布依族"查白歌节"文化变迁及保护意见》，载白明政、樊敏主编《布依族节日文化研究》，贵州民族出版社 2017 年版。

黄正书：《沧桑营上寨》，载兴义市布依学会、兴义市民族和宗教事务局、兴义市文体广电旅游局编《兴义布依寨》，贵州民族出版社 2014 年版。

黄正书搜集整理：《"六月六"的故事》，载兴义市民族事务委员会编《兴义民间传奇》，作家出版社 2008 年版。

金安江：《布依族地区文化旅游的思考》，《贵州民族研究》2003 年第 2 期。

雷广正、伍文义：《布依族的传统宗教》，载宋恩常编《中国少数民族宗教初编》，云南人民出版社 1985 年版。

李继科：《普梯村的"二月二"》，载兴义市政协文史委编《兴义民间传奇》，作家出版社 2008 年版。

李松：《节日文化的传播与传承》，载李松、张士闪主编《节日研究》（第五辑），泰山出版社 2012 年版。

李松、王学文、张远满：《重视传统节日的文化内涵》，载李松、张士闪主编《节日研究》（第十二辑），学苑出版社 2018 年版。

李天翼：《论民族旅游开发模式的合理建构》，《贵州民族大学学报》（哲学社会科学版）2014 年第 6 期。

李应斌：《论旅游开发与民族文化的变迁——以罗平多依村布依族节日文

化变迁为例》,《曲靖师范学院学报》2009年第2期。

李忠斌、郑甘甜:《论少数民族特色村寨建设中的文化保护与发展》,《广西社会科学》2014年第11期。

梁朝文:《开发布依族节日文化旅游 实现布依族地区跨越式发展》,载白明政、樊敏主编《布依族节日文化研究》,贵州民族出版社2017年版。

刘海飞:《长底乡布依族宗教信仰现状调查》,载云南民族大学人文学院民族学教研室编著《云南省罗平县长底乡布依族社会文化调查》,云南人民出版社2010年版。

刘魁立:《我们中国人自己的传统节日体系》,《江西社会科学》2011年第5期。

刘铁梁:《民俗文化的内价值与外价值》,《民俗研究》2011年第4期。

罗玲玲、梁龙高、周承:《论册亨布依族文化的传承、保护与发展》,《黔南民族师范学院学报》2013年第2期。

罗友华采集:《不赶毛杉心不平》,载安龙县民族事务委员会编印《中国民间文学三套集成·黔西南州安龙县卷》,1989年。

罗友华采集:《每年三月赶毛杉树》,载安龙县民族事务委员会编印《中国民间文学三套集成·黔西南州安龙县卷》,1989年。

罗祖虞、陈燕、王慧:《中国布依族节庆文化探源——从布依族百越古文字文献中寻觅布依族节庆文化源头》,载白明政、樊敏主编《布依族节日文化研究》,贵州民族出版社2017年版。

吕品:《诗的生活、歌的节日——写在赶查白之后》,《南风》1983年第5期。

马启忠:《布依族"六月六"探源》,《安顺师专学报》(社会科学版)1996年第1期。

马启忠、杨芝斌:《布依族传统节日"六月六"》,《西南民族大学学报》(人文社科版)1982年第3期。

马启忠、杨芝斌搜集整理:《六月六》,载镇宁县布依族苗族自治县民间文学三套集成编委会编《中国民间故事集成·贵州省安顺地区镇宁布依族苗族自治县卷》,1988年。

毛天松:《古朴神秘——布依族"三月三"》,载贞丰县文体广电旅游局编《文化贞丰》,2016年。

孟慧英：《布依族的神话与宗教》，《贵州民族研究》1987 年第 4 期。

孟慧英：《传统节日的性质、作用及其发展》，载何星亮主编《宗教信仰与民族文化》（第一辑），社会科学文献出版社 2007 年版。

莫大华：《走蛙节》，载何羡坤主编《荔波布依族》（上册），中国文化出版社 2011 年版。

莫开灿：《阳凤小年》，载何羡坤主编《荔波布依族》（下册），中国文化出版社 2011 年版。

莫祖强：《布依族的传统节日》，载何羡坤主编《荔波布依族》（上册），中国文化出版社 2011 年版。

聂景春、邹秀兰：《节日文化与精神补偿》，载高占祥主编《论节日文化》，文化艺术出版社 1991 年版。

潘德阳：《布依族牛王菩萨节》，载罗洪庆主编《布依学研究》，云南民族出版社 2015 年版。

彭建兵：《历史人类学视野中的布依族山神信仰习俗》，《兴义民族师范学院学报》2013 年第 1 期。

彭建兵：《坡落布依古寨"祭山"节庆活动民族志》，《兴义民族师范学院学报》2014 年第 1 期。

彭建兵：《论布依族雷神信仰》，《黔南民族师范学院学报》2016 年第 4 期。

彭建兵、谢建辉：《布依族树神信仰与神树崇拜》，《兴义民族师范学院学报》2018 年第 1 期。

尚土搜集整理：《查白新景》，载贵州省兴义地区民族事务委员会编《布依族古歌选》，1981 年。

唐雪琼、钱俊希、陈岚雪：《旅游影响下少数民族节日的文化适应与重构——基于哈尼族长街宴演变的分析》，《地理研究》2011 年第 5 期。

王达志：《晴隆第三土语区布依族年节》，载中国人民政治协商会议黔西南州委员会编《黔西南布依族文史资料专辑》（上），2007 年。

王殿宗：《浅议布依族"六月六"节日的保护理念》，载白明政、樊敏主编《布依族节日文化研究》，贵州民族出版社 2017 年版。

王克松、葛静：《喀斯特文化生态与布依族节庆文化》，载白明政、樊敏主编《布依族节日文化研究》，贵州民族出版社 2017 年版。

王启恩:《兴义布依族习俗》,载中国人民政治协商会议黔西南州委员会编《黔西南布依族文史资料专辑》(上),2007年。

王仕学:《黄坪营土司家族的世居地》,载兴义市布依学会、兴义市民族和宗教事务局、兴义市文体广电旅游局编《兴义布依寨》,贵州民族出版社2014年版。

王天锐:《布依族风情与民族文化》,载贵州省布依学会、黔西南布依族苗族自治州布依学会编《布依学研究》(之八),贵州民族出版社2005年版。

王云奎、李辉海:《浅议金沙江中下游布依族节庆文化的传承与保护》,载白明政、樊敏主编《布依族节日文化研究》,贵州民族出版社2017年版。

王沾云:《布依族"二月二"的节日文化心理分析》,载白明政、樊敏主编《布依族节日文化研究》,贵州民族出版社2017年版。

韦启光:《布依族传统思维方式浅论》,载杨明、刘德仁主编《中国南方少数民族思想哲学研究》,四川大学出版社1992年版。

吴朝元讲述、汛河搜集整理:《三月三毛杉树歌仙节的来历》,《南风》1985年第1期。

吴顺轩:《布依族风情简述》,载中国人民政治协商会议紫云苗族布依族自治县民族宗教文史海外联谊委员会编《紫云民族风情》(文史资料·第二辑),1999年。

吴文定:《文化视野下的布依族"四月八"》,《民族论坛》2009年第3期。

吴兴明:《布依族地方性民俗节日成因初探》,硕士学位论文,四川师范大学,2012年。

伍光恒:《现代化进程中布依族文化的变化与保护传承——来自贵州省关岭县小盘江村的调查》,《民族学刊》2018年第5期。

萧放:《中国传统节日资源的开掘与利用》,《西北民族研究》2009年第2期。

萧放、董德英:《中国近十年岁时节日研究综述》,《民俗研究》2014年第2期,

萧放、贾琛:《中国传统节日的传承与变革》,《社会治理》2020年第7期。

杨昌儒：《布依族节日民俗浅论》，载白明政、樊敏主编《布依族节日文化研究》，贵州民族出版社 2017 年版。

杨昌儒：《民族文化重构试论——以贵州布依族为例》，《贵州民族研究》2008 年第 1 期。

杨昌儒：《浅论布依族文化的旅游开发》，《贵州民族学院学报》（哲学社会科学版）2003 年第 2 期。

杨健吾：《四川布依族稻作文化习俗》，《西华大学学报》（哲学社会科学版）2008 年第 3 期。

杨苏莉：《上木特村和下木特村的传统节日祭祀》，载云南民族大学人文学院民族学教研室编著《云南省罗平县长底乡布依族社会文化调查》，云南人民出版社 2010 年版。

杨淑媛：《民族节日文化的当代变异》，《贵州师范大学学报》（社会科学版）2003 年第 6 期。

杨鹓：《宗教·男女·生殖·抒泄——南方民族节日缘起演变的历史人类学解释》，《贵州民族学院学报》（哲学社会科学版）2001 年第 1 期。

余未人：《查白歌节，传统与现代的交汇》，《当代贵州》2010 年第 13 期。

苑利、顾军：《传统节日遗产保护的价值和原则》，《中国人民大学学报》2007 年第 1 期。

张美丽：《关于布依族节日文化"产业化开发"的思考》，载周国茂主编《文化资源开发与布依族地区可持续发展》，贵州民族出版社 2010 年版。

张士闪：《节日：乡土社会中知识传播与文化传承的特殊时段》，载李松、张士闪主编《节日研究》（第五辑），泰山出版社 2012 年版。

赵永琪、田银生：《贵州少数民族特色村寨的空间分布及影响因素》，《小城镇建设》2019 年第 8 期。

钟敬文：《民间节日与民族文化》，《民族艺术》2008 年第 3 期。

仲富兰：《节日与传播互动关系述论》，载李松、张士闪主编《节日研究》（第五辑），泰山出版社 2012 年版。

周国茂：《民族文化名片视域下的布依族六月六节日研究》，《贵州社会科学》2010 年第 11 期。

朱德海搜集整理：《查白情歌对唱》，载黄世贤、毛鹰编《浪哨歌（黔西南民歌选）》，贵州人民出版社 1987 年版。

朱健刚:《旅游景区生产与族群文化的再造——对一个布依族村寨的旅游人类学研究》,《广西民族大学学报》(哲学社会科学版)2010年第6期。

后　记

　　本书是兴义民族师范学院学科建设项目"中国少数民族史（布依史）"研究成果之一。自2019年8月立项至今，项目组在前期大量而有效的准备工作基础上，努力克服重重困难，于新冠肺炎疫情肆虐全球的特殊时期，夜以继日伏案疾书，经历无数冥思苦想不得解而最终柳暗花明的艰苦时刻，持续推进研究工作，最终形成这本书。

　　布依族传统节日文化是我十余年来持续关注的一个重点，形成一部系统而全面的著作是我们的奋斗目标。每逢"三月三""六月六"等布依族传统节日活动开展之时，我们便抽空前往目的地开展田野调查工作，获得了许多第一手资料。这些宝贵的资料是我们顺利开展研究工作的基础，启发我们持续思考，生产出相对集中的科研成果。"宝剑锋从磨励出，梅花香自苦寒来。"我们所付出的一切辛苦，只有自己深刻感知，不必言说。庆幸的是，我们的科学研究设想在学校"科研强校"的时代背景下得以变成现实，而不再是梦想。为此，特别感谢学校领导及有关部门对项目研究工作的大力支持；非常感谢著名布依学研究专家、贵阳学院周国茂教授为本书写序，并提出宝贵的修改建议；十分感谢学校组织的外审专家对本书的中肯评价，并提出宝贵的修改建议；感谢中国社会科学出版社孙萍等领导和工作人员为本书的出版所付出的辛勤劳动；真心感谢所有帮助过我们的各位专家、学者、领导、同仁、师友以及布依族人民；特别感谢家人对研究工作的大力支持。

　　本书是项目组集体攻关的研究成果。具体分工如下：

　　彭建兵负责本书框架整体设计、论文撰写、文稿统筹及全书修改、定稿工作。谢建辉参与田野调查、论文撰写、文稿校对等工作。

第一章：由彭建兵、黄旭撰写。

第二章：由彭建兵、黄旭撰写。

第三章：第一节由彭建兵、谢建辉撰写；第二、三、六节由彭建兵撰写；第四节由彭建兵、张玲、刘芬、胡燕燕、卢迅、梁丹撰写；第五节由王文明、黄旭撰写。

第四章：由陈建、彭建兵撰写。

第五章：由彭建兵撰写。

第六章：第一、二节由黄旭撰写；第三节由韦仕梅、彭建兵撰写。

第七章：第一节由李梦芝撰写；第二节由陆春丽、彭建兵撰写；第三节由宋应敏撰写。

附录之一、二由彭建兵撰写，之三由刘芳芳撰写。

书中少部分内容已以论文形式公开发表于《兴义民族师范学院学报》等学术期刊，辑入本书时作了适当修改。近年，由本人指导、由黄旭与宋应敏分别担任项目负责人的大学生创新创业训练计划项目获得国家级、省级立项。本人对他们开展较为严格的学术训练，努力培养其创新精神与创造能力，学生收获较大。他们的部分研究成果经师生大力修改，辑入本书中，当视为对当代大学生创新能力发展之肯定、鼓励与支持。

本书在撰写过程中，参考、借鉴了学术界有关研究成果，并尽可能注明出处，在此深表诚挚的谢意。如有遗漏，敬请海涵。由于我们的学识水平有限，本书缺点、错误在所难免，恳请方家指正。

彭建兵

2020 年 4 月 11 日于兴义天马斋